21世纪高职高专机电类规划教材

U0853336

数控加工工艺与编程

主　编　曹志宏　李绍红
副主编　王晓华　王炜罡

中国人民大学出版社
·北京·

前　言

本书用于高职高专理论与实践教学，亦可用于技能鉴定培训。本书主要以 FANUC 0i 系统数控机床为例，详细介绍了数控机床的操作及各种零件的加工。同时，结合职业教育的特点，以职业技能培养为特色，以技术应用能力和岗位工作能力培养为核心。知识内容的选择坚持“必需、够用、实用”的原则，突出体现“知识新、理念新、技术新”的编写思路，不追求理论知识的系统性和完整性。实践内容结合国家中、高级操作工职业标准要求，通过实用性较强的例题，并结合一汽生产的真实例子，帮助学生较快地掌握生产第一线数控加工工艺设计与实施、程序编制及数控机床操作等技能，并获得相应技能证书。

本课程教学内容的安排以项目为单位，充分体现理论知识的“够用为度”，突出实用性、适用性和可行性，将各知识点和各知识点间的关系等内容，均统一为“工作任务目标”，避免对概念的死记硬背，而更强调理解和运用。

本书编写以项目任务的结构形式设计，每个项目包括工作任务、相关知识、零件加工工艺方案制定与实施三部分。项目一通过数控车回转体零件的制作，使学生系统地学习掌握数控车床加工与操作的全过程。项目二以平面轮廓零件、工艺镂空件、支架类零件为载体，从简单到复杂、系统地介绍了有关数控铣床及加工中心工艺、编程与操作的知识。项目三以凸缘—差速器、差速器壳等零件为载体，使学生能够综合运用所学习的数控知识，完成复杂零件的工艺文件的编写，提高学生的综合能力。项目四以典型零件为载体，使学生了解电火花加工工艺与编程知识。

本书采用了课程练习零件和生产性零件两种载体，既满足了每个教学项目中目标技能的要求，又通过生产件的引入体现了实际生产的具体情况，使学生能更有效地掌握知识和技能。

本书由长春汽车工业高等专科学校曹志宏和李绍红担任主编，王晓华、王炜罡担任副主编。曹志宏编写绪论，王晓华编写项目一，李绍红编写项目二、附录，王炜罡编写项目三，谢洪君编写项目四。

由于编写时间仓促，编者水平和经验有限，书中难免有欠妥和错误之处，恳请读者批评指正。

编 者

2012年2月

目 录

CONTENTS

绪 论

任务 1　从密码锁的制作认识数控加工

一、密码锁的制作

1. 密码锁的拆装（见图 0-1）

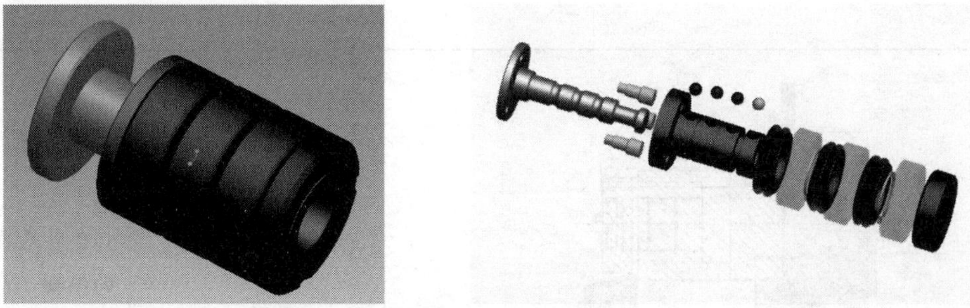

图 0-1　密码锁

2. 密码锁的加工顺序

（1）锁芯的粗精加工。

（2）锁体的制作：

1）钥匙环和密码环的制作；

2）锁体零件的加工；

3）锁体组件的分装、检验。

3. 总装配

（1）准备装配工具；

（2）选择标准件；

（3）完成锁舌的装配；

（4）将 O 形圈装在锁匙环上；

（5）进行锁匙环和密码环的分装；
（6）进行锁体组件的分装；
（7）查找自制件与标准件的配合缺陷；
（8）修整加工自制件。

锁体加工的顺序：

序号	示意图	内容	操作
工步1	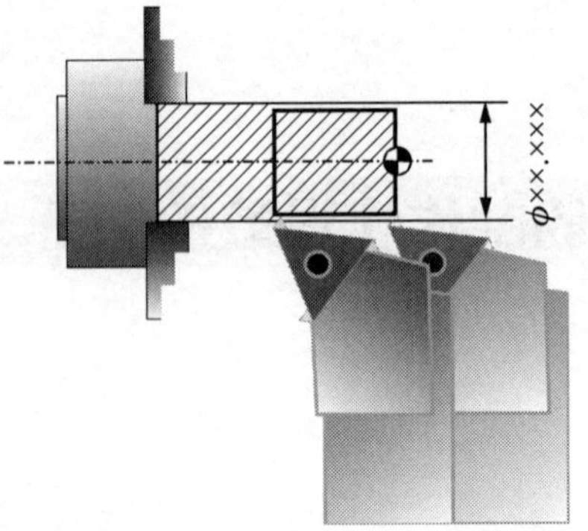	工步名称：对刀 1.外圆粗、精车刀（同前） 2.切槽刀（同前） 3.外螺纹刀对刀（如图）	1.教师示范 2.自行完成 3.本工步均使用手动操作
工步2	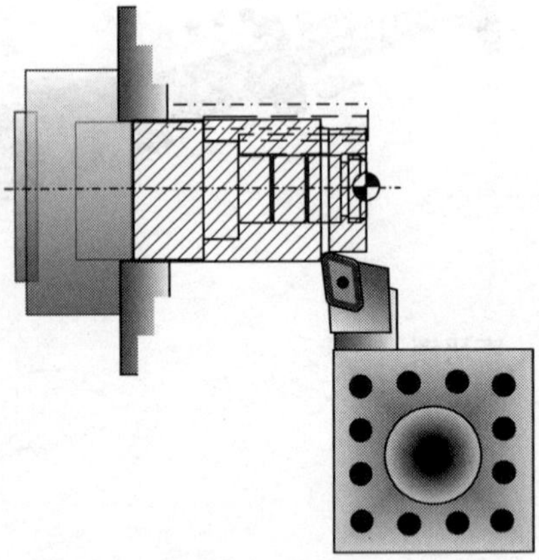	工步名称：编程、试切 1.粗车外径 A_p=2～2.5 S=800 F=0.25	1.自行完成程序的编制

续前表

序号	示意图	内容	操作
		工步名称：编程、试切	
	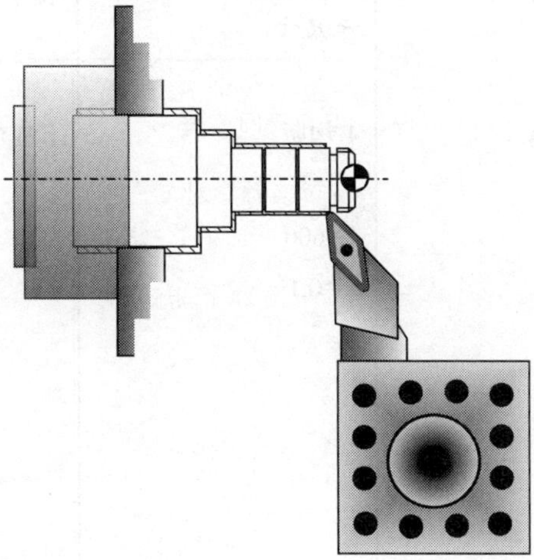	2.精车外廓 A_p=0.2～0.5 S=1000 F=0.08	2.在教师的指导下进行试切
工步2	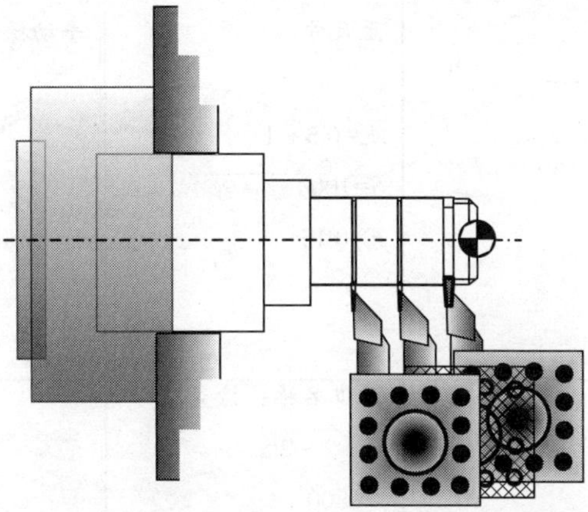	3.切槽 A_p=3（1.2） S=600 F=0.1	3.自行检查加工结果
	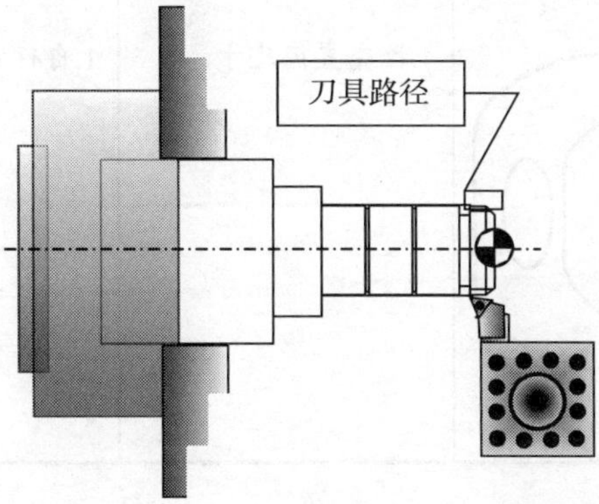	4.车外螺纹 A_p=1、0.3、0.2… S=600 F=1.5（螺纹的螺距）	4.本工步均采用自动操作

续前表

序号	示意图	内容	操作
工步3	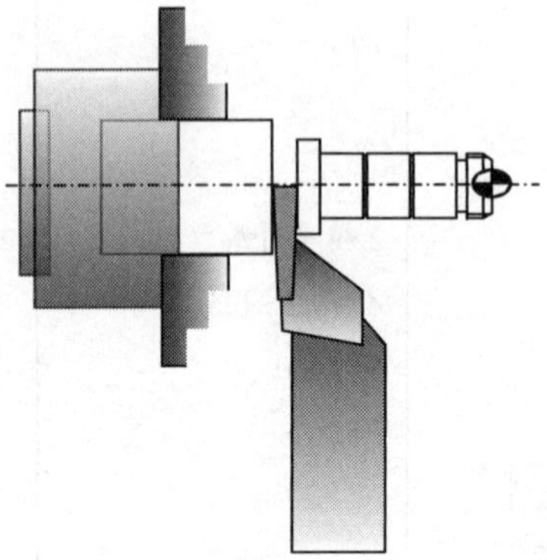	工步名称：加工总长至尺寸 1.切断 $A_p=3$ $S=600$ $F=0.1$	1.自行完成
	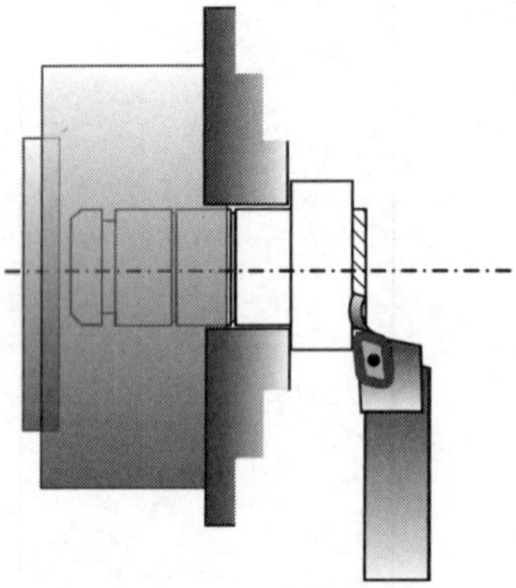	2.掉头装夹加工总长至尺寸 $A_p=0.5\sim1$ $S=1000$ $F=0.15$	2.本工步均使用手动操作
工步4	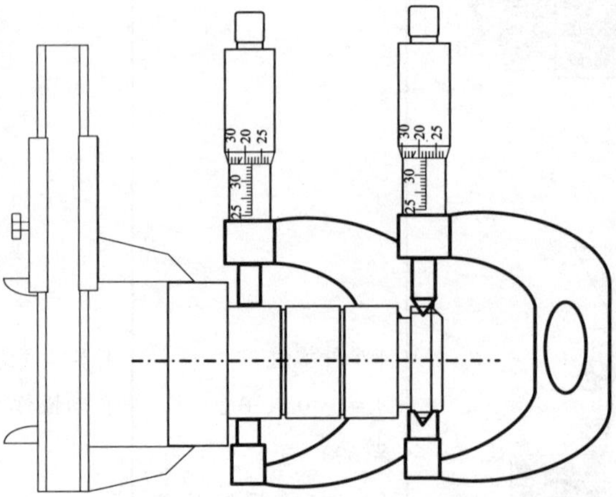	工步名称：检查 1.检查直径尺寸	1.自行完成

续前表

序号	示意图	内容	操作
工步4	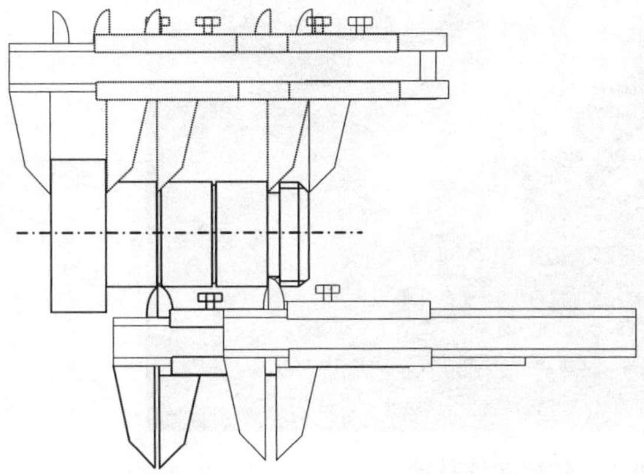 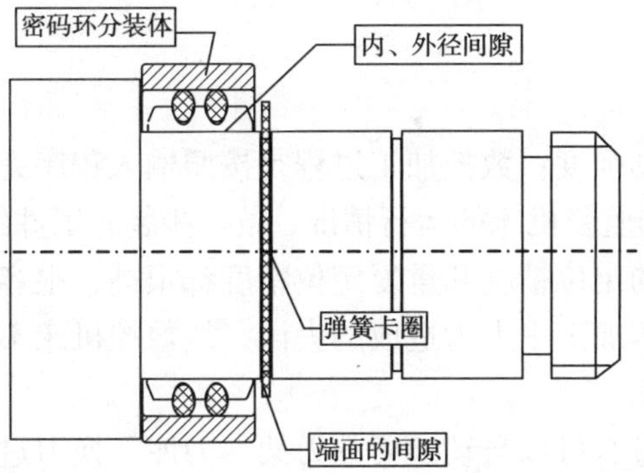	工步名称：检查 2.检查长度尺寸 3.部装检查	2.仔细阅读零件图和检验单 3.阅读装配图 4.小组合作完成质检单的填写

二、数控加工的几个概念

（1）数字控制（Numerical Control）：简称数控（NC），它是采用数字化信息实现加工自动化的控制技术。

（2）数控机床：简单地说，就是采用了数控技术的机床，即将机床的各种动作、工件的形状、尺寸以及机床的其他功能用一些数字代码表示，把这些数字代码通过信息载体输入给数控系统，数控系统经过译码、运算以及处理，发出相应的动作指令，自动地控制机床的刀具与工件的相对运动，从而加工出所需要的工件。实际上，数控机床就是一种具有数控系统的自动化机床。所以说数控机床是最典型的机电一体化产品。

（3）数控加工工艺：是采用数控机床加工零件时所运用的各种方法和技术手段的总和，应用于整个数控加工工艺过程。

（4）数控编程：是数控加工准备阶段的主要工作之一，通常包括分析零件图样，确定加工工艺过程；计算走刀轨迹，得出刀位数据；编写数控加工程序；制作控制介质；校对程序及首件试切。有手工编程和自动编程两种方法。总之，它是从零件图纸到获得数控加工程序的全过程。如图 0-2 所示为数控实训基地。

图 0-2　数控实训基地

三、数控加工的特点

（1）自动化程度高，可以减轻劳动强度：数控加工过程是按照输入程序完成的，一般情况下，操作者只需在机床旁边观察和监督机床的运行情况，做一些装卸工件的工作即可。

（2）加工精度高：数控机床本身的定位精度和重复定位精度都很高，很容易保证零件尺寸的一致性，也大大减少了通用机床加工中人为造成的失误，故数控机床不但可以保证零件获得较高的精度，而且指令稳定。

（3）生产效率高：数控机床一般带有可以自动换刀的刀架、刀库，换刀过程由程序控制自动进行，既省去了通用机床加工时的不少工序，也大大缩短了生产准备时间。

（4）柔性化高：传统的通用机床，虽然柔性好，但效率低下；而传统的专机，虽然效率很高，但对零件的适应性很差，刚性大，柔性差，很难适应市场经济下的激烈竞争带来的产品频繁改型。只要改变程序，就可以在数控机床上加工新的零件，且又能自动化操作，柔性好，效率高，因此数控机床能很好适应市场竞争。

任务 2　认识数控机床

一、数控机床的分类

数控机床的种类很多，规格不一，人们从不同的角度对其进行了分类。

1. 按加工方式分类

（1）金属切削类数控机床。

如数控车床、数控钻床、数控磨床、数控铣床、数控齿轮加工机床、高速加工中心（见

图 0-3)、虚拟轴加工机床等。

（2）金属成形类数控机床。

如数控折弯机、数控弯管机、数控冲床、数控回转头压力机等。

（3）数控特种加工机床。

如数控线切割机床、数控电火花成形机（见图 0-4)、数控激光切割机、数控火焰切割机等。

图 0-3 高速加工中心

图 0-4 数控电火花成形机

（4）其他类型。

一些广义上的数控设备，如数控装配机、数控测量机、机器人等。

2. 按伺服系统的类型分类

（1）开环伺服系统数控机床。

这类机床没有来自位置传感器的反馈信号，数控系统将零件程序处理后，输出数字指令信号给伺服系统，驱动机床运动，如图 0-5 所示。例如采用步进电动机的伺服系统就是一个开环伺服系统。这类机床的优点是结构简单、较为经济、维护维修方便，但是速度及精度低，适于精度要求不高的中小型机床，多用于对旧机床的数控化改造。

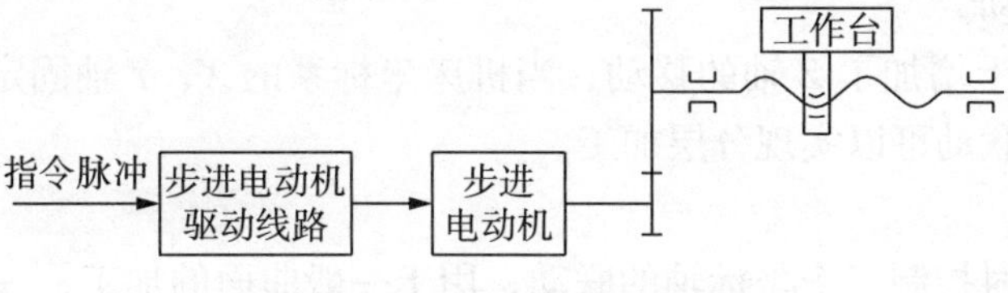

图 0-5 开环伺服系统机床

（2）闭环伺服系统数控机床。

这类机床上装有位置检测装置，直接对工作台的位移量进行测量，如图 0-6 所示。数控装置发出进给信号后，经伺服驱动使工作台移动；位置检测装置检测出工作台的实际位移，并反馈到输入端，与指令信号进行比较，驱使工作台向其差值减小的方向运动，直到差值等于零为止。这类数控机床可以消除由于传动部件制造中存在的精度误差给工件加工带来的影响，从而有很高的精度。闭环伺服系统的优点是精度高。但其系统设计和调整困难、结构复杂、成本高，主要用于一些精度要求很高的镗铣床、超精密车床、超精密铣床、加工中心等。

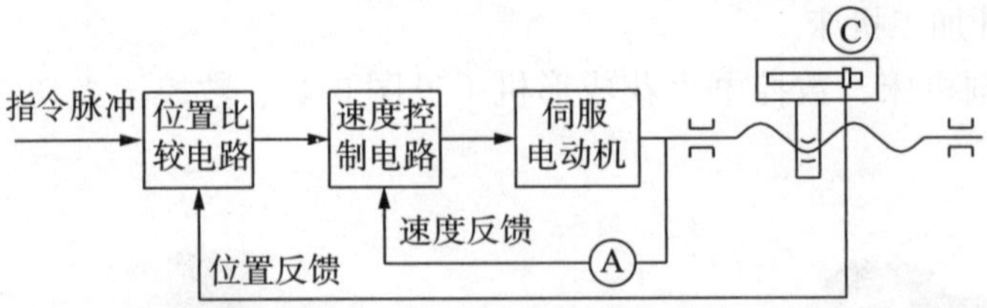

图 0-6　闭环伺服系统数控机床

（3）半闭环伺服系统数控机床。

这类数控机床采用安装在进给丝杠或电动机端头上的转角测量元件测量丝杠旋转角度，来间接获得位置反馈信息，如图 0-7 所示。这种系统的闭环环路不包括丝杠、螺母副及工作台，因此可以获得稳定的控制特性。而且由于采用了高分辨率的测量元件，可以获得比较满意的精度及速度。大多数数控机床采用半闭环伺服系统，如数控车床、数控铣床、加工中心等。

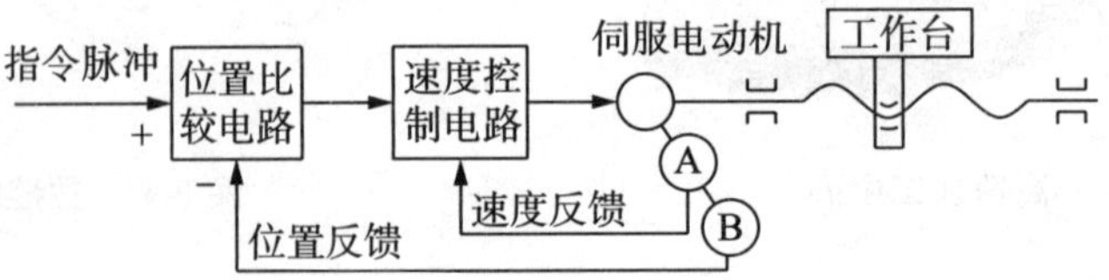

图 0-7　半闭环伺服系统数控机床

3. 按联动轴数分类

数控系统控制几个坐标轴按需要的函数关系同时协调运动，称为坐标联动。按照联动轴数，数控机床可以分为以下几类。

（1）两轴联动。

数控机床能同时控制两个坐标轴联动，适于数控车床加工旋转曲面或数控铣床铣削平面轮廓，如图 0-8 所示。

（2）两轴半联动。

在两轴的基础上增加了 Z 轴的移动，当机床坐标系的 X、Y 轴固定时，Z 轴可以做周期性进给。两轴半联动可以实现分层加工。

（3）三轴联动。

数控机床能同时控制三个坐标轴的联动，用于一般曲面的加工，一般的型腔模具均可以用三轴加工完成。

（4）多坐标联动。

数控机床能同时控制四个以上坐标轴的联动，如图 0-9 所示。多坐标数控机床的结构复杂、精度要求高、程序编制复杂，适于加工形状复杂的零件，如叶轮叶片类零件。

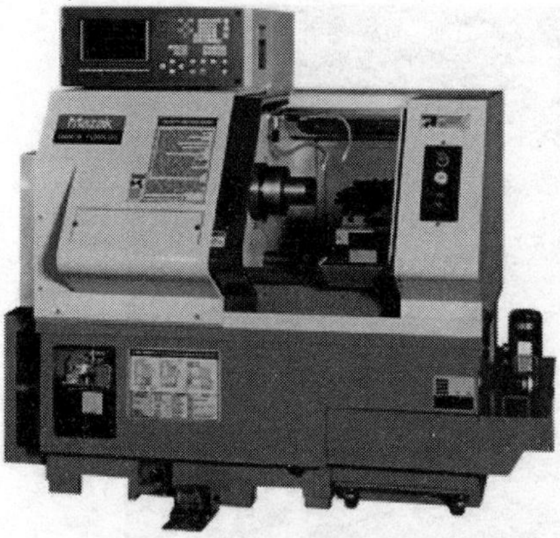

图 0-8　二轴联动数控机床

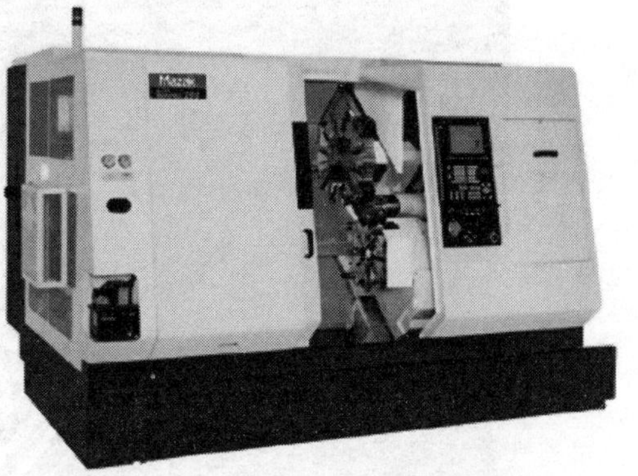

图 0-9　四轴联动数控机床

二、数控机床的机械结构

在数控机床发展的最初阶段，机械结构与通用机床相比没有多大的变化，只是在自动变速、刀架和工作台自动转位和手柄操作等方面做些改变。随着数控技术的发展，考虑到它的控制方式和使用特点，才对机床的生产率、加工精度和寿命提出了更高的要求。特别是近年来，随着电主轴、直线电动机等新技术、新产品在数控机床上的推广使用，数控机床的机械结构正在发生重大的变化；虚拟轴机床的出现和实用化，使传统的机械机构面临着更严峻的挑战。

数控机床机械结构的组成：

（1）机床基础部件：如床身、立柱、工作台等。

（2）主传动系统：多采用无级变速或分段变速方式，可利用程序控制主轴的变向和变速。主传动系统有较高的功率、较强的刚度和较宽的调速范围。

（3）进给传动系统：广泛采用无间隙滚珠丝杠传动（见图 0-10），无间隙齿轮传动，以及滚动导轨、贴塑导轨或静压导轨来减少运动副的摩擦力，提高传动精度。

（4）工作台：可根据数控指令实现圆周进给运动或分度运动，以适应某些零件的曲面加工和分度要求。另外，为了提高生产率，缩短辅助时间，有的机床还设置了两个或两个以上的工作台。

（5）实现某些辅助动作和辅助功能的系统和装置：如液压、气动、润滑、冷却等系统，排屑、防护装置和刀架、自动换刀装置。

（6）安全防护装置和人机界面：改善了操作者的观察、操作和维护条件。

图 0-10　滚珠丝杠

三、数控机床的发展趋势

在以高科技产业为主要支柱、以智力资源为主要依托的知识经济条件下，制造业正在发生革命性的变化，制造技术正在发生质的飞跃。当今世界各国制造业广泛采用数控技术，以提高制造能力和水平，提高对动态多变市场的适应能力和竞争能力。伴随着信息技术的发展，数控技术正朝着高速度、高精度、复合化、智能化、网络化等方向发展。目前，整体数控加工技术已经进入了 FMS（柔性制造系统，Flexible Manufacturing System）和 CIMS（计算机集成制造系统，Computer Integrated Manufacturing System）的发展阶段。

1. 数控机床的发展方向

（1）高速度方向。

作为加工主体的加工机床，随着机械要素及数控技术的发展，高速、高精度化得到迅速的普及。这是因为高速加工不但可以提高加工效率、降低成本，而且可以提高加工精度，可适应以前作为难题的淬火钢等难切削材料的加工。

高速切削是指在比常规切削速度高出许多的速度下进行的切削加工。由于不同的加工程序和机床、不同的工件材料，对应的切削速度范围也不同，因而很难就高速切削的速度范围给定一个确定的数值。通常有如下几种观点：切削速度很高，通常认为其速度超过普通切削的 5~10 倍；机床主轴转速很高，一般将主轴转速在 10000~20000r/min 以上定为高速切削；进给速度很高，通常达 15~50m/min，最高可达 90m/min；

在进行高速切削时，为了保证零件的加工精度，随着机床主轴转速的提高，进给速度也必须大幅度地提高，以便保持刀具每齿进给量不变。同时，高速机床也要有更快的空行程，以进一步减少辅助时间。现在高速机床的进给速度普遍在 30~90m/min 之间，加、减速度达到（1~8）g（g 为重力加速度，g=9.8m/s^2）。

现在，高速切削技术已渐趋成熟，并开始在制造领域中大显身手。高速机床的单元技术和整机水平正在逐步提高。高速切削技术和高速加工机床越来越多地受到制造部门的青睐，在购买机床时，高速性能已成为机床的一个重要指标。

（2）高精度方向。

高精加工是高速加工技术与数控机床广泛应用的结果。现代数控机床得益于计算机技术的日新月异，CNC 系统性能的不断增强，数控系统不断采用位数、频率更高的微处理器。

全数字交流伺服系统，大大提高了系统的定位精度、进给速度。所谓数字伺服系统，指的是伺服系统中的控制信息用数字量来处理。随着数字信号微处理器速度的大幅度提高，伺服系统的信息处理可完全采用软件来完成。

在采用全数字伺服系统的基础上，开始采用了直线电动机直接驱动机床工作台的“零传动”直线伺服驱动方式。“零传动”取消了从电动机到工作部件之间的一切传动环节，使电动机和机床的工作部件合二为一，从而使传动链的长度为零，实现机床的“零传动”。“零传动”是现代高速数控机床的基本特征，它不但大大简化了机床的传动和结构，更重要的是提高了机床的动态灵敏度、加工精度和工作可靠性。电主轴是实现高速机床主运动系统“零传动”的典型结构，直线电动机高速进给单元是高速机床进给运动系统实现“零传动”的典型代表。

为了提高机床精度，除了提高机械设备的制造精度和装配精度外，还采用各种措施和技术来提高机床的动态、静态刚度；减少热变形，提高其热稳定性；机械动、静摩擦的非线性会导致机床爬行，可以采用新材料丙烯树脂“混凝土”代替铸铁来制造机床床身，用陶瓷材料和人造花岗岩制造机床的支承件等。新型的数字伺服系统具有自动补偿机械系统静、动摩擦非线性的控制功能。

补偿技术得到发展和广泛应用，现代数控机床采用齿隙补偿、丝杠螺距误差补偿、刀具误差补偿、热变形误差补偿、空间误差综合补偿等技术，提高零件的加工精度。

近 10 年来，普通级数控机床的加工精度已由 10 μm 提高到 5 μm，精密级加工中心则从 3～5 μm，提高到 1～1.5 μm，而超精密加工精度已开始进入纳米级（0.01 μm）。

（3）复合化方向。

通过增加机床的功能，减少工件加工过程中的多次装夹、重新定位、对刀等辅助工艺时间，来提高机床的利用率，因此复合化加工是现代机床技术发展的另一重要方向。

在一台机床上实现多工序、多方法加工是数控机床发展的又一趋势。已经出现了集钻、镗、铣功能于一身的数控机床，可完成钻、镗、铣、扩孔、铰孔、攻丝等工序的加工中心，以及车削加工中心，钻削、磨削加工中心，电火花加工中心等。

近年来又出现了高复合化数控机床，如增加了车削和磨削功能的镗铣类加工中心等，不但有更高的加工精度，而且可以提高工作效率，节约占地面积和投资。

（4）结构新型化方向。

并联机床（Parallel Machine Tools，PMT）作为第三代高速机床，将逐步进入应用阶段，见图 0-11。这是一种完全不同于原来数控机床结构的新型数控机床。并联机床也被称为“六条腿的加工中心”或虚轴机床（Virtual Axis Machine Tools），又称之为并联运动学机床（Parallel Kinematics Machine，PKM）、并联结构机床（Parallel Structured Machine Tools）、六足虫（Hexapods）。可实现多坐标联动数控加工、装配和测量等多种功能，更能满足复杂特种零件的加工。

并联机床是1994年才出现的新概念机床，源于英国的Steward于1964年设计并获得专利的六条腿结构。这种机床没有任何导轨和滑台，采用能够伸缩的“6条腿”（伺服轴）支撑，并与安装主轴头的上平台和安装工件的下平台相连。

在欧洲，对PKM的应用研究和开发受到了极大的重视。欧盟为提高欧洲制造业的竞争力，保证经济增长而设立的科技发展项目中就设立了PKM专项，代号MACH21，力图解决PKM最重要的共性技术问题，并且将使PKM在更广范围内得到应用。

目前，美国、英国、德国、俄罗斯、瑞典、瑞士、日本等国家的有关研究机构和机床厂家纷纷投入大量的人力和物力竞相开发，并相继推出了不同结构形式和功能特性的并联机床。

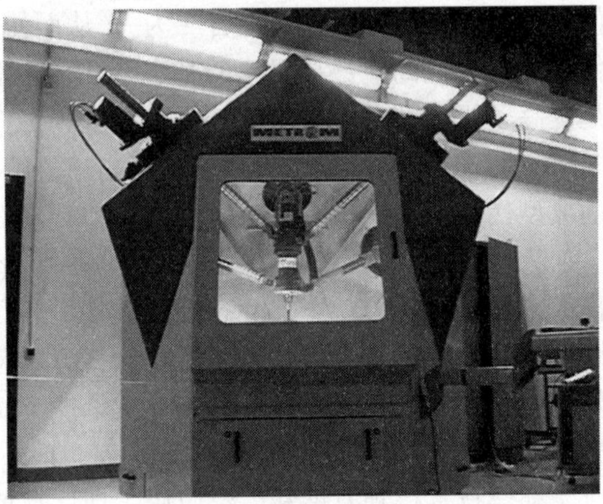

图0-11　并联机床

我国的并联机床研究起步较晚，但成果显著。其中清华大学是国内最早开始进行虚拟轴机床研究的单位之一，对虚拟轴机床以及多个相关领域进行了深入研究，并于1997年12月25日与天津大学合作，共同开发出我国第一台大型镗铣类虚拟轴机床原型样机——VAMT1Y。

并联机床与传统的五轴机床相比具有如下特点：

1）可实现高速加工：机构简单、质量轻是实现高速进给运动和高加速度的有利条件。电主轴的高转速提供了高切削速度。

2）运动精度高：采用激光测量反馈控制的虚拟轴机床精度比加工中心高，能达到三坐标测量机的水平。

3）刚度重量比大：因采用并联闭环杆系，杆系理论上只承受拉、压载荷，是典型的二力杆，所以传动机构具有很高的承载强度。

4）环境适应性强：可构成形式多样的布局和自由度组合，可在动平台上安装刀具进行多坐标铣、磨、钻、特种曲面加工等。

5）响应速度快：运动部件惯性的大幅降低，有效地改善了伺服控制器的动态性能。

6）技术含量高：并联机床具有“硬件”简单、“软件”复杂的特点，技术附加值高。

并联机床是靠复杂的控制运算和相对简单的运动机构来产生六自由度的空间运动的，结构虽然大大简化了，但增加了控制运算和加工编程的难度。因此，也被称做“概念机床”和“用数学建造的机床”。

并联机床在提高精度和扩大机床有效空间及利用率方面的技术突破，使并联机床成为第三代高速机床，今后会得到更广泛的应用。

2. 柔性制造系统

20 世纪 60 年代到 70 年代由于计算机技术得到了飞速发展，计算机控制的数控机床在自动化领域中取代了机械式的自动机床，使建立适合于多品种、小批量生产的柔性加工生产线成为可能。作为这种技术具体应用的柔性制造单元、柔性制造系统和柔性制造自动线等柔性制造设备纷纷问世。

（1）柔性制造单元。

柔性制造单元（Flexible Manufacturing Cell，FMC）是由一台或数台数控机床或加工中心构成的加工单元（见图 0-12）。单元中配备有某种形式的托盘交换装置，如机器人或通用托盘和夹具搬运装置。柔性制造单元通常有固定的加工过程，零件在各工序间顺序流动。单元计算机进行实时程序、负荷平衡和作业计划控制。

由多台机床组成的柔性制造单元往往将机床和辅助设备围成一圈，其中心配置一台工业机器人，用以装卸工件和在机床间输送工件。

柔性单元根据需要可以自动更换刀具和夹具，加工不同的工件。该单元适合加工形状复杂，加工工序简单，加工工时较长，批量小的零件。它有较大的设备柔性，但人员和加工柔性低。

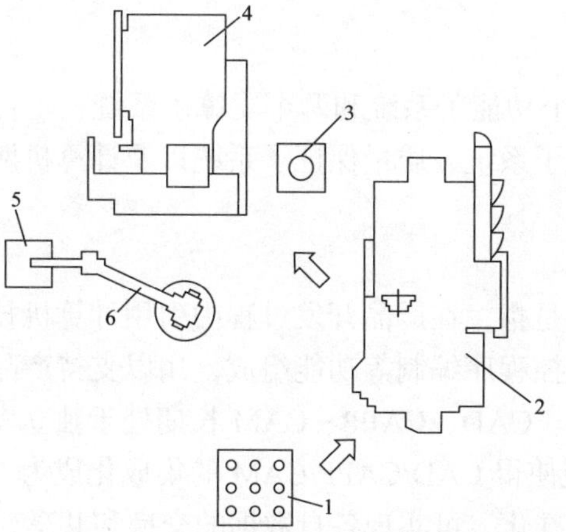

图 0-12 柔性制造单元

（2）柔性制造系统。

柔性制造系统（Flexible Manufacturing System，FMS）是一个由计算机集成管理和控制的、用于高效率地制造中小批量多品种零部件的自动化制造系统，它的应用圆满地解决了机械制造高自动化和高柔性之间的矛盾。

FMS 的组成：

1）自动加工系统。

它是 FMS 的基本制造单元，由 CNC 机床、FMC 及工具（如焊接设备、喷漆设备、清洗设备等）组成，一般 CNC 机床均安装有自动托盘交换器（Automatically Pallet Changer，APC）。

2）物流系统。

物流系统是指由多种运输装置构成，如传动带、轨道、转盘以及机械手等，完成工件、刀具等的供给与传送的系统，它是柔性制造系统的主要组成部分。

3）信息系统。

信息系统包括过程控制及过程监视两个系统，能够实现对 FMS 的运行控制、刀具监控和管理、质量控制，以及 FMS 的数据管理和网络通信。

柔性制造系统适合于年产量在 1000～100000 件之间的中小批量生产。

3. 计算机集成制造系统

计算机集成制造系统（Computer Integrated Manufacturing System，CIMS）是现代信息技术条件下的新一代制造系统。它以计算机来辅助制造系统的集成，以充分的、及时的信息交流或信息共享将企业的设计、工艺、生产车间以及供销和管理部门集成为一个有机的整体，使它们相互协调地运作，以确保企业的整体效益，提高企业的竞争能力和生存能力。

CIMS 不仅是多项技术集成的结果，也是工程、管理和制造密切配合的结果。CIMS 是经营管理决策系统、计算机辅助设计系统 、柔性制造系统和计算机辅助制造系统的集成。其实现途径是：利用先进的计算机软、硬件环境，将过去已独立发展起来的计算机辅助设计（CAD）、计算机辅助制造（CAM）、柔性制造系统（FMS）、管理信息系统（MIS）、决策支持系统（DSS）等成果综合为一个从产品订货、产品设计、产品制造和管理直至市场分析和销售的高度自动化的系统。

（1）CIMS 的构成。

CIMS 一般可以划分为如下四个功能子系统和两个支撑子系统：工程设计自动化子系统、管理信息子系统、制造自动化子系统、质量保证子系统以及计算机网络子系统和数据库子系统。

1）工程设计自动化子系统：

工程设计自动化子系统实质上是指，在产品开发过程中引用计算机技术，由计算机辅助设计、计算机辅助工艺编制和数控程序编制等功能组成，用以支持产品的设计和工艺准备，处理有关产品结构方面的信息。CAD、CAPP、CAM 长期处于独立发展状态，相互间缺乏通信和联系，CIM 概念的出现使得 CAD/CAPP/CAM 的集成化成为 CIMS 的重要性能指标，它意味着产品数据格式的标准化，可实现各自数据的交换和共享。

2）管理信息子系统。

管理信息子系统是 CIMS 的神经中枢，具有生产计划与控制、经营管理、销售管理、采购管理、财务管理等功能，用来处理生产任务方面的信息。目前机械制造生产管理中的核心问题是推广使用 MRP-Ⅱ（即制造资源计划）。这是制定生产计划和对由原材料制成成品的“物流”进行时间管理的计算机系统。

3）制造自动化子系统。

制造自动化子系统是在计算机的控制与调度下，按照 NC 代码将一个个毛坯加工成合格的零件并装配成部件以至产品，完成设计和管理部门下达的任务；并将制造现场的各种信息实时地或经过处理后反馈到相应部门，以便及时地进行调度和控制。它包括各种不同自动化程度的制造设备和子系统，用来实现信息流对物流的控制和完成物流的转换。它是信息流和物流的接合部，用来支持企业的制造功能。

4）质量保证子系统。

具有制定质量管理计划、实施质量管理、处理质量方面信息、支持质量保证等功能。

5）计算机网络子系统。

计算机网络是 CIMS 重要的信息集成工具，用以传递 CIMS 各分系统之间和分系统内部的信息，实现 CIMS 的数据传递和系统通信功能。

6）数据库子系统。

数据库管理系统是一个支撑系统，它是 CIMS 信息集成的关键之一。用以管理整个 CIMS 的数据，实现数据的集成与共享。

（2）CIMS 的关键技术有 4 种：

1）计算机网络技术。

CIMS 是一个复杂的、集成的、建筑在计算机局域网上的复杂系统。因此，各子系统间的互通、互联（甚至还有互操作）的功能就成为构成 CIMS 的关键技术。

2）数据库管理技术。

CIMS 内数据量庞大，种类繁多，对数据的传输速度，数据的完整性、一致性都有严格的要求。因此，必须在各子系统的数据库管理系统上构成全局的数据库管理系统，从而实现全系统间的数据高速、安全的传送，数据共享和实时的数据更新。

3）分布式数据处理技术。

由于 CIMS 系统庞大、复杂和地域分散，因此，只有采用分布式的数据技术才能保证实现子系统间的程序共享。

4）人工智能技术。

为了发挥综合自动化和人机结合的潜在效益，在 CIMS 中必须充分利用各种决策优化、专家系统和智能接口等技术。

项目一　数控车回转体零件的制作

任务 1　圆柱类零件的加工

一、工作任务

1. 认知数控车床。
2. 数控车床编程坐标系。
3. 数控车床编程指令概述。
4. 数控车削编程特点。
5. 根据所使用机床具体情况，编写图 1-1 所示零件的加工程序。

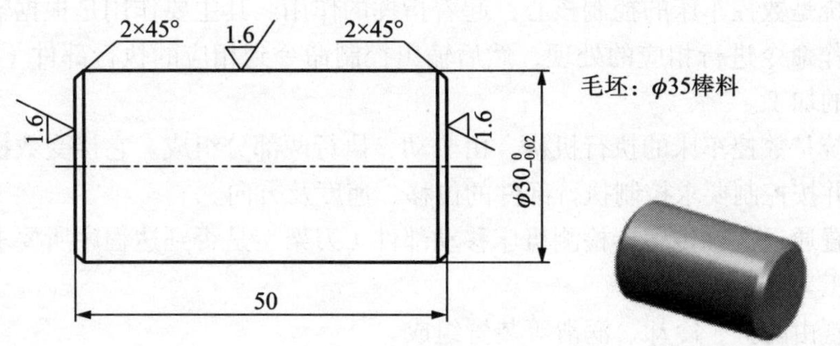

名称	训练件1	数量	1
材料	铝合金	比例	1：1
设计		单位	数控教研室

图 1-1　圆柱类零件

二、相关知识

1. 认知数控车床

（1）数控车床的组成。

数控车床由数控系统、伺服系统、检测装置、机床床身、主轴箱、刀具进给传动系统、辅助装置等组成（如图 1-2 所示）。

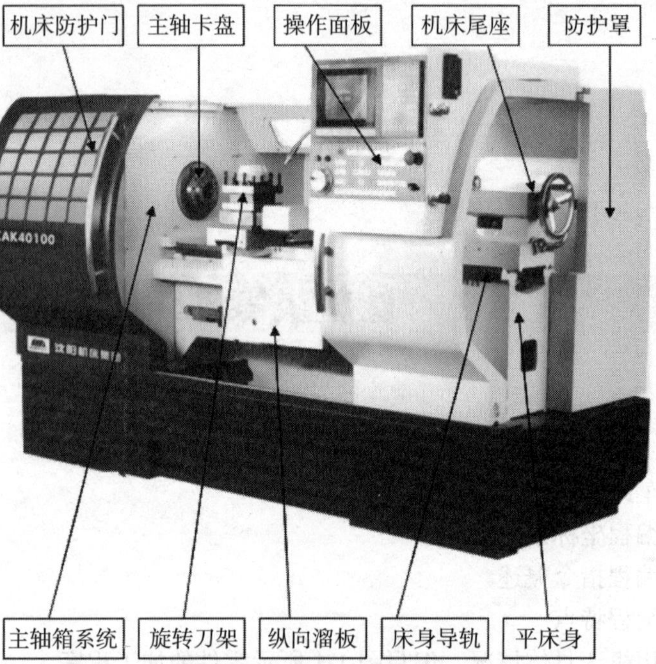

图 1-2 数控车床的组成

数控系统是数控车床的控制核心，起着指挥的作用。其主要作用是根据输入的零件加工程序或操作命令进行相应的处理，然后输出控制命令到相应的执行部件（主轴、刀架）完成对零件的加工。

伺服系统是数控车床的执行机构，由驱动、执行两部分组成。它接受数控系统发出的指令信息，并按控制要求控制执行部件的位移、速度及方向。

检测装置通过位移传感器检测机床移动部件（刀架）是否到达程序所要求的位置和速度来完成加工。

辅助装置由防护、冷却、润滑等装置组成。

（2）数控车床的用途。

数控车床可以实现轴类、盘类的内外表面、锥面、圆弧、螺纹、镗孔、铰孔的加工，也可以实现非圆曲线的加工（如图 1-3 所示）。

2. 数控车床机床坐标系与工件坐标系

（1）坐标系。

对数控机床的坐标和方向的命名国际上很早就制定有统一标准，我国于 1999 年修订

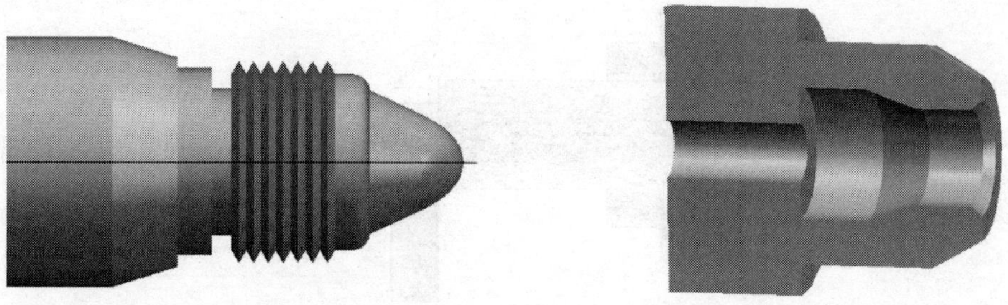

图 1-3　数控车床加工实例

颁布了 JB/T 3051—1999《数控机床坐标系和运动方向的命名》标准。在标准中统一规定采用右手直角笛卡儿坐标系对机床的坐标系进行命名，用 *X*，*Y*，*Z* 表示直线进给坐标轴，*X*，*Y*，*Z* 坐标轴的相互关系由右手法则确定，如图 1-4 所示。图中大拇指的指向为 *X* 轴的正方向，食指指向为 *Y* 轴的正方向，中指指向为 *Z* 轴的正方向。

坐标轴方向的确定：

Z 坐标：*Z* 坐标的运动方向是由传递切削动力的主轴所决定的，即平行于主轴轴线的坐标轴即为 *Z* 坐标，*Z* 坐标的正向为刀具离开工件的方向。

图 1-5 所示为数控车床的 *Z* 坐标。

X 坐标：*X* 坐标在车刀运动的平面内。刀具离开工件的方向为 *X* 坐标的正方向。图 1-5 所示为数控车床的 *X* 坐标。

Y 坐标：在确定 *X*，*Z* 坐标的正方向后，可以用根据 *X* 和 *Z* 坐标的方向，按照右手直角坐标系来确定 *Y* 坐标的方向。数控车床没有 *Y* 方向的运动。

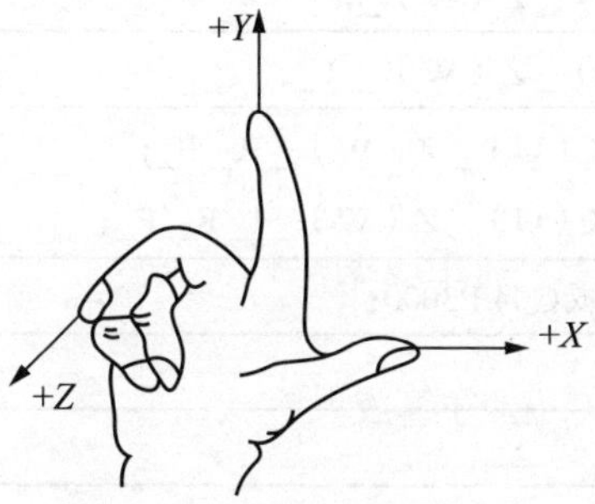

图 1-4　笛卡尔坐标系

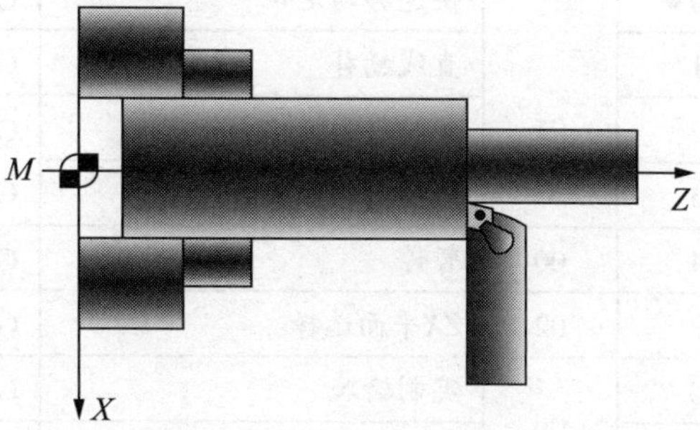

图 1-5　机床坐标系

（2）机床坐标系。

机床坐标系是机床固有的坐标系，机床坐标系的原点也称为机床原点或机床零点，在机床经过设计制造和调整后这个原点便被确定下来，它是固定的点。如图 1-5 所示的 *M* 点。

（3）工件坐标系。

工件坐标系是编程人员在编程时使用和决定的。其坐标轴及坐标轴的方向是与机床坐标轴一致的。编程人员选择的工件上的某一已知点为原点称为编程原点或工件原点。如图 1-6 所示的 *O* 点。

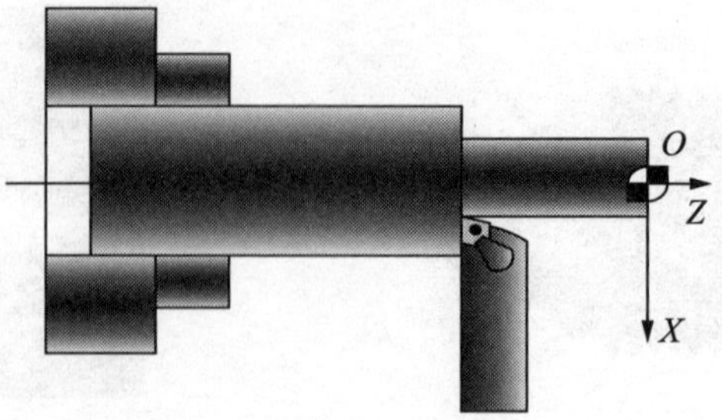

图 1-6　工件坐标系

工件坐标系的原点选择要尽量满足编程简单、尺寸换算少、引起的加工误差小等条件，一般情况下以坐标式尺寸标注的零件，编程原点应选在尺寸标注的基准点。

3. 数控车床指令概述

（1）准备功能 G 指令。

准备功能 G 指令是用于指令机床做好某些准备动作的指令。G 指令由 G 以及 2 位数字组成，共有 100 种。如 G01 指令机床移动部件以某一给定速度进行直线移动。不同的数控系统或同一系统不同种类同一 G 指令其含义不完全相同。例如在 FANUC 0i Mate — TC 系统中，G90 代表单一固定循环指令，而在 FANUC 0i Mate — MC 系统中，G90 代表绝对值指令输入，因此编程人员在编程前必须详细了解所使用的数控系统功能指令。

表 1-1 列出了 FANUC 0i Mate — TC 数控车床常用准备功能指令。

表 1-1　　FANUC 0i Mate — TC 系统常用准备功能 G 指令及程序格式

G指令	组号	功能	程序格式
G00◆	01	快速移动定位	G00 X（U）_ Z（W）_;
G01		直线插补	G01 X（U）_ Z（W）_ F_;
G02		顺时针圆弧插补	G02/G03 X（U）_ Z（W）_ R_ F_;
G03		逆时针圆弧插补	G02/G03 X（U）_ Z（W）_ I_ K_ F_;
G04	00	暂停	G04 X3;　或G04 P3000;
G18	02	*ZX*平面选择	G18
G20	06	英制输入	G20
G21◆		公制输入	G21
G27	00	参考点返回检测	G27 X（U）_ Z（W）_;
G28		自动返回参考点	G28 X（U）_ Z（W）_;
G29		从参考点返回	G29 X（U）_ Z（W）_;
G30		返回第二参考点	G30 P2 X（U）_ Z（W）_;
G32	01	螺纹切削	G32 X（U）_ Z（W）_ F_;（F为导程）
G40◆	07	取消刀具圆弧半径补偿	G40 G00 X（U）_ Z（W）_;
G41		刀尖圆弧半径左补偿	G41 G01 X（U）_ Z（W）_ F_;
G42		刀尖圆弧半径右补偿	G42 G01 X（U）_ Z（W）_ F_;

续前表

G指令	组号	功能	程序格式
G50	00	工件坐标系设定或恒线速度最高转速设定	G50 X_ Z_; G50 S2000;
G54～G59	05	选择机床坐标系1～6个之一	G54或G55或G56或G57或G58或G59
G65	00	宏程序非模态调用	G65 P_ L_ 〈自变量指定〉;
G66	08	宏程序模态调用	G65 P_ L_ 〈自变量指定〉;
G67		宏程序模态调用取消	G67
G70	00	精加工循环	G70 P_ Q_;
G71		粗车外圆循环	G71 U_R_ ; G71 P_ Q_ U_ W_ F_ ;
G72		粗车端面循环	G72 W_ R_ ; G72 P_ Q_ U_ W_ F_ ;
G73		封闭车削循环	G73 U_ W_ R_ ; G73 P_ Q_ U_ W_ F_ ;
G74		端面沟槽复合循环	G74 R_ ; G74 X（U）_ Z（W）_P_ Q_ R_ F_ ;
G指令	组	功能	程序格式
G75	00	外圆、内孔切槽循环	G75 R_ ; G75 X（U）_ Z（W）_P_ Q_ R_ F_ ;
G76		螺纹切削循环	G76 P_Q_ R_; G76 X（U）_ Z（W）_P_ Q_ R_ F_ ;
G90	01	内、外径车削固定循环	G90 X（U）_ Z（W）_R_ F_; G90 X（U）_ Z（W）_ F_;
G92		螺纹切削循环	G92 X（U）_ Z（W）_ F_; G92 X（U）_ Z（W）_ R_ F_;
G94		端切削循环	G94 X（U）_ Z（W）_ F_; G94 X（U）_ Z（W）_ R_ F_;
G96	03	恒线速度切削	G96 S200;（200m/min）
G97◆		取消恒线速度	G97 S800;（800r/min）
G98	04	每分进给	G98 F100;（100mm/min）
G99◆		每转进给	G99 F0.2;（0.2mm/r）

注：当电源接通或复位时，此时的开机默认G指令在表中以“◆”表示。表中00组G代码为非模态代码。不同组的G代码在同一程序段中可指令多个，如果在同一程序段中指定了多个同一组G代码，仅执行最后G代码。

（2）M指令。

M指令是控制机床开、关功能的指令，M功能也叫辅助功能，主要用于完成加工操作时的辅助动作。M指令由M以及2位数字组成，共有100种。常用的辅助功能代码如表1-2所示。各种机床的M代码规定有差异，编程时必须根据说明书的规定进行。

表 1-2　　常用辅助功能的 M 代码、含义及用途

M指令	功能	模态	用途
M00	程序停止		当执行有M00的程序段后，主轴旋转、进给、冷却液送进都将停止。此时可执行某一手动操作，如工件调头、手动变速等。再重新按下控制面板上的循环启动按钮，继续执行下一程序段
M01	选择停止		与M00的功能基本相似，只有在按下“选择停止”后，M01才有效，否则机床继续执行后面的程序段；按“启动”键，继续执行后面的程序
M02	程序结束		当全部程序结束时使用该指令，它使主轴、进给、冷却液送进停止，并使机床复位
M03	主轴正转	★	用于主轴顺时针方向转动
M04	主轴反转	★	用于主轴逆时针方向转动
M05	主轴停转	★	用于主轴停止转动
M06	换刀		用于加工中心的自动换刀动作
M08	冷却液开	★	用于切削液开
M09	冷却液关	★	用于切削液关
M30	程序结束		M30 和M02 功能基本相同，只是M30 指令还兼有控制返回到零件程序头的作用。使用M30 的程序结束后若要重新执行该程序只需再次按操作面板上的循环启动键
M98	子程序调用		用于调用子程序
M99	子程序返回		用于子程序结束及返回

注：带★号的 M 指令为模态指令。

（3）F、S、T 功能指令。

1）进给速度 F。

F 指令表示工件被加工时刀具相对于工件的合成进给速度。F 的单位取决于 G94（每分钟进给量 mm/min）或 G95（每转进给量 mm/r）。当工作在 G01、G02 或 G03 方式下时，编程的 F 一直有效直到被新的 F 值所取代；而工作在 G00 方式下时快速定位的速度是各轴的最高速度，与所编 F 无关。借助操作面板上的倍率开关，F 可在一定范围内进行倍率修调。

2）主轴功能 S。

主轴功能 S 控制主轴转速，由地址码 S 和在其后面的若干数字组成，单位为转 / 每分钟（r/min）；S 是模态指令，S 功能只有在主轴速度可调节时有效。

①恒线速度控制（G96）。

当数控机床的主轴为伺服主轴时，可以通过指令 G96 来设定恒线速度控制。系统执行 G96 指令后，便认为用 S 指定的数值表示切削速度。例如 G96 S200，表示切削速度为 200m/min。

②主轴转速控制（G97）。

G97 是取消恒线速度控制指令。编程 G97 后，S 指定的数值表示主轴每分钟的转速。

例如 G97 S1200，表示主轴转速为 1200r/min。

3）刀具功能（T 功能）。

Txxxx 代码用于选刀，其后的前两位数值表示选择的刀具号。后两位数字表示刀补存储器的号码，表示调入刀补寄存器中的刀补值（刀补长度和刀补半径）。T 指令为模态指令，被调用的刀补值一直有效直到再次换刀调入新的刀补值。

4. 数控车削程序的组成及编程特点

（1）数控车床编程。

所谓数控车床编程是指将适合与车削加工的零件的工艺过程、加工参数及其辅助动作等按加工过程顺序，遵照所使用车床编程说明书规定的指令、格式等编制成加工用的程序代码，输入车床数控装置，通过模拟加工、试切等验证程序正确后，实现车削加工的全部自动控制的过程。

（2）程序的组成。

在数控编程时，必须首先了解数控程序的结构要求和规则，才能正确编写加工程序。一个完整的加工程序包括程序名、程序体及程序结束等。

例如：

O1234;　　程序名

N1 G54 T0101;

N5 M3 S1000;

N10 G00 X100. Z100.;　　程序体

……;

……;

N90 M30;　　程序结束

1）程序名。

程序名是一个程序必需的标识符。目的是区别数控系统内存储的每一个程序。它由地址符后带若干位数字组成。地址符常见的有："%"、"O"、"P" 等，视具体数控系统而定。示例：国产华中 I 型系统 "%"，日本 FANUC 系统 "O"。后面所带的数字一般为 4~8 位。如：O1234。

2）程序体。

它表示数控加工要完成的全部动作，是整个程序的核心。它由许多程序段组成，每个程序段由一个或多个指令构成。

程序段格式：程序段格式是指一个程序段中字、字符、数据的书写规则，最常用的为字—地址程序段格式。

一个程序段由若干个 "字" 组成；字则由地址字（字母）和数值字（数字及符号）组成。如上述程序的三个程序段，由 7 个字组成，其中 N、G、X、Y、T、S、M 为地址字，后面跟相应的数值字。

每个字均有一定的功能含义。

例如：

Oxxxx

Nxxxx Gxx X_Y_Z_I_J_K_F_S_T_Mxx

其中：

O——程序名（号），由字母 O 或 P 或符号（如 %）以及 3~4 位数字组成；

N——程序段号，后跟 1~4 位数字；

G、M——指令代码，后跟 2 位数字；

X、Y、Z ± xxxx·xxx——坐标值，其值可正或负，小数点前 4 位，后 3 位；

I、J、K ± xxxx·xxx——圆弧的圆心坐标；

F——进给速度功能；

S——主轴功能；

T——刀具功能。

3）程序结束 。

它以程序结束指令 M02 或 M30 结束整个程序的运行。

（3）数控车床编程特点。

1）工件尺寸单位制常用米制与英制两种，G21 表示米制，G20 表示英制。机床出厂时一般设为米制。

2）工件径向尺寸常采用直径值编程。即 *X* 轴方向上的有关尺寸为直径值。

3）在 FANUC 系统中，同一程序段可以采用绝对值编程、增量值编程。绝对值编程时，无论刀具运动到哪一点，各点的坐标均以编程坐标系原点为基准读得。如图 1-7 所示刀具从 *A* 移动到 *B*，*B* 点的绝对坐标值为 X40. Z5。增量值编程时，刀具当前点的坐标是以前一点为基准而读得的。图 1-7 中 *B* 点相对 *A* 点的增量坐标为 U-60. W-45.（*U* 表示 *X* 方向，*W* 表示 *Z* 方向）。

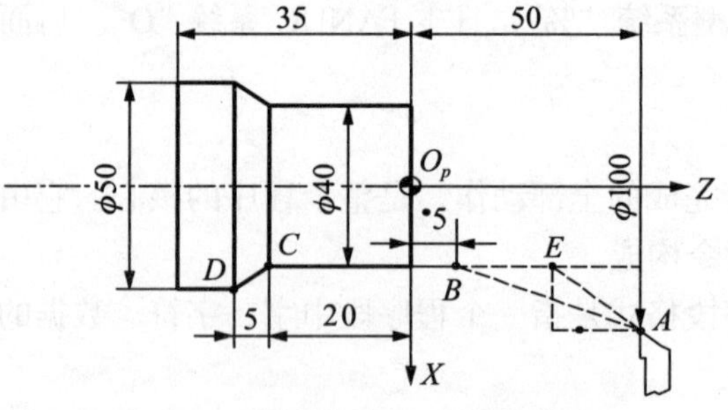

图 1-7　绝对值编程和增量值编程

4）小数点编程。在数字后有小数点表示尺寸数字单位为毫米，如 X15.8。数字后没有小数点则表示微米，如 X15800。

5）模态指令、非模态指令。

G、M 指令均有模态与非模态之分。

模态指令：（也称续效指令）即该指令一经在程序段中指定就一直有效，直到以后程序段中出现同组中另一指令为止才失效。与上一段相同的指令可以省略不写。

非模态指令；（也称非续效指令）即该指令只在本程序段中有效。

5. 刀具的选择

数控车床上，机夹可转位刀具得到广泛应用，其刀片、刀体已通用化、规则化、系列化。刀具的几何参数及切削参数也达到了规范化、典型化。刀具的材料及切削参数与被加工材料达到匹配化。刀片在刀体上的定位精度高，刀杆有较高的强度、刚度和耐磨性。尤其是新型刀具材料的出现，使得刀具的耐用度提高，操作者在使用过程中不用再重磨刀具，刀片磨损后只要使刀片转一个位置或更换一个新刀片即可，所以机夹可转位刀具的使用数量已达到整个数控刀具的 30%~40%，金属切除率占总数的 80%~90%。

图 1-8 是外圆车刀的切削情况。

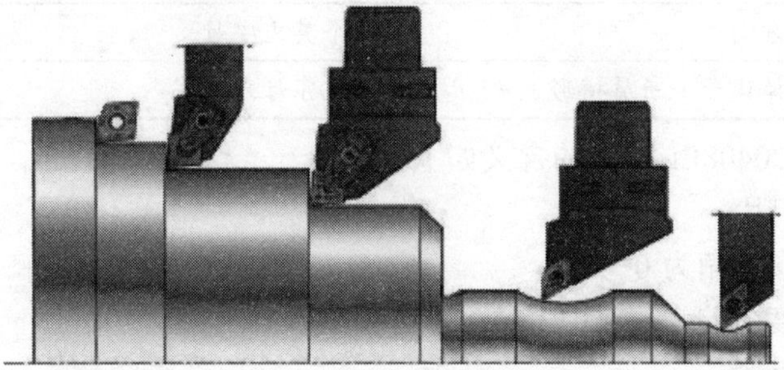

图 1-8 外圆车刀切削

（1）刀片形状：使用机夹可转位车刀时，正确地选择刀片的形状、刀具的几何角度、刀具的材料是至关重要的。图 1-9 是数控车床各种刀片形状的使用情况。一般外圆车削常用 80° 凸三角形、四方形和 80° 菱形刀片；仿形加工常用 55° 、35° 菱形和圆形刀片；在机床刚性、功率允许的条件下，大余量、粗加工应选择刀尖角较大的刀片，反之选择刀尖角较小的刀片。

（2）机夹可转位刀片代码：硬质合金可转位刀片的国家标准与 ISO 国际标准相同。共用 10 个号位的内容来表示品种规格、尺寸系列、制造公差以及测量方法等主要参数的特征。图 1-10 表示了刀片型号的表示方法。10 个号位的内容见表 1-3。

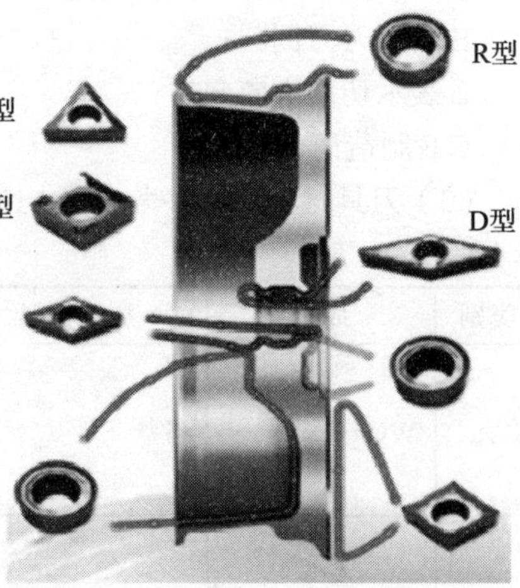

图1-9 数控车床刀片形状

C	N	M	G	12	04	04	E	N	—	TF
1	2	3	4	5	6	7	8	9		10

图 1-10 硬质合金可转位刀片型号的表示方法

表 1-3　　可转位刀片十个号位表示的内容

位号	表示内容	代表符号	备注
1	刀片形状	一个英文字母	具体含义见厂家刀具手册
2	刀片主切削刃法向后角	一个英文字母	
3	刀片尺寸精度	一个英文字母	
4	刀片固定方式及有无断屑槽	一个英文字母	
5	刀片主切削刃长度	两位数	
6	刀片厚度	两位数	
7	刀尖圆角半径或刀尖转角形状	两位数或一个英文字母	
8	切削刃形状	一个英文字母	
9	刀片切削方向	一个英文字母	
10	制造商选择代号（断屑槽形）	英文字母或数字	

例如，TNHG120408EL- CF 的含义如下：

T 表示三角形刀片；

N 表示刀片法向后角为 0°；

H 表示刀片厚度公差为 ±0.013mm；

G 表示圆柱孔夹紧；

12 表示切削刃长度为 12mm；

04 表示刀片厚度为 4.76mm；

E 表示刀刃倒圆；

L 表示切削方向向左；

C F 制造商代号。

（3）刀具材料：可参考表 1-4 选取刀具材料。

表 1-4　　K、P、M 三类硬质合金

类别	成分	加工材料	常用代号	相当于旧代号	适用加工阶段
K类	WC+Co	铸铁	K01	YG3	精加工
			K10	YG6	半精加工
			K20	YG8	粗加工
P类	WC+Co+TiC	钢、韧性材料	P01	YT30	精加工
			P10	YT15	半精加工
			P30	YT15	粗加工
M类	WC+Co+TiC +TaC	铸铁、有色金属、合金钢、不锈钢、高温合金、高锰钢	M10	YW1	精加工、半精加工
			M20	YW2	粗加工、半精加工

（4）车刀几何角度的选择。

图 1-11 表示了普通外圆车刀的六个基本角度。在确定刀具角度时要考虑工件材料、硬度、具体轮廓形状和刀具材料。表 1-5 列出了用硬质合金外圆车刀切削碳素钢时刀具角度的参考值。

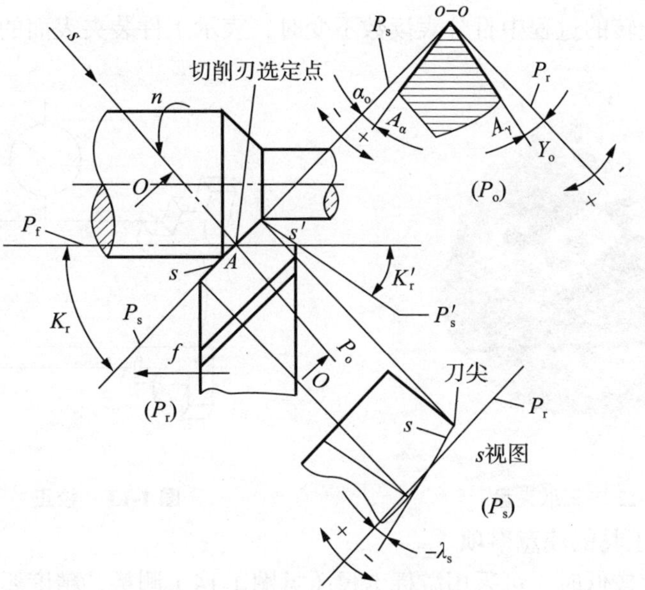

图 1-11　普通外圆车刀的基本角度

（5）切削用量的选择（见表 1-5）。

表 1-5　　硬质合金外圆车刀切削碳素钢时刀具角度参考值

角度 刀具	前角 γ_0	后角 α_0	副后角 α'_0	主偏角 κ_γ	副偏角 κ'_γ	刃倾角 λ_s	刀尖半径 γ_ε
外圆粗车刀	0°~10°	6°~8°	1°~3°	75°~90°	6°~8°	3°~3°	0.5~1
外圆精车刀	15°~30°	6°~8°	1°~3°	90°~93°	2°~6°	3°~8°	0.1~0.3

1）机床主轴转速的选择：根据刀片材料及工件材料选择转速。一般用硬质合金刀片或硬质合金涂层刀片切削碳素钢允许切削线速度为 50~150m/min。然后根据公式 $V=\pi Dn/1000$ 计算主轴转速 n，D 取切削工件直径最大处尺寸，单位为 mm。

2）切削进给量：精加工一般根据工件表面粗糙度选择进给量。通常 F=0.05~0.1mm/r。

3）切削深度的选择：精加工切削碳素钢一般选择半径方向 a_p=0.3~0.5mm。

6. 三爪夹盘装夹工件的找正方法

（1）三爪夹盘。

三爪夹盘如图 1-12 所示，在数控车床上是最常用的通用夹具。三个夹爪在装夹过程中是联动的，具有装夹简单，夹持范围大和自动定心的特点。主要用于装夹圆柱类和套类零件。

（2）装夹与找正。

三爪夹盘的定心精度不是很高，当需要二次装夹加工同轴度要求较高的工件时，需对装夹好的工件进行同轴度的校正。校正方法如图 1-13 所示，将百分表固定在工作台面，触头压在圆柱侧母线的上方，然后轻轻转动夹盘，根据百分表的读数用铜棒轻敲工件进行调整，当在主轴旋转的过程中百分表读数不变时，表示工件装夹表面的轴心线与主轴轴心线同轴。

图 1-12　三爪夹盘

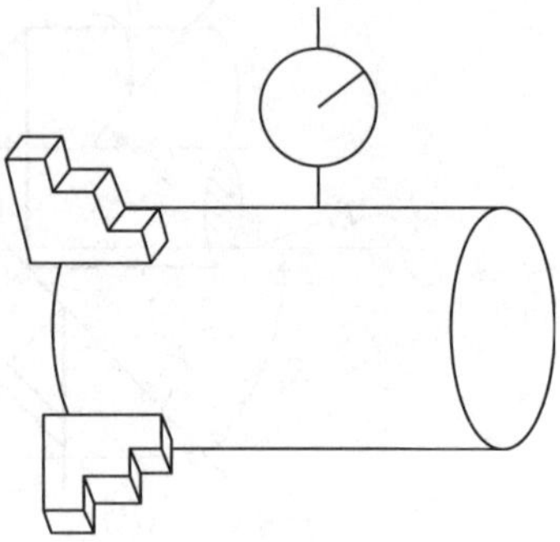

图 1-13　校正

7. 外圆测量工具的注意事项

外圆尺寸精度较低时，可采用游标卡尺（见图 1-14）测量；精度要求较高时，可用外径千分尺（见图 1-15）测量。

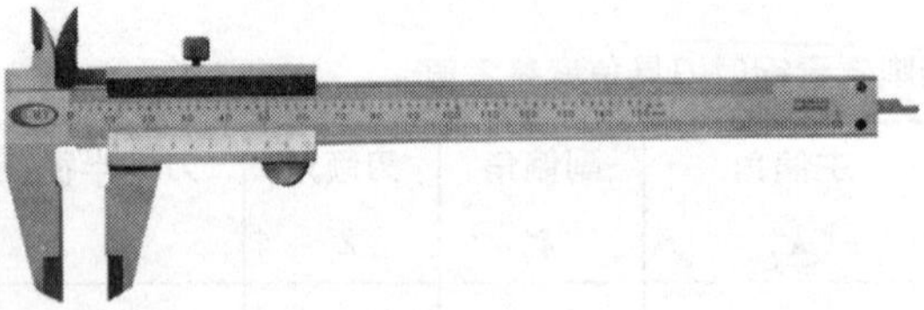

图 1-14　游标卡尺

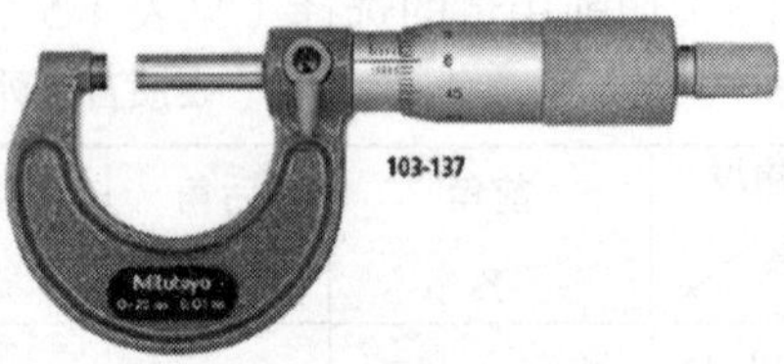

图 1-15　外径千分尺

（1）游标卡尺是比较精密的测量工具，要轻拿轻放，不得碰撞或跌落地下。使用时不要用来测量粗糙的物体，以免损坏量爪，不用时应置于干燥地方防止锈蚀。

（2）测量时，应先拧松紧固螺钉，移动游标不能用力过猛。两量爪与待测物的接触不宜过紧。不能使被夹紧的物体在量爪内挪动。

（3）读数时，视线应与尺面垂直。如需固定读数，可用紧固螺钉将游标固定在尺身上，防止滑动。

（4）实际测量时，对同一长度应多测几次，取其平均值来消除偶然误差。

8. 相应指令

（1）快速点定位 G00 指令。

G00 指令是命令刀具以点定位控制方式从刀具所在点快速运动到目标所在点位置的指令。

1）指令格式：G00 X（U）_ Z（W）_ ;

2）举例说明：

如图 1-7 所示 $A \rightarrow B$ 程序段可写为：

绝对值编程 G00 X40. Z5.;

相对值编程 G00 U-60. W-45.;

混合编程：G00 X40. W-45.;

3）注意事项：

①绝对值编程时，X、Z 为刀具目标点坐标值。相对值编程时，U、W 为目标点相对起点的增量坐标值。

② X、U 后面的数值为直径值，且 U 值有正、负号之分。

③ G00 不用指定移动速度，其移动速度由机床系统参数设定。在实际操作中，可以通过机床面板上的倍率开关按钮"F0"，"F25"，"F50"和"F10"进行调节。

④在执行 G00 时，刀具实际运动轨迹不是 $A \rightarrow B$ 两点一线，而是折线 $A \rightarrow E \rightarrow B$，所以使用 G00 要注意刀具是否与工件或夹具发生干涉，以免撞刀。

（2）直线插补指令 G01。

G01 指令是命令刀具在两坐标间以插补联动方式按指定的进给速度 F 做任意斜率的直线运动的指令。

1）指令格式：G01 X（U）-Z（W）- F-;

2）举例说明：

如图 1-7 所示 B → C 程序段可写为：

绝对值编程：G01 X40. Z-20. F0.2;

相对值编程：G01 U0 W-25. F0.2;

混合编程：G01 X40. W-25. F0.2;

3）注意：

① G01 速度可以通过面板进给倍率开关进行调整。

② G01 为模态指令，下一指令为 G01 时可以省略不写。

（3）直线倒角、倒圆插补指令 G01。

直线倒角、倒圆插补指令 G01 是以给定 F 速度在相邻直线轨迹间倒角或倒圆的指令，轨迹如图 1-7 $A \rightarrow B \rightarrow C \rightarrow D$ 所示。

1）指令格式：G01 X（U）_ Z（W）_ C _ F _；G01 X（U）_ Z（W）_ R _ F _;

2）举例说明：

如图 1-16 所示对轮廓进行精加工编程。

O1001;　　　　　（程序名）

N5 G54 G99;　　　（建立工件坐标系）

N10 M03 S1200;　（主轴正转，转速为 1200r/min）

N15 T0101;　　　（换 1 号外圆精加工刀，采用 01 号刀补存

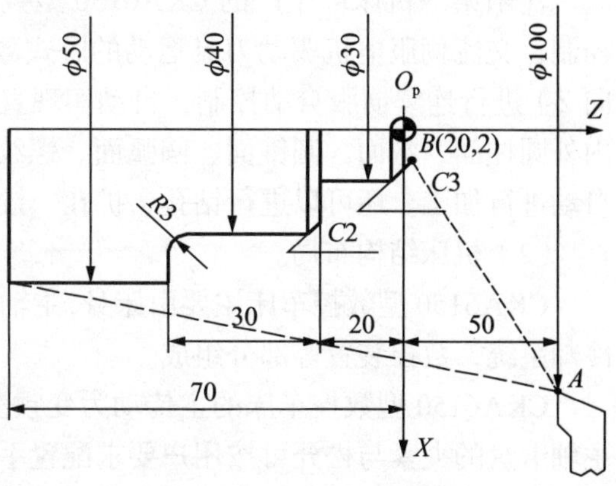

图1-16　直线倒角和倒圆图例

储器中的刀补值）
N20 G00 X20. Z2.;　　（快速接近工件）
N25 G01 X30.Z-2. F0.15;　　（车端面倒角）
N30 Z-20.;　　（车ϕ30 外圆）
N35 X40. C2.;　　（车阶梯端面及倒角 $C2$）
N40 W-30. R3. ;　　（车ϕ40 外圆及倒圆 $R3$）
N45 X50. ;　　（车ϕ50 处端面）
N50 Z-70.;　　（车ϕ50 处外圆）
N55 G00 X100. Z50.;　　（回换刀点）
N60 M30 ;　　（程序结束、复位）

3）注意：

①如图 1-17 所示 X，Z 为绝对值编程时未倒角前两相邻轨迹 AG 与 GD 段的交点 G 的坐标值。U，W 为相对值编程时，为 G 点相对起始点 A 的增量坐标值。

②如图 1-17（a）所示 C 为相邻两直线交点 G 相对倒角始点 B 的距离。

③如图 1-17（b）所示 R 为倒角圆弧半径值。

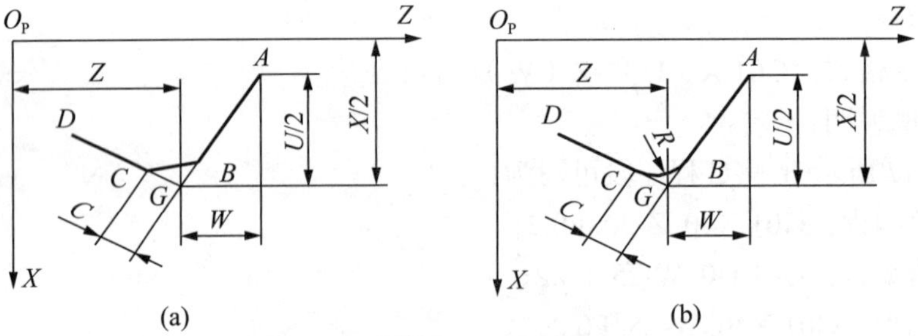

图 1-17　直线倒角或倒圆

三、FANUC 0i Mate － TC 系统数控车床操作

1. FANUC 0i Mate–TC 系统数控车床简介

（1）沈阳第一机床厂生产的 CKA6150 型数控车床的主要功能和用途。

沈阳第一机床厂生产的 CKA6150 型数控车床是由 BEIJING-FANUC 0i Mate-TC 系统控制，交流伺服电机驱动刀具运动的卧式数控车床。该数控车床能对两坐标（横向 X、纵向 Z）进行连续伺服自动控制，自动实现直线和圆弧插补，对轴类、盘类等回转体零件的内外圆柱面、端面、圆锥面、圆弧面、螺纹（公英制螺纹、锥螺纹和端面螺纹）等表面可自动进行加工。还可以进行钻孔、扩孔、铰孔、镗孔等加工。

（2）机床结构布局。

CKA6150 型数控车床主要由床身，主轴箱，大、中溜板，回转刀架，尾座，安全保护系统，冷却系统，数控装置等部分组成。

CKA6150 型数控车床的主传动为变频型，采用变频调速，手动三挡，挡内无级变速。主轴卡盘的夹紧与松开可按用户要求配置手动或液压控制。

车床床身为水平结构，采用树脂砂铸造，经时效处理。导轨采用高频淬火，上面支撑着大、中溜板，分别安装有 X 轴和 Z 轴的伺服进给传动装置。进给系统采用伺服电机，精密滚珠丝杠，高刚性精密复合轴承结构，定位准确、传动效率高。中溜板上装有卧式 4 工位电动回转刀架，刀架上可同时装夹 4 把刀具。

床身导轨右端安装有尾座，用于装夹长轴类工件或钻头等。尾座套筒孔底部装有工具止动块，防止装入锥孔中的工具转动。

（3）主要技术参数。

CKA6150 型数控车床的主要技术参数：

床身上最大回转直径（mm）	ϕ500
滑板上最大回转直径（mm）	ϕ300
最大车削直径（mm）	ϕ500（四工位刀架）
最大工件长度（mm）	890
最大加工长度（mm）	850
主轴孔径（mm）	ϕ70
变频型主轴转速（r / min）	22~220，71~710，215~2200
脉冲当量（mm）	X 轴向：0.0005
	Z 轴向：0.001
快移速度（m / min）	X 轴：4
	Z 轴：8
刀架装刀容量（把）	4
刀架许用刀具尺寸（mm）	外圆：25×25；内孔：ϕ25、ϕ32
刀架行程（mm）	X 轴向：250
	Z 轴向：640
主电机功率（kW）	7.5

2. FANUC 0i Mate–TC 系统数控车床控制面板

下面以沈阳机床厂生产的 CKA6150 型数控车床为例介绍 FANUC 0i Mate-TC 系统数控车床的控制面板。此数控车床的控制面板位于机床的右上方，它由两部分组成。一部分为“数控系统操作面板”，另一部分为“机床操作面板”，如图 1-18 所示。

（1）数控系统操作面板。

图 1-18 中上半部分由 CRT 显示器和数控系统操作面板两部分组成。

1）CRT 显示器：它可以在不同状态下显示机床的各种参数和状态。如显示机床参考点坐标、刀具位置坐标、输入数控系统的指令数据、刀具补偿值的数值、报警信号、自诊断内容、滑板移动速度以及间隙补偿值等。

在 CRT 显示器的下方有 7 个软键，软键的功能含义显示在当前 CRT 屏幕内容中最下一行对应软键的位置（见图 1-19）。

①左端的软键（◀）：称菜单返回键。由中间的 5 个软键选择操作功能后，按此键返回最初画面状态或上一级画面。

②中间 5 个软键：其功能由显示器上最下一行相应位置所显示的内容而定。

③右端的软键（▶）：称菜单继续键。用于显示当前操作功能画面未显示完的内容。

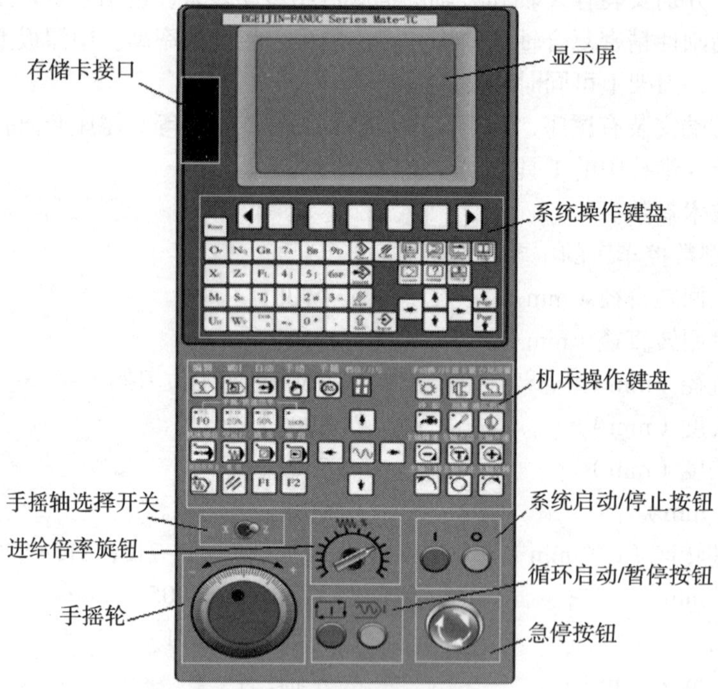

图 1-18　控制面板

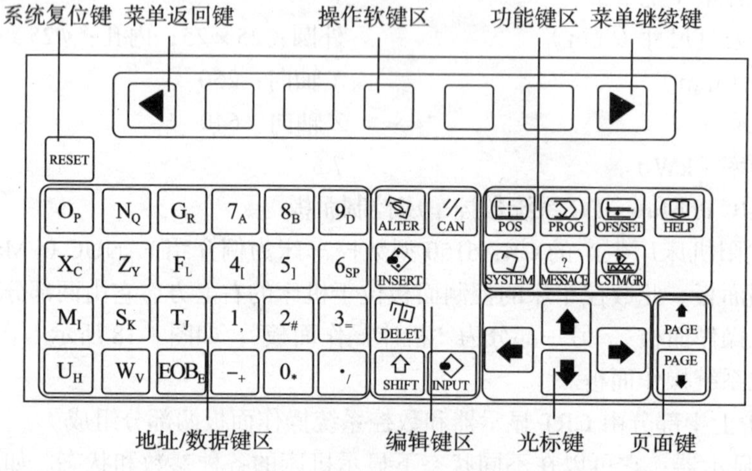

图 1-19　数控系统操作面板

2）MDI 键盘。

①功能键区。

功能键用于选择显示的屏幕类型。按了功能键后再按软键，与已选功能相对应的屏幕画面就被选中显示。本系统有六个主功能键。

位置键：显示当前刀具的位置。也可显示由于手轮中断引起的移动距离。

程序键：用于显示程序。在不同工作方式下显示不同的内容。

A：在自动运行（或 MEMORY，简称 MEM）方式下，显示正在执行的程序。
B：在 MDI（手动数据输入）方式下，显示 MDI 方式输入的程序和模态数据。
C：在编辑方式下，显示程序编辑画面和程序画面。

刀偏 / 设定键：用于设定、显示刀具补偿值和其他数据。

系统键：用于系统参数的设定及显示。

信息键：用于显示各种信息。

用户宏 / 图形键：用于用户宏画面或图形的显示。

帮助键：用来显示如何操作机床，可在 CNC 发生报警时提供报警的详细信息。

②地址和数字键。

按这些键可输入数字、字母和符号等字符。按“地址 / 数字”键后，输入的信息都显示在 CRT 屏幕的最下行，此时只是把相关的信息输入到了缓冲器中，若想把缓冲器中的信息输入到寄存器中（在 CRT 屏幕的上部显示），则必须按程序编辑键（ALTER、INSERT）或［INPUT］（输入）键。

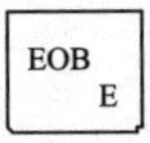

程序段结束键：用于程序段结束符“；”的输入。

③编辑键区。

换挡键：在有些键上有大、小两个字符，用大用小按［SHIFT］键来选择。当代表字符输入位置的符号“_”变为一个特殊字符“^”在屏幕上显示时，表示可以输入键面右下角的小字符。

取消键：按这个键删除已输入到缓冲器的最后一个字符。如输入缓冲器后显示为 N0001 X 201，则按［CAN］键后，1 被取消并显示为 N0001 X 20。

输入键：当按了地址键或数字键后，数据被输入到缓冲器，并在 CRT 的最下行显示出来。为把输入到缓冲器中的数据拷贝到寄存器，还需按［INPUT］键。此键与软键中的［输入］键效果是一样的。

替换键：用于程序字的替换。按该键可用新输入到缓冲器中的程序字替换光标所在位置的原程序中的程序字。

插入键：用于程序字的插入。按该键可在程序中插入新的程序内容或新的程序

段。先输入新的程序内容，再按该键，则新的程序内容将被插入到光标所在位置的后面。也可使用该键创建新程序。

DELET 删除键：用于程序字或程序内容的删除。按该键可删除光标所在之处的程序字或程序内容。

④ RESET 复位键。

按此键使 CNC 复位，解除报警。当车床自动运行时，按此键则车床的所有运动都停止。

⑤光标移动键。

“➡”键将光标向右或前进方向移动。在前进方向光标按一段短的单位移动。

“⬅”键将光标向左或倒退方向移动。在倒退方向光标按一段短的单位移动。

“⬇”键将光标向下或前进方向移动。在前进方向光标按一段大尺寸单位移动。

“稆”键将光标向上或倒退方向移动。在倒退方向光标按一段大尺寸单位移动。

⑥翻页键。

该键用于将屏幕显示的页面整幅更换。按 ⬆PAGE 键一次向前翻一页，按 PAGE⬇ 键一次向后翻一页。

（2）机床操作面板。

CKA6150 型数控车床的控制面板的下半部分（如图 1-18 所示）即图 1-20 所示。下面介绍各按键和旋钮的功能。

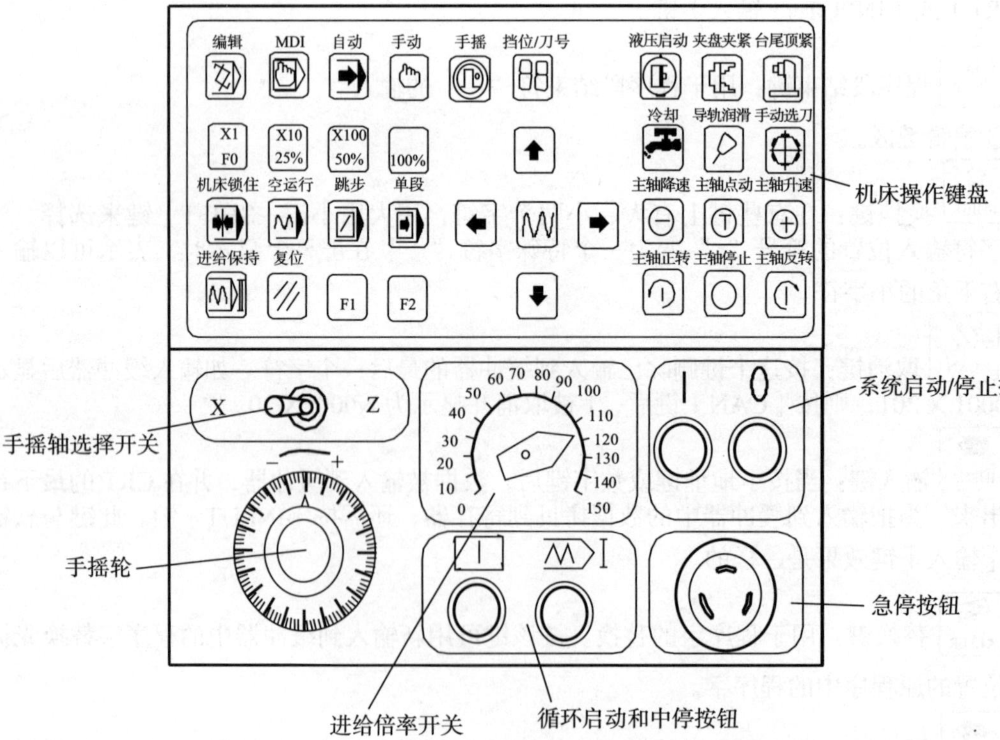

图 1-20　机床操作面板

1）系统启动停止按钮。

①系统启动键。

车床电柜通电后电源指示灯亮，这时按系统启动键，就接通了数控系统的电源。

②系统停止键。

需要车床停止工作时，先按系统停止键，断开数控系统的电源，再断开车床电柜的开关，电源指示灯灭，机床断电。

2）机床操作键盘。

①方式选择键。

在对机床进行操作时必须先选择操作方式，此称为“方式选择”。

编辑方式：

在此方式下，可利用 MDI 面板将工件加工程序手动输入到存储器中，也可以对存储器内的加工程序内容进行修改、插入、删除等编辑。

自动方式：

在此方式下，机床可按存储的程序进行加工，可对存储程序的顺序号进行检索。

手动数据输入方式：

在此方式下，可以通过 MDI 键盘直接将程序段输入到存储器内，按［循环启动］按钮可执行所送入的程序段。

手动连续进给方式：

在此方式下，可按住［+X］或［-X］、［+Z］或［-Z］按钮使滑板沿 X 轴或 Z 轴沿正或负方向连续移动。

手摇轮进给方式：

在此方式下，可转动手摇脉冲发生器手轮使滑板沿 X 轴（手轮轴向选择开关选在 X 向）移动或使滑板沿 Z 轴（手轮轴向选择开关选在 Z 向）移动。

REF 回零方式：

由于大连机床厂生产 CKA6150 型数控车床采用的是绝对值编码器，所以机床操作面板“方式选择”中没有手动“回零”按键，即不用进行回零操作。

②速度变化控制按钮。

当选择手摇轮进给方式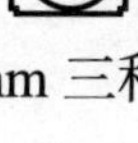时，在手轮进给期间，手轮旋转一格，相应轴的移动量有 0.001mm，0.01mm，0.1mm 三种选择。

按 [X1 F0] 键时，手轮旋转一格，相应轴的移动量为 0.001mm；

按 [X10 25%] 键时，手轮旋转一格，相应轴的移动量为 0.01mm；

按 [X100 50%] 键时，手轮旋转一格，相应轴的移动量为 0.1mm。

③运行操作选择。

 单程序段按钮：

此按钮有两个工作状态：按一下此按钮指示灯亮，表示单段程序运行机能有效，这时按一下［循环启动］按钮，程序只运行一段即停止；再按一下［单程序段］按钮指示灯灭，表示单段运行机能取消，这时按［循环启动］按钮，程序就连续自动运行。

在按下［单程序段］按钮执行一个程序段后的停止期间，通过“方式选择”按钮可以转换到任何其他操作方式下操作车床。

 空运行按钮：

该按钮有两个工作状态：按一下该按钮指示灯亮，表示空运转机能有效，此时在自动或 MDI 运行状态，程序中设定的 F 功能无效，车床溜板以“进给倍率”旋钮所设定的进给倍率运行，一般设定的进给倍率是最大速率。

通常机床的进给是 mm/r，置“空运行”后机床的进给变为 mm/min。再按一下此按钮，指示灯灭，空运行机能取消。

要特别注意：“空运行”只是在自动或 MDI 方式下快速运行检验程序的一种方法，不能用于实际的零件切削中，所以空运行时不允许加工工件。

 程序跳段按钮：

此按钮有两个工作状态：按一下此按钮指示灯亮，表示程序段跳过机能有效；再按一下此按钮指示灯灭，表示程序段跳过机能无效。

在程序跳段机能有效时，运行程序中带有“/”标记的程序段不执行，程序执行转到跳过该程序段的下一个无“/”标记的程序段。在程序段跳过机能无效时，“/”标记就无效，因而，程序中的所有程序段均被依次执行。

 车床锁定按钮：

此按钮有两个工作状态。在自动或 MDI 运行及手动操作期间，按一下此按钮，指示灯亮，表示车床锁定机能有效，此时机床刀架不能移动，但其他（如 M，S，T）功能执行和显示都如常（如仍可指令主轴转动）。再按此按钮，本机能被取消。该按钮在检查工件加工程序时使用。

④手动进给操作按钮。

X 轴正向点动键：

JOG 方式下，用于车床溜板沿 X 轴的正向移动。

X 轴负向点动键：

JOG 方式下，用于车床溜板沿 X 轴的负向移动。

Z 轴正向点动键：

JOG 或回零方式下，用于车床溜板沿 Z 轴的正向移动或 Z 轴回参考点。

Z 轴负向点动键：

JOG 方式下，用于车床溜板沿 Z 轴的负向移动。

若在按住点动开关期间同时按了快速移动开关 ，则在快速移动开关被按期间机床按快速移动速度运动。

⑤主轴手动操作按钮。

 主轴正转键：

在手动操作方式下（包括 JOG 和手摇），按主轴正转键，主轴正向旋转。若主轴要反向旋转，则必须先按［主轴停止］（SPINDLE STOP）按钮，使主轴停止，再按反转按钮。主轴的转速通过 MDI 方式用“M03 S_；”确定。

 主轴反转键：

在手动操作方式下（包括 JOG 和手摇），按主轴反转键，主轴反向旋转。若主轴反转再正转，则必须先按［主轴停止］按钮，使主轴停止，再按正转按钮。主轴反转的转速通过 MDI 方式用“M04 S_；”确定。

 主轴停止键：

在手动操作方式下（包括手动和手摇），按［主轴停止］键，该键灯亮，主轴停止旋转。此按钮在所有工作状态均起作用。在自动工作状态时，按此按钮主轴停止。再重新启动主轴必须把方式开关选在手动位置，按相应的主轴正、反转按钮。

注意：

• 在手动状态启动主轴时，必须先选挡位区间，用 MDI 方式输入转速指令，按循环启动按钮，确定需要的主轴转速。

• 采用液压卡盘时要使卡盘处于卡紧位置，才能启动主轴。

• 采用手动卡盘时要使卡盘处于卡紧工件位置，才能启动主轴，否则，有卡爪飞出的危险。

⑥主轴速度控制按钮。

主轴转速是变频控制时，主轴速度控制按钮可对主轴的转速进行调节。

 主轴降速：

用此按钮可通过机床操作面板向下修调程序中设定的主轴转速，最多可修调到 50%。

 主轴升速：

用此按钮可通过机床操作面板向上修调程序中设定的主轴转速，最多可修调到 150%。

⑦  冷却泵启停按钮。

在手动操作方式下，按下冷却泵启停键，按键灯亮，冷却泵旋转。再按一次冷却泵启停键，按键灯灭，冷却泵停止。在自动运行方式下，此键不起作用，由程序中的 M08 和 M09 指令来控制冷却泵的启停。

⑧  润滑控制键。

按润滑控制键，可随时手动润滑。

⑨  手动换刀键。

在手动方式下，点按此键，刀台选下一刀位。长按此按钮，直到目标刀位释放。

3）循环启动中停按钮。

①  循环启动按钮。

在自动或 MDI 运行方式下，按循环启动键，按键灯亮，程序自动执行。在执行程序时，该按钮内的指示灯亮，同时主轴转向按键灯也亮。执行完毕时指示灯灭。

循环启动按钮还在下列情况下起作用：

• 当机床在自动循环中按了循环停止按钮，机床刀架运动暂停后，再按循环启动按钮可以使机床继续工作。

• 当机床在自动循环中按了单程序段键，正在执行的程序段结束后，程序停止执行。若需要继续执行下一段程序时，按循环启动键，程序继续执行一段，此后，每按循环启动键一次，程序就往下执行一段。

• 当机床在自动循环中按了选择停止键，机床在程序中有 M01（选择停）指令处将停止执行。若要继续工作可按循环启动按钮，使选择停止机能取消，机床继续按规定的程序执行。

循环启动按钮在下列情况下不起作用：

• 急停状态；

• 复位状态；

• 程序顺序号检索时；

• 报警发生状态；

•“方式选择”开关选在“自动”或“MDI”方式以外的位置时。

②  循环停止Ⅰ按钮。

该键也称循环保持或进给保持键。在自动或 MDI 运行期间，按循环停止Ⅰ键，该键灯亮，刀架停止移动，但 M，S，T 功能仍然有效。要使机床继续工作，须按循环启动键，消除循环停止状态，刀架继续移动。在循环停止状态，可以对机床进行任何的手动操作。但在 G32，G34，G76，G92 螺纹切削时循环停止按钮无效。

③  循环停止Ⅱ按钮。

在自动运行期间，按此按钮，进给轴和主轴都被暂停。连续按两次循环启动按钮，则主轴先转，进给轴然后移动进给。

4）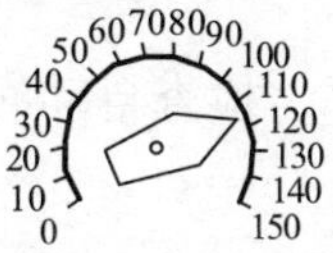

进给倍率旋钮。

在手动或自动运行期间用于进给速度的调整。在自动运行中，可通过此旋钮改变程序中设定的进给速度，即程序中由 F 功能代码指定的进给速度可以用此旋钮调整，调整范围为 0%~150%，每挡为 10%。例如：程序中进给速度 *F* 为 180mm/min，则当进给倍率旋钮指在 50% 时，这时机床实际进给速度是 90mm/min。

在点动方式下也可调整进给速度。但是在车削螺纹时，进给倍率旋钮不起作用。

5）

选择手摇轴，*X* 轴和 *Z* 轴。

在手摇方式下，选择手摇轮控制方向。

6）

手摇脉冲发生器。

手摇脉冲发生器通常被称为手摇轮。在手摇轮方式下，通过选择手摇轴 *X* 或 *Z* 方向，转动手摇轮可使车床溜板沿 *X* 轴（手轮轴向选择开关选在 *X* 向）或 *Z* 轴（手轮轴向选择开关选在 *Z* 向）移动。手摇轮顺时针转动，车床溜板正向移动；手摇轮逆时针转动，车床溜板负向移动。

通过“速度变化”选择按钮可决定每摇一格使刀架沿 *X* 轴或 *Z* 轴移动 0.001mm（按 ×1 按钮）、0.01 mm（按 ×10 按钮）或 0.1mm（按 ×100 按钮）。

7） 急停按钮。

车床在手动操作或自动运行期间，在紧急状态下按此按钮，机床各部将全部停止运动，NC 控制系统清零。有回零要求和软件超程保护的机床按急停按钮后，必须重新进行回零操作，否则，刀架的软件限位将不起作用。待故障排除恢复车床工作时，需顺时针方向转动让按钮弹起恢复正常。

3. 数控车床操作过程

（1）车床的开机、关机及检查。

1）车床的开机和关机。

车床的开机按下列顺序操作，而关机则按相反顺序操作。

①打开电器柜侧面的总电源开关，接通车床主电源，电源灯和照明灯亮，电器柜散热风扇启动。

②按车床操作面板上的“系统启动”按钮，接通数控系统电源，“主轴停止”按键灯亮，NOT READY 消失，CRT 显示器出现 X、Z 坐标值。

③按顺时针方向转动急停按钮，将急停按钮复位。

2）车床电源接通前后的检查。

①主电源接通前，检查车床电柜内的电器和线路是否正常，关闭电柜门并锁好。检查自动润滑站的润滑油面是否在正常位置。

②主电源接通后，检查电源电压是否正常，有无缺相现象。

③数控系统通电后，检查 CRT 屏幕上是否出现车床的位置坐标，检查自动润滑站是否正常启动。

（2）车床的 X、Z 轴移动操作。

当车床按照加工程序对工件进行自动加工时，车床的操作基本上是自动完成的，而其他情况下，要靠手动对车床进行操作。

车床手动操作时，要求刀具能点动或连续移动接近或离开工件。其操作方法如下：

1）进给移动操作。

①选择手动连续进给方式（JOG）。

②设置进给倍率旋钮的位置，选择手动连续移动的速度。

③按住所要移动轴方向所对应的“点动”键，车床溜板在所选择的轴向以进给倍率旋钮设定的速度连续移动。当放开“点动”键时，车床溜板停止移动。

2）手动快速进给操作。

在车床换刀或手动操作时，要求刀具能快速移动接近或离开工件。其操作方法是：按住所要移动轴方向所对应的“点动”键，同时按住快进开关，车床溜板在所选择的轴向以系统设定的速度快速移动。当放开“点动”键时，车床溜板停止快速移动。

3）手轮进给操作。

在手动调整刀具或试切建立工件坐标系时，可用手轮确定刀具的正确位置，此时，一面转动手轮微调进给，一面观察刀具的位置或切削情况。其操作方法如下：

①按方式选择键［手摇］按键，用手轮轴向选择开关选定手轮 X 轴进给或 Z 轴进给；

②选择并按下手轮三个移动速度变化控制按钮之一，确定手轮进给移动量；

③顺时针或逆时针转动手轮，车床溜板在所选轴的正向或负向以选定的手轮进给移动量移动。

（3）程序的建立、调出、编辑。

（4）图形模拟进行程序的检查。

对于已输入到存储器中的程序必须进行检查，并对检查中发现的程序指令、坐标值等错误进行修改，待加工程序完全正确才能进行实际加工。

步骤：

1）选择自动方式。

2）按［空运行］键。

3）按下［车床锁定］键。

4）按［PROG］键，输入被检查程序的程序号，按［↓］光标移动键，CRT 屏幕上显示存储器中被检查的程序。

5）按下 [100%] 快移倍率键。

6）按［图形模拟］键。

7）按［图形］软键。

8）按［循环启动］键，按键灯亮。在图形模拟显示页面显示刀具轨迹。查看刀具轨迹是否符合程序要求。如有问题要重新回到编辑状态，修改程序。

（5）车床的自动运行。

1）车床的存储器运行操作。

步骤：

①设置“进给倍率”旋钮到适当位置，一般置于 100%；

②选择自动方式；

③分别用 MDI 键盘上的“地址 / 数字”键输入运行程序的程序号，按［↓］光标移动键；

④按“循环启动”键，按键灯亮，车床开始自动运行。

2）车床的 MDI 自动运行操作。

步骤：

①按方式选择中的［MDI］按钮，进入 MDI 方式。

②按［PROG］键，CRT 屏幕左下角显示 MDI。

③分别用 MDI 键盘上的“地址 / 数字”键，输入运行程序段的所有内容。

④按［循环启动］键后，循环启动按键灯亮，车床开始自动运行这些程序段。

（6）车床的急停操作。

无论是在车床手动或自动运行状态下，如遇到不正常情况需要车床紧急停止时，可通过下列操作方法来实现：

按下“急停”按钮：

在车床自动和 MDI 运行状态下，按下“急停”按钮后，急停指示灯亮。车床的动作及各种功能立即停止执行。同时 CRT 屏幕上闪烁“准备不足”的报警信号。

待故障排除后，顺时针旋转“急停”按钮，被压下的“急停”按钮弹起，则急停状态解除，急停指示灯熄灭。此时应在编辑状态下按“复位”键，使数控系统复位。要恢复车床的工作，必须进行手动返回车床参考点的操作。

（7）工件的安装。

1）在三爪自定心卡盘上装夹。

三爪自定心卡盘装夹工件方便、省时，自动定心好，但夹紧力较小，所以适用于装夹外形规则的中、小型工件。三爪自定心卡盘可装成正爪或反爪两种形式。反爪用来装夹直径较大的工件。用三爪自定心卡盘装夹精加工过的表面时，被夹住的工件表面应包或垫一层铜皮，以免夹伤工件表面。

2）在两顶尖之间装夹。

对于较长或加工工序较多的轴类工件，为保证每次装夹时的装夹精度，可用两顶尖装夹。两顶尖装夹工件方便，不需找正，装夹精度高，但必须先在工件的两端面钻出中心孔。该装夹方式适用于多工序加工或精加工。

用两顶尖装夹工件时须注意的事项：

①在顶尖间加工精密轴类零件时，必须用试切实物来找出尾架与主轴的同心度，也可用检验棒测出。前后顶尖的连线应与车床主轴轴线同轴，否则车出的工件会产生锥度误差。

②尾座套筒在不影响车刀切削的前提下，应尽量伸出得短些，以增加刚性，减少振动。

③中心孔应形状正确，表面粗糙度值小。

④两顶尖与中心孔的配合应松紧合适。

⑤主轴锥孔与尾座套筒锥孔在未擦拭干净之前，不得插入任何工具。

3）用卡盘和顶尖装夹。

用两顶尖装夹工件虽然精度高，但刚性较差。因此，车削较重工件时要一端用卡盘夹住，另一端用后顶尖支撑。一般当悬臂长与直径比超过五倍时，另一端用后顶尖顶住。为了防止工件由于切削力的作用而产生轴向位移，必须在卡盘内装一限位支承，或预先加工出台阶面，利用工件的台阶面限位（见图 1-21）。这种方法比较安全，能承受较大的轴向切削力，安装刚性好，轴向定位准确。

4）工件采用找正方式装夹。

①找正要求。

找正装夹时必须将工件加工表面的回转轴线（同时也是工件坐标系 Z 轴）找正到与车床主轴回转中心重合。对于有偏心距要求的表面要找正到装夹面与车床主轴回转中心的距离满足加工面与装夹面的偏心距要求。

②找正方法。

与普通车床上找正工件相同，一般为打表找正。通过调整卡爪，使工件坐标系 Z 轴与车床主轴的回转中心重合，见图 1-22。

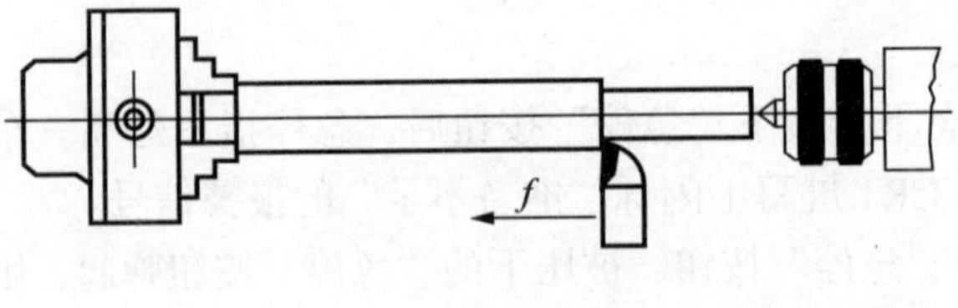

图 1-21　用工件的台阶面限位

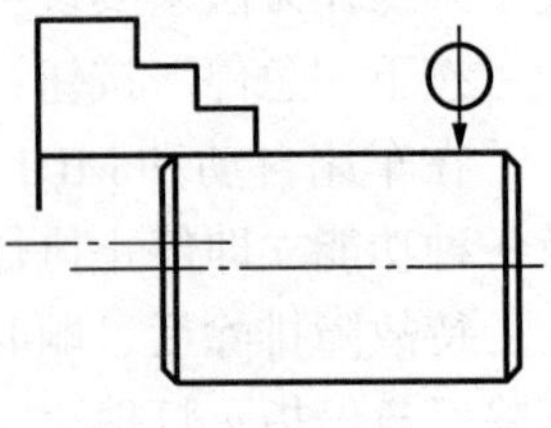

图 1-22　工件找正

工件偏心安装时常采用找正装夹；用三爪自定心卡盘装夹较长的工件时，工件离卡盘夹持部分较远处的旋转中心不一定与车床主轴旋转中心重合，这时必须找正；当三爪自定心卡盘使用的时间较长，已失去应有精度，而工件的加工精度要求又较高时，也需要找正。

③装夹方式。

一般采用四爪单动卡盘装夹。四爪单动卡盘的四个卡爪可各自独立移动，可以调整工件夹持部位在主轴上的位置，使工件加工面的回转中心与车床主轴的回转中心重合。四爪单动卡盘夹紧力较大，所以适用于大型或形状不规则的工件。四爪单动卡盘也可装成正爪或反爪两种形式。

（8）建立工件坐标系。

1）利用刀具长度补偿功能自动建立工件坐标系。

采用该方式建立工件坐标系，程序中不写 G50 或 G54~G59 指令，而是写刀具偏置指令并在刀具几何偏置数据输入界面中确定刀具长度补偿值。如用 1 号刀加工零件，程序中可直接写 T0101。然后进入刀具几何偏置数据输入画面，用 1 号刀试切工件右端面。保持 Z 轴不变，沿 X 轴退出。测量工件右端面至工件坐标系原点 Z 轴方向的尺寸 Z'（如工件坐标系原点设在工件右端面上，则此处测量值 Z' 为 0），按照用软键［测量］设定刀具长度补偿值直接设定工件坐标系的方法，将光标移至欲设定的偏置号处（如 G01），按地址键［Z］，输入测量值 Z'，按刀具几何偏置数据输入画面的软键［测量］，Z 轴长度补偿值自动确定。再用 1 号刀试切工件外圆，保持 X 轴不变，沿 Z 轴退出，测量工件直径 $\phi15.5$，按地址键［X］，输入直径 $\phi15.5$，再按软键［测量］，X 轴方向长度补偿值亦自动确定。执行程序，则工件坐标系自动建立。调用其他刀具，分别用上述方法确定各自的刀具长度补偿值，即可采用同一工件坐标系编程加工。

2）采用 G54~G59 零点偏置指令建立工件坐标系。

用此指令的对刀方法是求出当刀尖（刀位点）与工件坐标系原点 O_P 重合时刀架参考点 A 在机床坐标系 O_M 中的坐标值 X'、Z'，程序中只写 G54。X'、Z' 即表示工件原点偏离机床坐标系原点的坐标值，在对完刀后 O_i 系统会自动计算把此值输入到 CNC 系统零点偏置寄存器中 G54 的位置。

如图 1-23 所示采用 G54 建立工件坐标系。

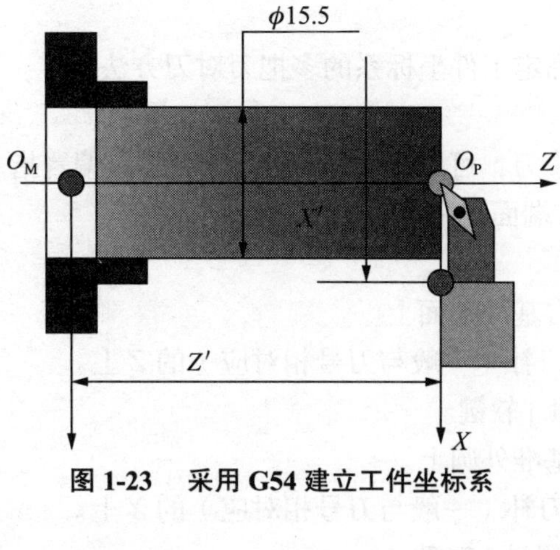

图 1-23　采用 G54 建立工件坐标系

步骤是：

①切削工件端面，沿 X 正向退刀。

②按下功能键 OFFSET/SETTING。

③按下软键［坐标系］。出现工件坐标系设定菜单显示工件坐标系设定的画面，按软键［(操作)］出现工件坐标系偏置值输入画面。

④按翻页键或输入工件坐标系号（此处输入 1），按下软键［NO 检索］。

⑤移动光标到 G54 Z 坐标位置，输入 Z0，按下软键［测量］。

⑥切削工件外圆表面，测量工件外圆直径。例如为 ϕ15.5。

⑦再移动光标到 G54 X 坐标位置，输入 X15.5，再按下软键［测量］。

则在 G54 的 X、Z 后的坐标值为系统自动计算出的机床坐标系原点移动到工件坐标系原点的偏移值。

（9）多把刀对刀操作。

当用多把刀具加工同一工件时，每把刀相对于刀架上参考点的伸出长度不同，通过多把刀对刀操作，可以找出每把刀相对刀架参考点的伸出长度或得到每把刀相对基准刀的偏移值。

1）每把刀直接对刀方法。

假设工件坐标系原点在工件端面上，操作步骤如下：

①用 1# 刀切削工件右端面，沿 X 正向退刀。

②按下功能键 OFFSET/SETTING。

③按［补正］软键。

④按［形状］软键。

⑤将光标打到 01 号刀补（一般与刀号相对应）的 Z 上。

⑥输入 Z0，按［测量］软键。

⑦切削工件外圆表面，测量工件外圆直径，例如 ϕ15.5。

⑧将光标打到 01 号刀补（一般与刀号相对应）的 X 上。

⑨输入 X15.5.，按［测量］软键。

这样 1# 刀对完。用同样方法，可以完成其他刀具的对刀，这样每把刀具互不干扰，对刀较方便，只要在程序中用每把刀时，各自调相应刀号与刀补号即可，如 T0101、T0202。

2）采用 G54~G59 确定工件坐标系的多把刀对刀方法。

操作步骤：

①对于基准刀例如 1# 刀，可以用采用 G54~G59 零点偏置指令建立工件坐标系相同的办法对刀。将工件基准右端面与基准外圆面切出。

②手动换 2# 刀。

③轻轻将 2# 刀靠到右基准端面上。

④将光标打到 02 号刀补（一般与刀号相对应）的 Z 上。

⑤输入 Z0，按［测量］软键。

⑥轻轻将 2# 刀靠到基准外圆上。

⑦将光标打到 02 号刀补（一般与刀号相对应）的 X 上。

⑧输入 X15.5，按［测量］软键。

这样在 02 号刀补的 X、Z 值后系统自动计算出 2# 刀相对 1# 基准刀在 X、Z 方向的差值。

（10）刀具补偿值的修改。

当使用已有刀具补偿值的车刀加工工件时，如果测得加工后的工件尺寸（无论外圆或内圆）比图纸要求的尺寸大，说明对刀有误差或刀具有磨损，应对原刀具补偿值进行修改，以便加工出合格的工件。例如：要求加工 ϕ30mm 的外圆，实际测量工件直径为 ϕ 30.2mm，即实际尺寸比图纸要求尺寸大了 0.2mm，此时，在原刀具 X 轴方向补偿值的基础上，应再补偿 −0.2mm。假设原刀具 X 轴方向补偿值为 0.3mm，则刀具补偿值修改后应为 0.1mm（0.3mm–0.2mm）。其修改刀具补偿值的操作步骤是：

1）按下功能键 OFFSET/SETTING。

2）按软键［补正］或连续按 OFFSET/SETTING 键直至显示出刀具补偿画面后按［(操作)］软键，出现刀具磨损补偿画面。按［(操作)］软键，出现刀具磨损补偿数据输入界面。

3）用翻页键和光标键移动光标至所需设定或修改的补偿值处，或输入所需设定或修改补偿值的补偿号并按下软键［NO 检索］。

4）以绝对值输入时，按“地址／数字”键中的 X 及 0.1，然后按软键［输入］，CRT 屏幕上显示修改后的刀补值 0.1mm 直接取代了原刀补值 0.3mm。

5）以增量值输入时，按“地址／数字”键中的 X 及 −0.2，按软键［+输入］，CRT 屏幕上显示系统自动修改原刀补值 0.3mm 为新刀补值 0.1mm。

如果测得加工后的工件尺寸（无论外圆或内圆）比图纸要求的尺寸小，如小 0.1mm，应在原刀具 X 轴方向补偿值的基础上，再补偿 0.lmm。

4. 数控车床安全操作规程和工艺守则。

（1）数控车床安全操作规程。

1）操作者应根据机床“使用说明书”的要求，熟悉本机床的规格、性能和结构，禁止超范围和超性能加工，禁止在主轴不装夹工件时旋转或模拟加工。

2）开机前，操作者必须清理好现场。机床导轨、机床防护罩顶部不允许放置工具、工件及其他杂物。上述物品必须放在指定的工位器具上。

3）开机前，操作者应按机床使用说明书规定给相关部位加油，并检查油标、油量、油路是否畅通。

4）机床开机时应遵循先回零（本机床无须回零）、手动、点动、自动的原则。机床运行应遵循先低速、中速、再高速的运行原则，其中低、中速运行时间不得少于 2~3 分钟。当确定无异常情况后，方能开始加工。

5）操作机床必须遵循机床加工工艺守则和数控机床加工工艺守则。

6）严禁在卡盘上、顶尖间用敲打的方法校直和修正工件。确认工件和刀具夹紧后，方可进行下一步操作。

7）操作者在更换刀具、工件、调整工件以及离开机床时必须停机。

8）操作者不得任意拆卸和移动机床上的保险和安全防护装置。

9）在加工之前必须采用程序校验方式检查所用程序是否与被加工零件相符，待确定无误后，方可关好安全防护罩，开动机床进行零件加工。

10）机床附件和量具、刀具应妥善保管，保持完整与良好。

11）操作完毕后应清扫机床，保持清洁，将溜板和尾座移至床尾位置，并切断机床电源。

12）车螺纹后，不得开车用砂布、棉布去擦拭，防止拉伤手指。

13）使用量具、塞规时，不得用榔头敲打，应用手轻轻塞进或取出。

14）使用螺纹量规时，不得开车旋转测量，以免伤人。

（2）车工工艺守则。

1）粗车一般工件外圆时，车刀的刀尖应比轴的中心线稍高些，以便切削顺利。

2)粗车硬工件外圆时,刀尖应比轴的中心线稍低些,以免压弯车刀,发生抗刀影响加工。

3）精车外圆时，刀尖应和中心线等高或稍高，但不允许低于中心线。

4）对于用中心孔定位的零件，装夹时必须将顶尖孔擦拭干净。采用死顶尖时，必须涂以润滑脂或润滑油。

5）在实心工件上钻孔时，端面必须精车，并先用中心钻钻引孔；钻深孔时必须用短钻头预钻或精镗一个导向孔。

6）钻削铸锻件有毛坯孔的零件时，应先粗镗一刀。

7）精镗孔时，在刀具未退出工件前不得停车。

8）精镗刀的刀尖安装应与工件中心线等高或稍高于中心线，镗杆的伸出长度约等于孔深加上 10～12mm。

9）用样板刀具加工成形表面时，刀具应尽量与中心线等高，并用对刀板对刀。

10）工件转动时才允许进刀或退刀，退刀停止后才能停止主轴的转动。

11）刀具停止切削后，方可退刀。

12）在切削中，当机床突然停止时，应立即切断电源，先松开刀具后端的压紧螺钉，再松开前端压紧螺钉，然后取下刀具。

13）切沉割槽时，如相关加工面需留余量时，应按留余量后尺寸加工。

14）装卸卡盘及较重零件时，导轨面上必须衬垫木板。

5. 工艺分析

车削时从毛坯到达到工件的各项精度要求，常常需要经过粗加工、半精加工、精加工，粗加工一般达到 IT13～IT11，*Ra*50～12.5μm，半精加工达到 IT10～IT8，*Ra*6.3～3.2μm，精加工达到 IT8～IT7，*Ra*1.6～0.8μm。根据工作任务 1 零件精度的要求，通过车削完全能够达到要求。

由于零件两端面有倒角并且有 *Ra*1.6 的要求，所以需要两次装夹。

工艺步骤如下：

（1）用自定心三爪卡盘夹紧 ϕ35 棒料左端，棒料伸出卡爪外 60mm。

（2）手动切削右端面。

（3）用 ϕ90 粗车刀加工外圆，加工余量 1mm，给精车留余量 0.5mm。

（4）精车倒角及外圆到尺寸。

（5）切断，长度留 0.3mm 余量。

（6）垫铜皮、用百分表找正，掉头装夹右端。

（7）切右端面及倒角。

加工轨迹如图 1-24 所示。

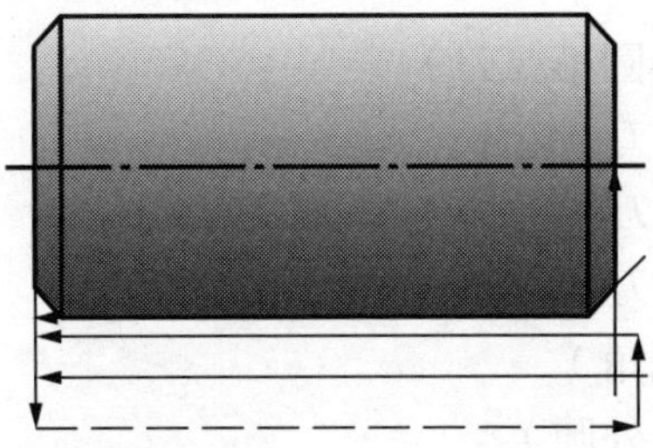

图 1-24　加工轨迹

四、工作任务清单

1. 工作清单

（1）填写数控加工刀具卡。

刀具号	刀具规格名称	数量	加工表面	刀尖半径
T01	90° 外圆粗车刀	1	外圆面	0.8

（2）填写数控加工工序卡。

工序号	程序编号	夹具名称		使用设备		
1	00001（2、3工步）	自定心三爪夹盘		CAK6150D		
工步	工步内容	刀具号	刀具规格	主轴转速	进给速度	背吃刀量
1	手动车右端面	T01	25×25	12000	0.2	0.5
2	粗车外圆	T01	25×25	12000	0.5	1
3	粗车外圆及倒角	T01	25×25	12000	0.12	0.5
4	切断					
5	调头车左端面及倒角	T01	25×25	1200	0.2	0.5

（3）填写量具使用卡。

量具名称	尺寸范围	数量
游标卡尺	0～150mm	1

2. 参考程序

学生根据工作任务中零件图编写粗、精加工程序，然后参照下列加工程序评价自己的编程结果：（加工轨迹见图 1-24）。

O0001;　　（程序名）
M03 S1200;　　（主轴正转）
T0101;　　（调外圆粗车刀）
G00 X33. Z2.;　　（快速运动接近工件）
G01 Z-55. F0.5;　　（粗车第一刀）
G00 X34.;　　（*X* 向退刀）
Z2.;　　（*Z* 向退刀）

```
X31. ;                  （X 向进刀）
G01 Z-55. ;             （粗车外圆第二刀）
G00 X35.;               （X 向退刀）
Z2.;                    （Z 向退刀）
X26.;                   （X 向进刀）
G01 X29.99 Z-2. F0.12   （加工倒角）
Z-55.;                  （精加工外圆）
G00 X100. Z50.;         （换刀点）
T0100;                  （取消刀补）
M30;                    （程序结束）
```

切断保证长度留 0.2 余量。

调头装夹，手动切端面及倒角。

任务 2　简单阶梯圆柱及圆锥形零件的加工

一、工作任务

1. 对阶梯圆柱及圆锥类零件进行工艺分析。
2. 掌握圆柱切削循环指令 G90 的指令格式、运行轨迹。
3. 掌握圆锥切削循环指令 G90 的指令格式、运行轨迹。
4. 掌握数控车床刀具几何（长度）补偿功能。
5. 掌握数控车床刀尖圆弧半径补偿功能。
6. 根据所使用机床的具体情况，编写图 1-25 中零件的加工程序。

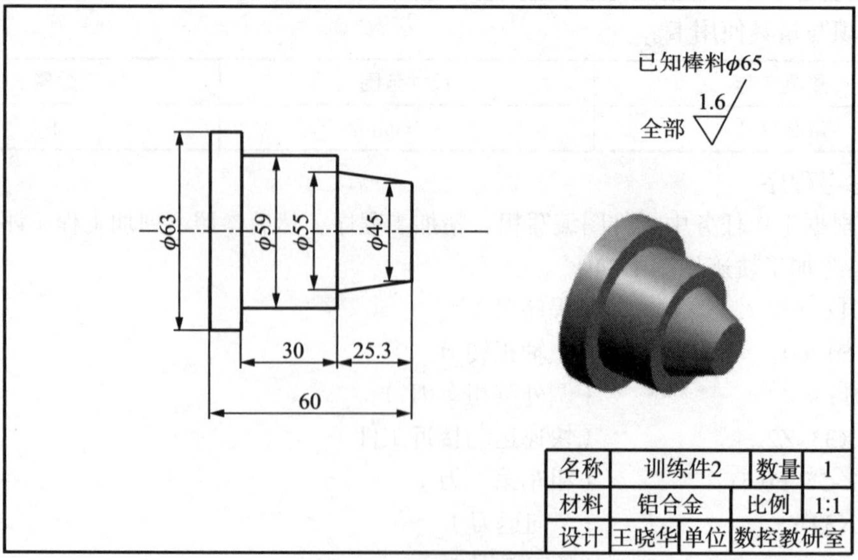

图 1-25　G90 指令编程实例

二、相关知识

1. 圆柱切削循环 G90 指令

G90 指令是命令刀具完成一个矩形运动轨迹，从而达到切削工件外圆表面目的的指令。

（1）指令格式：G90 X（U）_Z（W）_F_；

（2）指令解释：（见图 1-26）

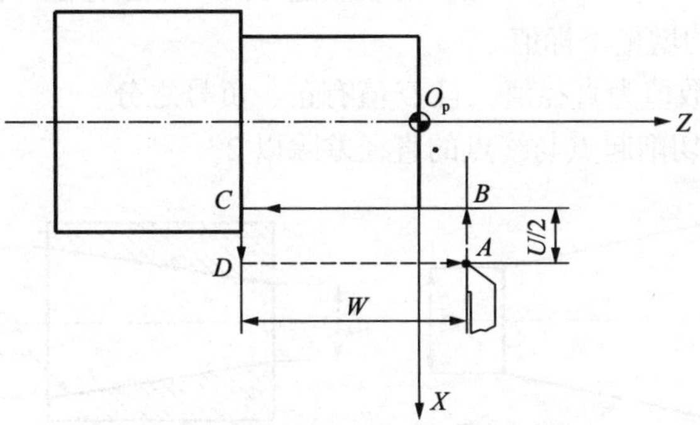

图 1-26　圆柱切削循环 G90 示意图

1）绝对值编程时，X_ Z_为刀具矩形移动轨迹中的 *C* 点坐标值。相对值编程时 U_ W_为循环起点 *A* 相对 *C* 点的增量坐标值。

2）X、U 后面的数值为直径值，且 *U* 值有正、负号之分。

3）举例说明：

如图 1-27 所示，用 ϕ50mm 的棒料切削 ϕ44mm 的阶梯轴，每刀吃深 1mm，完成 3 次矩形循环，编程如下：（运行轨迹如图 1-27 所示）

绝对值编程 G90 X48. Z-26.4 F0.1；

X46.；

X44.；

相对值编程 G90 U-7. W-29.4 F0.1；

U-9.；

U-11.；

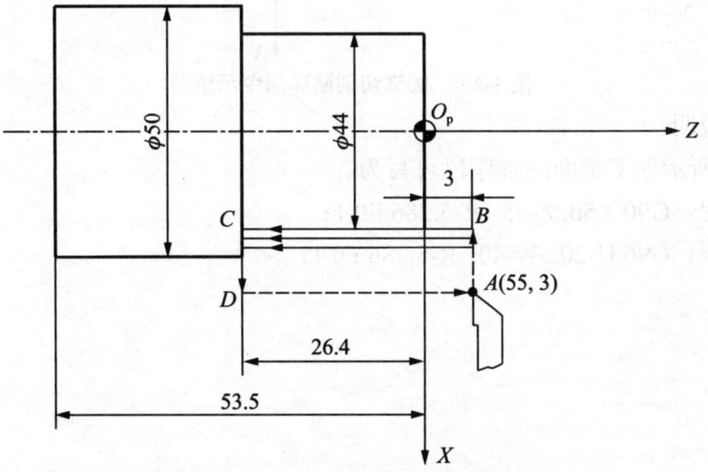

图 1-27　应用 G90 指令加工阶梯轴

2. 圆锥切削循环指令 G90

圆锥切削循环指令 G90 是命令刀具完成一个梯形运动轨迹，从而达到切削工件外圆锥表面目的的指令。

（1）指令格式：G90 X（U）_ Z（W）_ R_ F_；

（2）指令解释：（见图 1-28 及图 1-29）

1）绝对值编程时，X_ Z_为刀具梯形移动轨迹中的 *C* 点坐标值。相对值编程时 U_ W_为 *C* 点相对循环起点 *A* 的增量坐标值。

2）X、U 后面的数值为直径值，且 *U* 值有正、负号之分。

3）*R* 值为圆锥面切削起点与终点的直径差除以 2。

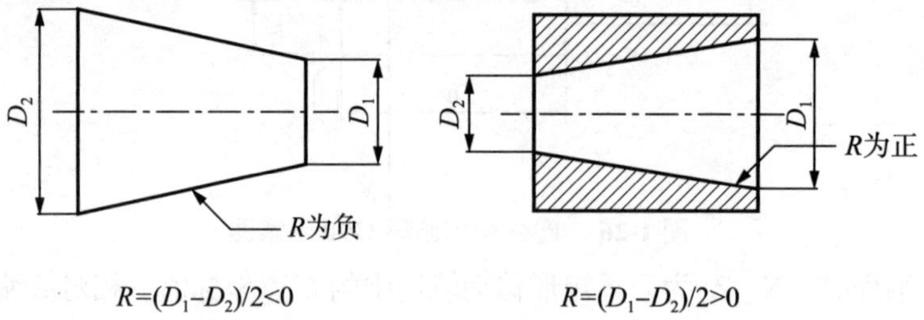

图 1-28　圆锥切削循环指令中 *R* 的正负

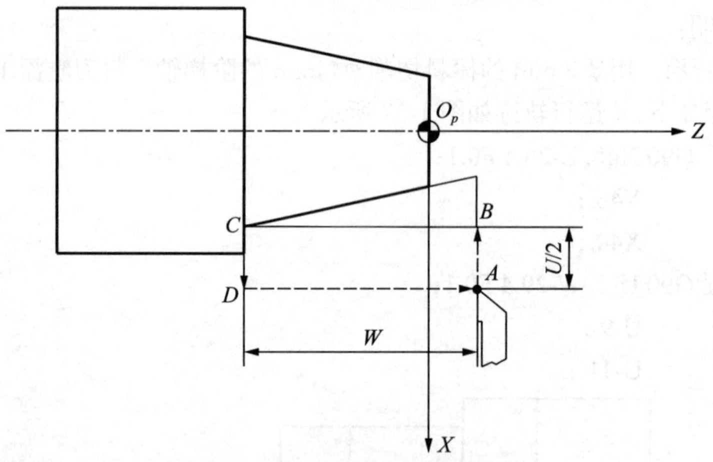

图 1-29　圆锥切削循环指令示意图

（3）举例说明：

如图 1-30 所示加工锥面的程序段可写为

绝对值编程：G90 X50. Z-35. R-5.286 F0.1；

相对值编程：G90 U-20. W-40. R-5.286 F0.1；

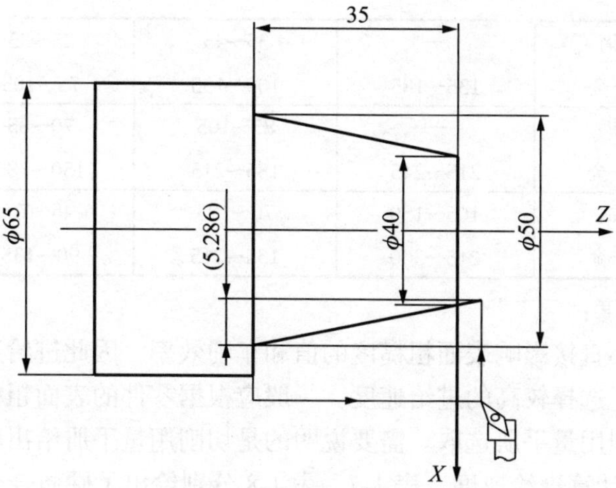

图 1-30　车削外锥面

3. 注意事项

（1）R 的计算。

由于刀尖应在右侧圆锥面上的延长线上进刀，所以 R 值的计算应该为该点直径值与锥面大端直径值之差的一半。

（2）刀具的选择及安装。

1）针对工件形状及加工性质选择 90° 主偏角的粗加工与精加工车刀各一把。

2）根据所使用机床刀架规格选择 25×25 方形刀杆。

3）根据工件材料选择刀具为钨钴钛类 P01 刀片或硬质合金涂层刀片。

4）车削圆锥面时，刀尖必须严格对准工件轴线，否则会产生双曲线误差。

（3）切削用量的选择。

1）机床主轴转速的选择：

根据刀片材料及工件材料选择转速。具体选择时，可参考表 1-6 先进行线速度的选择。然后根据公式 $V=\pi Dn/1000$ 计算主轴转速 n，D 取切削工件直径最大处尺寸，单位为 mm。

表 1-6　　切削速度参考表

零件材料	刀具材料	a_p（mm）			
		0.38~0.13	2.40~0.38	4.70~2.40	9.50~4.70
		f（mm/r）			
		0.13~0.05	0.38~0.13	0.76~0.38	1.30~0.76
		V_c（m/min）			
低碳钢	高速钢	—	70~90	45~60	20~40
	硬质合金	215~365	165~215	120~165	90~120
中碳钢	高速钢	—	45~60	30~40	15~20
	硬质合金	130~165	100~130	75~100	55~75

续前表

灰铸铁	高速钢	—	35~45	25~35	20~25
	硬质合金	135~185	105~135	75~105	60~75
黄铜 青铜	高速钢	—	85~105	70~85	45~70
	硬质合金	215~245	185~215	150~185	120~150
铝合金	高速钢	105~150	70~105	45~70	30~45
	硬质合金	215~300	135~215	90~135	60~90

2）切削进给速度：

进给速度的大小直接影响表面粗糙度的值和车削效率，因此进给速度的确定应在保证表面质量的前提下，选择较高的进给速度。一般应根据零件的表面粗糙度、刀具及工件材料等因素，查阅切削用量手册选取。需要说明的是切削用量手册给出的是每转进给量，因此要根据 $V_c = f \times n$ 计算进给速度。表 1-7、表 1-8 分别给出了硬质合金车刀粗车外圆、端面的进给量和半精车、精车的进给量参考值，供参考选用。

表 1-7　　　　硬质合金车刀粗车外圆及端面的进给量

工件材料	车刀刀杆尺寸 $B \times H$（mm）	工件直径 d（mm）	背吃刀量 a_p（mm）				
			≤3	>3~5	>5~8	>8~12	>12
碳素结构钢、合金结构钢及耐热钢	16×25	20	0.3~0.4	—	—	—	—
		40	0.4~0.5	0.3~0.4	—	—	—
		60	0.5~0.7	0.4~0.6	0.3~0.5	—	—
		100	0.6~0.9	0.5~0.7	0.5~0.6	0.4~0.5	—
		400	0.8~1.2	0.7~1.0	0.6~0.8	0.5~0.6	—
	20×30 25×25	20	0.3~0.4	—	—	—	—
		40	0.4~0.5	0.3~0.4	—	—	—
		60	0.5~0.7	0.5~0.7	0.4~0.6	—	—
		100	0.8~1.0	0.7~0.9	0.5~0.7	0.4~0.7	—
		400	1.2~1.4	1.0~1.2	0.8~1.0	0.6~0.9	0.4~0.6
铸铁及铜合金	16×25	40	0.4~0.5	—	—	—	—
		60	0.5~0.8	0.5~0.8	0.4~0.6	—	—
		100	0.8~1.2	0.7~1.0	0.6~0.8	0.5~0.7	—
		400	1.0~1.4	1.0~1.2	0.8~1.0	0.6~0.8	—
	20×30 25×25	40	0.4~0.5	—	—	—	—
		60	0.5~0.9	0.5~0.8	0.4~0.7	—	—
		100	0.9~1.3	0.8~1.2	0.7~1.0	0.5~0.8	—
		400	1.2~1.8	1.2~1.6	1.0~1.3	0.9~1.1	0.7~0.9

注：①加工断续表面及有冲击的工件时，表内进给量应乘系数 $k = 0.75 \sim 0.85$。

②在无外皮加工时，表内进给量应乘系数 $k = 1.1$。

③加工耐热钢及其合金时，进给量不大于 1mm/r。

④加工淬硬钢时，进给量应减少。当钢的硬度为 44~56HRC 时，乘系数 $k = 0.8$；当钢的硬度为 57~62HRC 时，乘系数 $k = 0.5$。

表 1-8　　按表面粗糙度选择进给量的参考值

工件材料	表面粗糙度 Ra（μm）	切削速度范围 V_c（m/min）	刀尖圆弧半径 r_ε（mm）		
			0.5	1.0	2.0
进给量 f（mm／r）					
铸铁、青铜、铝合金	＞5~10	不限	0.25~0.40	0.40~0.50	0.50~0.60
	＞2.5~5		0.15~0.25	0.25~0.40	0.40~0.60
	＞1.25~2.5		0.10~0.15	0.15~0.20	0.20~0.35
碳钢及合金钢	＞5~10	＜50	0.30~0.50	0.45~0.60	0.55~0.70
		＞50	0.40~0.55	0.55~0.65	0.65~0.70
	＞2.5~5	＜50	0.18~0.25	0.25~0.30	0.30~0.40
		＞50	0.25~0.30	0.30~0.35	0.30~0.50
	＞1.25~2.5	＜50	0.10	0.11~0.15	0.15~0.22
		50~100	0.11~0.16	0.16~0.25	0.25~0.35
		＞100	0.16~0.20	0.20~0.25	0.25~0.35

注：r_ε=0.5mm，用于 12mm×12mm 以下刀杆；r_ε=1.0mm，用于 30mm×30mm 以下刀杆；r_ε=2.0mm，用于 30mm×45mm 及以上刀杆。

3）切削深度的选择：

在车床主体—夹具—刀具—零件这一系统刚性允许的条件下，尽可能选取较大的背吃刀量，以减少走刀次数，提高生产效率。当零件的精度要求较高时，则应考虑留出精车余量，常取 0.1~0.5mm。

（4）锥度测量。

锥度环规是一种检验工件外锥体的精密检具，主要用于涂色检验外锥体的接触率，锥度环规的设计和检测都比较简单，故在工件测量中得到普遍使用。锥度一般用量规检验，用涂色法检验其接触大小确定锥度的正确性。

4. 数控车床刀具补偿功能的种类

数控车床刀具补偿功能分为两类：刀具长度补偿和刀尖圆弧半径补偿。

（1）刀具的长度补偿。

刀具的长度补偿是指当车刀刀尖位置与编程位置即工件轮廓存在差值时，可以通过刀具补偿值的设定（具体参见项目二刀具补偿功能界面），使刀具在 X、Z 轴方向加以补偿。它是操作者控制工件尺寸的一种手段。

刀具长度补偿可以根据实际需要分别或同时对刀具进行长度补偿。例如用 1 号刀对零件进行加工，实际加工后测量工件外圆实际值比理论值大了 0.2mm，我们在图 1-31 所示的刀补页面的 W01 刀补号的 X 处输入 –0.2，当程序执行了“T0101”后，系统将自动调用补偿值，加工出合格零件。

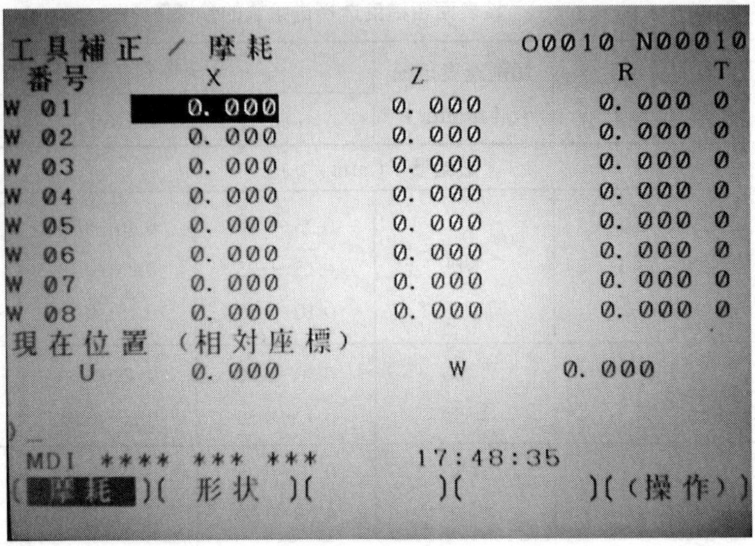

图 1-31 刀具补偿

（2）刀具的半径补偿。

实际加工中由于刀尖不可能绝对锋利，存在一个刀尖圆弧半径，如图 1-32 所示，而我们通过对刀操作是假想刀尖走工件轮廓，这样就会造成如图 1-33 所示在加工锥面或圆弧面时的过切或切削不足的现象。为解决这种现象造成的加工误差，数控系统就通过半径补偿功能来纠正这种误差。通过 G41 刀具半径左补偿或 G42 刀具半径右补偿来实现补偿。

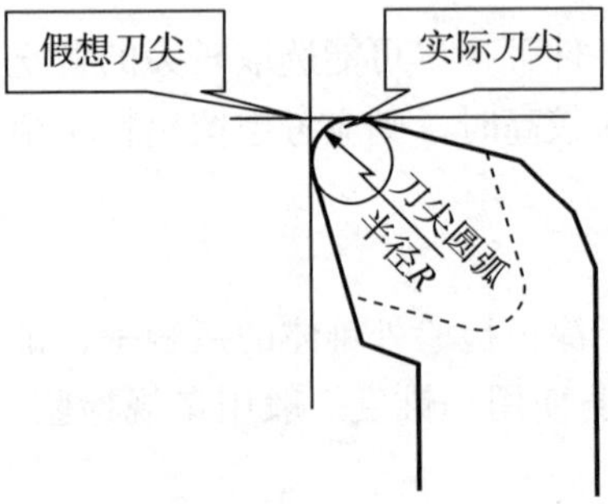

图 1-32 刀尖圆弧半径

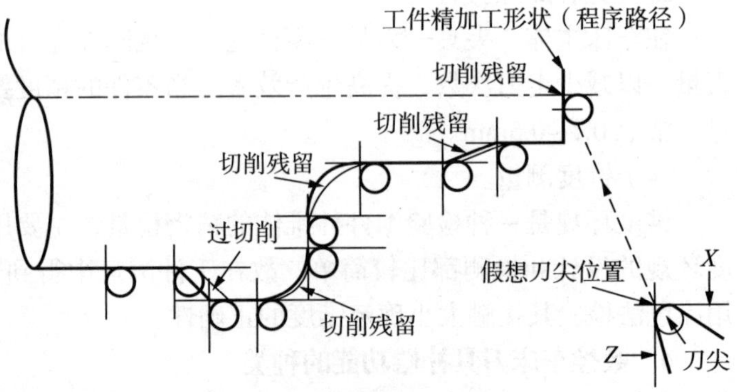

图 1-33 过切或切削不足现象

5. 刀尖圆弧半径补偿指令及刀补过程

（1）指令格式：

$$\left.\begin{matrix}G41\\G42\\G40\end{matrix}\right\{\begin{matrix}G00 & X\_Z\_;\\G01 & X\_Z\_F\_;\end{matrix}$$

（2）刀尖圆弧半径补偿过程：

刀尖圆弧半径补偿的过程分三步：

第一步：建立刀补过程。

第二步：执行刀补过程。

第三步：取消刀补过程。

（3）举例说明（见图 1-34）：

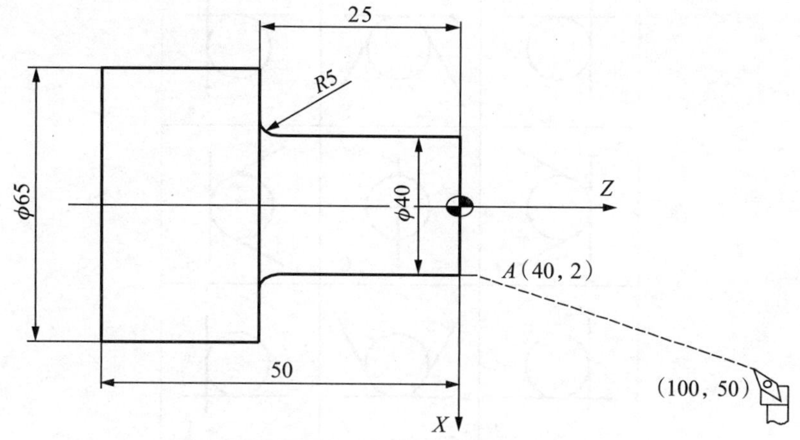

图 1-34　应用 G42 编程实例

如图 1-34 所示编写精加工程序段如下：

……

G00 G42 X40. Z2.;　　　　　　　（建立刀尖圆弧半径补偿）

G01 Z-35. F0.12;

G02 X40. Z-35. R5.;

G01 X65.;

Z-50.;

G00 G40 X100. Z150.;　　（退刀，G40 取消刀尖圆弧半径补偿）

（4）注意事项：

1）刀尖圆弧半径补偿是通过 G41/G42/G40 代码及 T 代码指定的刀尖圆弧半径补偿号来加入或取消半径补偿的。

2）刀尖圆弧半径补偿的建立与取消只能用 G00 或 G01，而不能用 G02 或 G03。

3）左补偿 G41 或右补偿 G42 的判别方法：在刀具运动轨迹所在平面垂直轴的负方向看去的运动平面上，沿着刀具运动方向看，刀具在工件右侧为 G42，刀具在工件左侧为 G41。如图 1-35 所示为前置刀架时 G42、G41 的选用。

（5）刀尖方位的选择：

正确选择刀尖方位，数控系统才能配合 G41 或 G42 做出正确的半径补偿。对于前置刀架刀尖方位代码如图 1-36 所示。

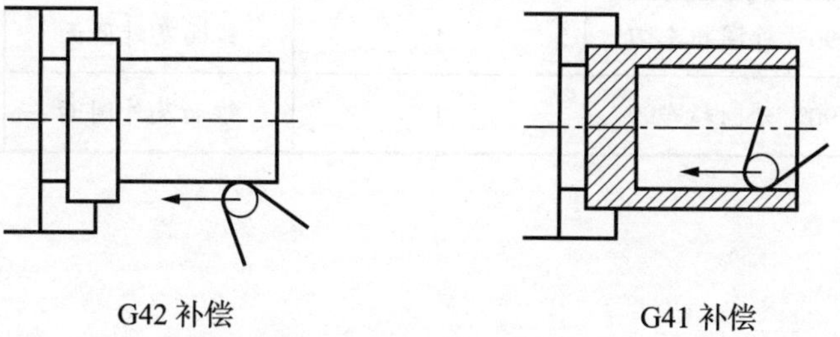

图 1-35　G41 或 G42 的判别

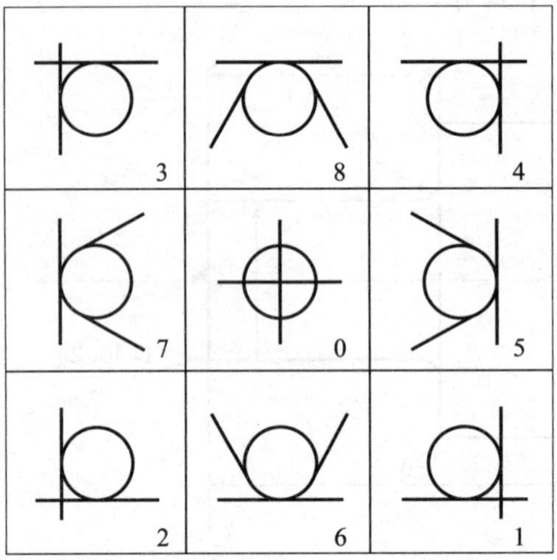

图 1-36　前置刀架刀尖方位代码

（6）刀尖圆弧半径及刀尖方位的输入：

打开数控系统刀补操作页面如图 1-31 所示，将刀尖圆弧半径输入在相应刀补号的 R 项处，将刀尖方位号代码输入在相应刀补号的 T 项处。

三、工艺分析

（1）用自定心三爪卡盘夹紧 $\phi 65$ 棒料左端，棒料伸出卡爪外 70mm。

（2）手动切削右端面。

（3）用 $\phi 90$ 粗车刀加工外圆及圆锥面，加工余量 2mm，给精车留余量 0.8mm。

（4）精车到尺寸。

（5）切断，长度留 0.3mm 余量。

（6）垫铜皮，掉头装夹右端。

（7）切右端面及倒角。

四、工作任务清单

1. 工作清单

（1）填写数控加工刀具卡。

刀具号	刀具规格名称	数量	加工表面	刀尖半径
T01	90° 外圆粗车刀	1	锥面及外圆面	0.8
T02	90° 外圆精车刀	1	锥面及外圆面	0.4

（2）填写数控加工工序卡。

工序号	程序编号	夹具名称		使用设备		
1	00002	自定心三爪夹盘		CAK6150D		
工步	工步内容	刀具号	刀具规格	主轴转速	进给速度	背吃刀量
1	粗车ϕ63外圆	T01	25×25	1000	0.2	0.7
2	粗车ϕ59外圆	T01	25×25	1000	0.2	0.7
3	粗车锥面	T01	25×25	1000	0.2	2
4	精车各面	T02	25×25	1200	0.12	0.3

（3）填写量具使用卡。

量具名称	尺寸范围	数量
锥度环规	1:2.53	1

2. 参考程序

学生根据工作任务图 1-25 编写程序，然后参照下列加工程序评价自己的编程结果：

```
O0002;                              （程序名）
N5 M03 G97 S1000;                   （主轴正转）
N10 T0101;                          （调粗加工刀）
N15 G00 X66. Z2.;                   （快速运动矩形循环起点）
N20 G90 X63.6 Z-60. F0.2;           （粗车φ63外圆，留精车余量0.3）
N25     X59.6 Z-55.;                （粗车φ59外圆，留精车余量0.3）
N30     X59.6 Z-25. R-5.;           （粗车锥面外圆第一次）
N35     X55.3 Z-25. R-5.;           （粗车锥面外圆第二次，留精车余量0.3）
N40 G00 X100. Z80.;                 （退刀）
N45 T0100;                          （取消刀补）
N50 T0202;                          （换精加工刀）
N55 G00 X65. Z0. S1200;             （快速移动到刀具上方）
N60 G01 X-0.4. F0.12;               （切端面）
N65 G42 G00 X60. Z3.;               （刀具快速运动到精加工锥面循环起点）
N70 G92 X55. Z-25.3 R-5.59 F0.12;   （精加工锥面）
N75 G00 X59. Z-24.;                 （刀具运动到精加工外圆面附近）
N80 G01 Z-55.3;                     （精车φ59外圆）
N85  X63.;                          （切台阶端面）
N90 G01 Z-60. ;                     （精车φ63外圆）
N100 G00 X100. Z80.;                （退刀）
N105 T0200;                         （取消刀补）
N110 M30;                           （程序结束）
```

切断保证长度留 0.2 余量。调头装夹，手动切端面及倒角。

任务3　直径递增或递减阶梯轴类零件的加工

一、工作任务

1. 对零件进行工艺分析。
2. 确定装夹方法，刀量辅具。
3. 掌握圆弧插补指令。
4. 掌握粗车循环 G71 指令的应用。
5. 掌握精车循环 G70 指令的应用。
6. 根据所使用机床的具体情况，编写图 1-37 所示零件的加工程序。

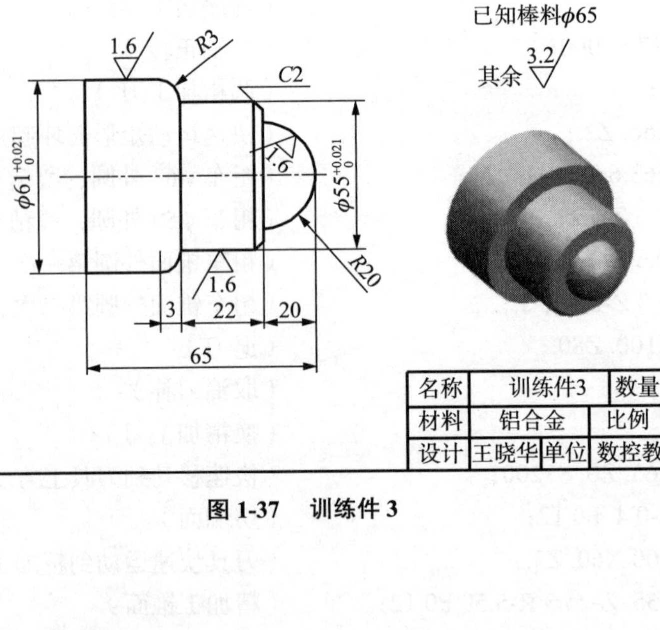

名称	训练件3	数量	1
材料	铝合金	比例	1:1
设计	王晓华	单位	数控教研室

图 1-37　训练件 3

二、相关知识

1. 圆弧插补指令 G02/G03

圆弧插补指令是命令刀具在圆弧起点坐标点和终点坐标点之间以给定进给速度 F 做圆弧运动的指令。G02 为顺时针圆弧插补，G03 为逆时针圆弧插补 。

（1）指令格式：G02/G03 X（U）_ Z（W）_ R_ F_;

或 G02/G03 X（U）_ Z（W）_ I_ K_ F_;

（2）举例说明：

对如图 1-38 所示轮廓进行精加工编程。

O1002;　　　　（程序名）

N5 G54 G99;　　　　（建立工件坐标系，指定进给速度单位为 r/min）

N10 M03 S1200;　　　　　　（主轴正转，转速为 1200r/min）
N15 T0101;　　　　　　　　（换 1 号外圆刀，采用 01 号刀补存储器中的刀补值）
N20 G00 X0 Z5.;　　　　　 （快速接近工件）
N25 G01 Z0 F0.15;　　　　 （慢速靠近工件中心）
N30 G03 X30. Z-15. R15.;（车 *R*15 圆弧）
N35 G02 X40. Z-20. R5.;　（车 *R*5 圆弧）
N40 G01 Z-30. ;　　　　　 （车 ϕ40 外圆）
N45 X50.W-5. ;　　　　　　（车锥面）
N50 Z-60. ;　　　　　　　 （车 ϕ50 外圆）
N55 G00 X100. Z50.;　　　 （回换刀点）
N60 M30;　　　　　　　　　（程序结束、复位）

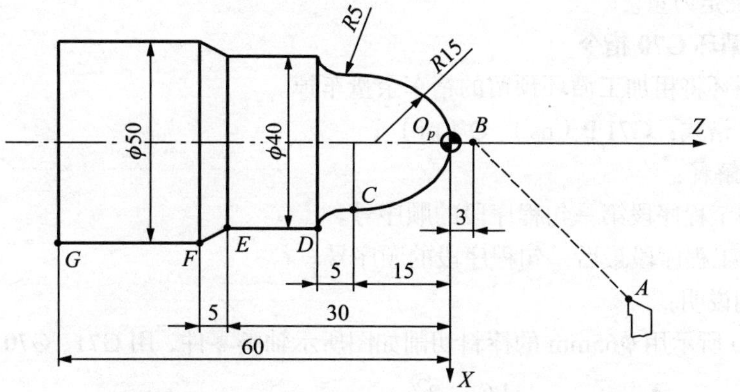

图 1-38　圆弧插补指令编程实例

（3）注意事项：

1）绝对值编程时，*X*、*Z* 为圆弧终点坐标值。相对值编程时，*U*、*W* 为圆弧终点相对圆弧起点的增量坐标值。如图 1-10 所示，刀具轨迹为 $A \rightarrow B$，不论是绝对值编程还是相对值编程，*I*、*K* 都是在 *X*、*Z* 轴方向上圆心相对圆弧起始点的坐标值（等于圆心点绝对坐标值减去圆弧起点坐标值）。

2）圆弧顺逆方向的判断：沿圆弧所在平面垂直轴的负方向看去，如果圆弧为顺时针，则为 G02，如果圆弧为逆时针，则为 G03，见图 1-39。

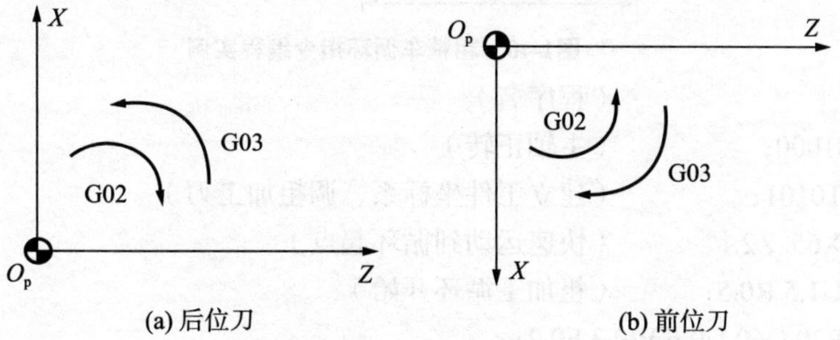

图 1-39　圆弧顺逆判断

2. 粗车循环 G71 指令

G71 指令用于粗车圆柱棒料，以切除较多的加工余量。

（1）指令格式：G71 U（Δd）_ R（e）_；

G71 P（ns）_ Q（nf）_ U（Δu）_ W（Δw）_ F（f）_；

（2）指令说明：

Δd：粗加工每刀吃刀量，无符号规定，半径值。

e：粗加工后每刀退刀量。

ns：精加工程序段第一句程序段的顺序号。

nf：精加工程序段最后一句程序段的顺序号。

Δu：外圆精加工余量及方向。

Δw：端面精加工余量及方向。

f：粗加工走刀量。

3. 精车循环 G70 指令

精加工循环将粗加工循环预留的精车余量车掉。

（1）指令格式：G71 P（ns）_ Q（nf）_；

（2）指令解释：

ns：精加工程序段第一句程序段的顺序号。

nf：精加工程序段最后一句程序段的顺序号。

（3）举例说明：

如图 1-40 所示用 ϕ65mm 的棒料切削如图所示轴类零件，用 G71、G70 循环编程如下：

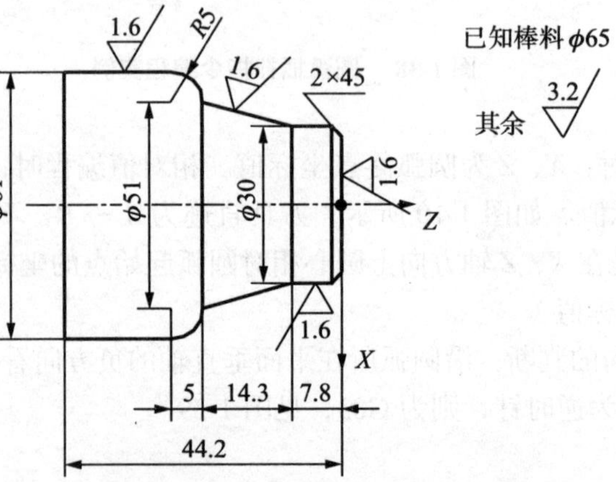

图1-40 粗精车循环指令编程实例

O0005;　　　　　　　（程序名）

N5 M03 S1000;　　　　（主轴正转）

N10 G54 T0101;　　　（建立工件坐标系、调粗加工刀）

N15 G00 X65. Z2.;　　（快速运动到循环起点）

N20 G71 U1.5 R0.5;　　（粗加工循环开始）

N25 G71 P30 Q60 U0.6 W0.3 F0.2;

N30 G00 X22.;　　　　（精加工第一段）

N35 G01 X30. Z-2. F0.12；（切削倒角）
N40 Z-7.8；（加工 $\phi30$ 外圆）
N45 X51. Z-22.1；（加工锥面）
N50 G03 X61. Z-27.1 R5.；（加工圆弧）
N55 G01 Z-44.2；（加工 $\phi61$ 外圆）
N60 X65.；（精加工最后一段）
N65 G00 X100.Z80.；（粗加工刀退刀）
N70 T0100；（取消 1 号刀补）
N75 M05；
N72 M00；（暂停，测量工件尺寸）
N80 M03 S1400；
N85 T0202；（调精加工刀）
N90 G42 G00 X65. Z2.；（建立刀尖圆弧半径补偿，并快速运动到循环起点）
N95 G70 P30 Q60；（精加工）
N100 G00 G40 G00 X100. Z80.；（快速退刀）
N105 M30；（程序结束）

4. 注意事项

（1）指令说明：（见图 1-41）。

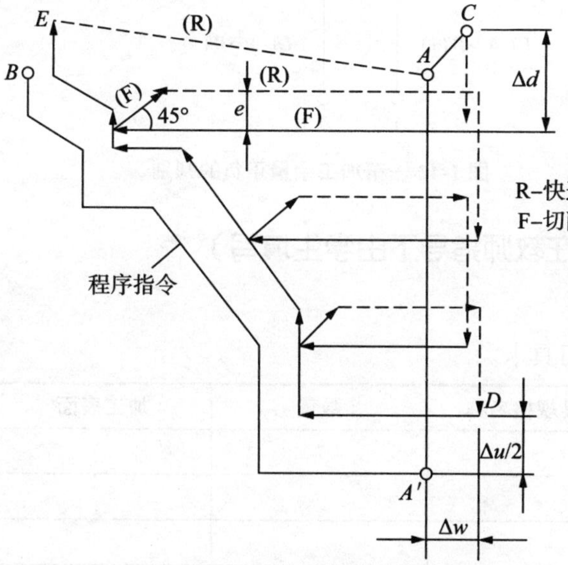

图 1-41 粗车循环指令 G71 示意图

1）*A* 为循环加工起点。

2）*AA′* // *X* 轴。

3）*A-B* 之间必须符合 *X* 方向尺寸沿 *Z* 方向单调增加或减小。

4）起刀点 *A* 和退刀点 *B* 必须平行。

5）顺序号 ns 程序段不能含有 *Z* 轴移动指令。

6）ns-nf 的程序段中不能调用子程序。

7）Δu、Δw 精加工余量正负的判别方法：见图 1-42。

（2）刀具的选择。

为保证零件表面质量，精加工刀具的刀尖圆弧半径不要太小，一般为 0.4mm 以上。对于车削细长轴类刚性差的零件，为保证零件的形状精度，刀具的主偏角要大，一般选取 90°。

（3）切削用量的选择。

为保证工件质量，一般精加工的背吃刀量半径方向取 0.03~0.3mm，不要太小。主轴转速在保证刀具寿命的前提下要尽量提高，一般为 1000r/min 以上。刀具的进给量要小，一般为 0.1~0.15mm/r。

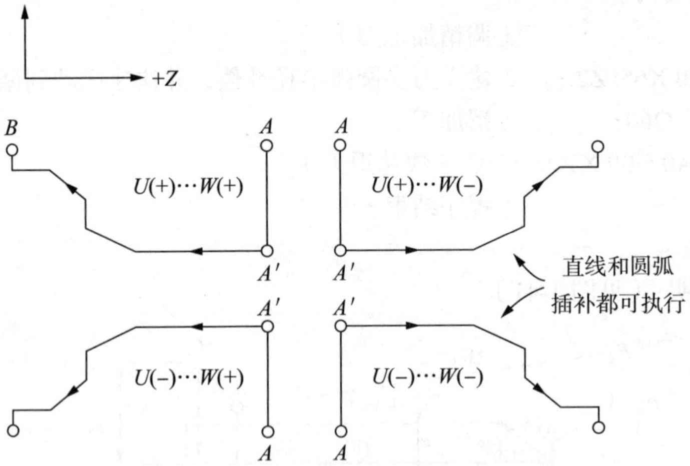

图 1-42　精加工余量正负的判别

三、工作任务清单（在教师指导下由学生填写）

1. 工作清单

（1）填写数控加工刀具卡。

刀具号	刀具规格名称	数量	加工表面	刀尖半径

（2）填写数控加工工序卡。

工序号	程序编号	夹具名称		使用设备		
工步	工步内容	刀具号	刀具规格	主轴转速	进给速度	背吃刀量

（3）填写量具使用卡。

量具名称	尺寸范围	数量

2. 参考程序

学生根据工作任务图 1-37 编写程序，然后参照下列加工程序评价自己的编程结果：

```
O0006;                       （程序名）
N5 M03 S1000;                （主轴正转）
N10 G54 T0101;               （建立工件坐标系、调粗加工刀 ）
N15 G00 X65. Z2.;            （快速运动到循环起点）
N20 G71 U1.5 R0.5;           （粗加工循环开始）
N25 G71 P30 Q70 U0.6 W0.3 F0.2;
N30 G00 X0.;                 （精加工第一段）
N35 G01 Z0. F0.12;           （靠近工件）
N40 G03 X40. Z-20.;          （加工 R20 圆弧）
N45 G01 X51.;                （加工阶梯端面）
N50 X55.015 Z-22.;           （加工倒角）
N55 Z-42.;                   （加工 φ55 外圆）
N60 G03 X61.015 W-3. R3.;    （加工 R3 圆弧）
N65 G01 Z-65.;               （加工 φ61 外圆）
N70 X65.;                    （精加工最后一段）
N75 G00 X100.Z80.;           （粗加工刀退刀）
N80 T0100;                   （取消 1 号刀补）
N85 T0202;                   （调精加工刀）
N90 G42 G00 X65. Z2.;        （建立刀尖圆弧半径补偿，并快速运动到循环起点）
N95 G70 P30 Q70;             （精加工）
N100 G40 G00 X100. Z80.;     （快速退刀）
N105 M30;                    （程序结束）
```

切断保证长度留 0.2 余量。调头装夹，手动切端面及倒角。

任务 4　凹凸回转零件的加工

一、工作任务

1. 对零件进行工艺分析。
2. 确定装夹方法，刀量辅具。
3. 掌握封闭车削循环 G73 指令的应用。
4. 根据所使用机床的具体情况，编写图 1-43 所示零件的加工程序。

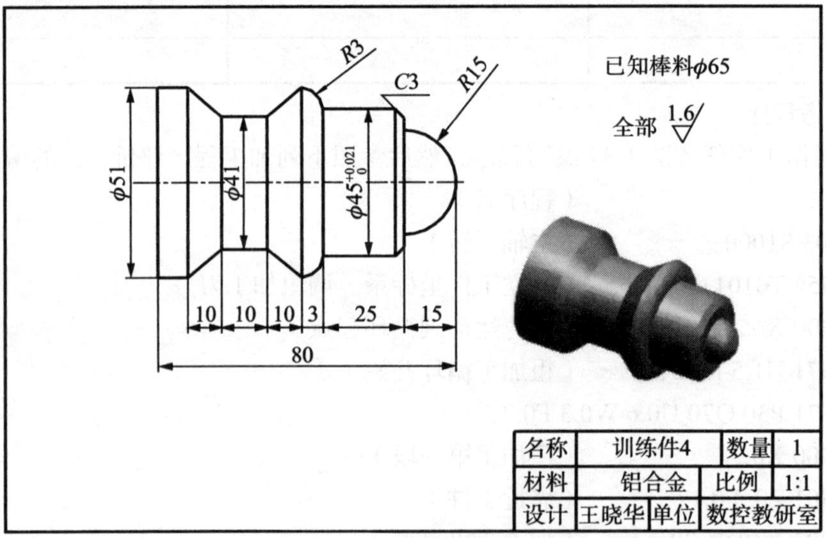

图 1-43　凹凸回转零件

二、相关知识

1. 封闭切削循环 G73

封闭切削循环是一种复合固定循环，适于对铸、锻毛坯进行切削，对零件轮廓的单调性没有要求。

（1）指令格式：G73 U（i）_ W（Δk）_ R（d）_；

G73 P（ns）_ Q（nf）_ U（Δu）_ W（Δw）_ F（f）_；

（2）指令解释：

i：*X* 轴向粗加工最大总余量（半径值）；

Δk：*Z* 轴向粗加工总余量（半径值）；

d：粗加工循环次数；

ns：精加工轮廓程序段中开始程序段的段号；

nf：精加工轮廓程序段中结束程序段的段号；

Δu：*X* 轴向精加工余量（直径值）；

Δw：*Z* 轴向精加工余量。

（3）举例说明：

如图 1-44 所示，用 ϕ65mm 的棒料切削如图所示轴类零件，用 G73、G70 循环编程如下：

O0007；	（程序名）
N5 M03 S1000；	（主轴正转）
N10 G54 T0101；	（建立工件坐标系、调粗加工刀）
N15 G00 X65. Z2.；	（快速运动到循环起点）
N20 G73 U27.2 W3. R20；	（粗加工循环开始）
N25 G73 P30 Q70 U0.6 W0.3 F0.2；	
N30 G00 X22.；	（精加工第一段）
N35 G01 X30. Z-2. F0.12；	（切削倒角）
N40 Z-20.；	（加工 ϕ30 外圆）
N45 G02 X30. Z-40. R10.；	（加工 *R*10 圆弧）
N50 G01 X40. Z-65.；	（加工锥面）
N55 W-15.；	（加工 ϕ40 外圆）
N60 G03 X50. W-25. R20.；	（加工 *R*20 圆弧）
N65 G01 Z-125.	（加工 ϕ50 外圆）
N70 X65.	（精加工最后一段）
N75 G00 X100.Z80.；	（粗加工刀退刀）
N80 T0100；	（取消 1 号刀补）
N85 T0202；	（调精加工刀）
N90 G42 G00 X65. Z2.；	（建立刀尖圆弧半径补偿，并快速运动到循环起点）
N95 G70 P30 Q70；	（精加工）
N100 G40 G00 X100. Z80.；	（快速退刀）
N105 M30	（程序结束）

（4）注意事项：

1）指令说明（见图 1-44）：

① *A* 为循环加工起点。

② ns-nf 的程序段中不能调用子程序。

③ Δu、Δw 精加工余量正负的判别方法：见图 1-73。

④ *A′B* 为精加工轨迹。

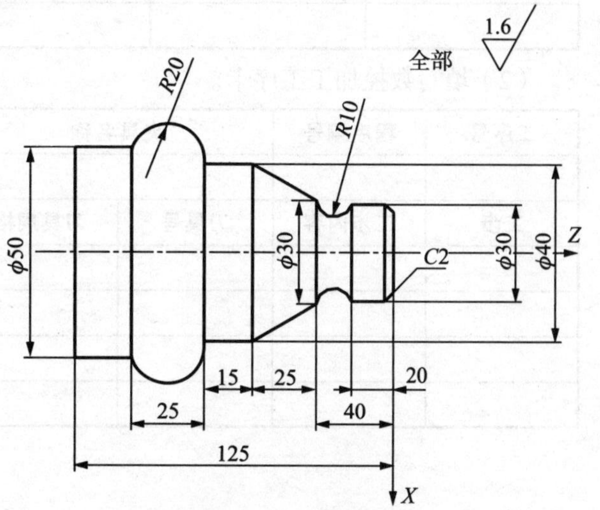

图1-44　G73编程实例

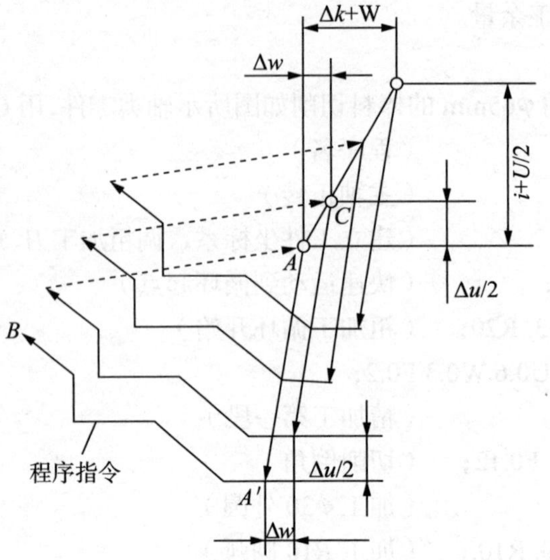

图 1-45　G73 示意图

2. 刀具的选择

用 G73 加工凹形零件时，在保证刀尖强度的同时要注意刀具的副偏角要足够大，不要使副切削刃与已加工表面干涉。如果采用圆形刀片，要注意刀片半径要小于所加工零件圆弧半径。

三、工作任务清单（在教师指导下由学生填写）

1. 工作清单

（1）填写数控加工刀具卡。

刀具号	刀具规格名称	数量	加工表面	刀尖半径

（2）填写数控加工工序卡。

工序号	程序编号	夹具名称		使用设备		
工步	工步内容	刀具号	刀具规格	主轴转速	进给速度	背吃刀量

（3）填写量具使用卡。

量具名称	尺寸范围	数量

2. 参考程序

学生根据工作任务图 1-43 编写程序，然后参照下列加工程序评价自己的编程结果：

O0008;	（程序名）
N5 M03 S1000;	（主轴正转）
N10 G54 T0101;	（建立工件坐标系、调粗加工刀）
N15 G00 X65. Z2.;	（快速运动到循环起点）
N20 G73 U32.2 W3. R20;	（粗加工循环开始）
N25 G73 P30 Q90 U0.6 W0.3 F0.2;	
N30 G00 X0.;	（精加工第一段）
N35 G01 Z0. F0.12;	（靠近工件）
N40 G03 X30. Z-15. R15.;	（加工 *R*15 圆弧）
N45 G01 X39.;	（加工阶梯端面）
N50 X45.015 Z-17.;	（加工倒角）
N55 Z-40.;	（加工 ϕ45 外圆）
N60 G03 X51.015 W-3. R3.;	（加工 *R*3 圆弧）
N65 G01 X41.W-3.;	（加工锥面）
N70 W-10.;	（加工 ϕ41 外圆）
N75 X51. W-10.;	（加工锥面）
N80 Z-80.;	（加工 ϕ51 外圆）
N90 X65.;	（精加工最后一段）
N95 G00 X100.Z80.;	（粗加工刀退刀）
N100 T0100;	（取消 1 号刀补）
N105 T0202;	（调精加工刀）
N110 G42 G00 X65. Z2.;	（建立刀尖圆弧半径补偿，并快速运动到循环起点）
N115 G70 P30 Q90;	（精加工）
N120 G40 G00 X100. Z80.;	（快速退刀）
N125 M30;	（程序结束）

切断保证长度留 0.2 余量。

调头装夹，手动切端面及倒角。

任务 5　薄壁套类零件的加工

一、工作任务

1. 对套类零件进行工艺分析。
2. 确定装夹方法，刀量辅具的选用。
3. 掌握内孔加工循环指令及编程方法。
4. 根据所使用机床的具体情况，编写图 1-46 所示零件的加工程序。

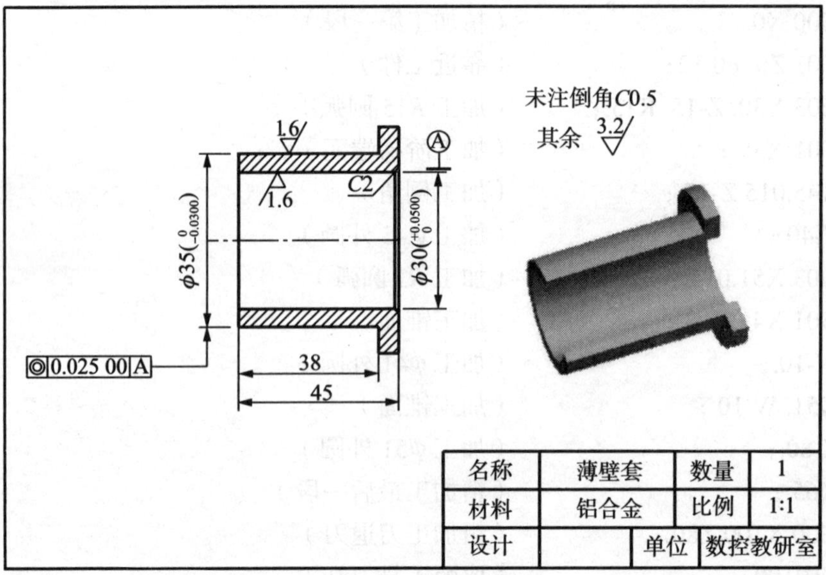

图 1-46　薄壁套类零件

二、相关知识

1. 薄壁工件的加工特点

（1）因工件薄，在夹紧力的作用下容易产生变形，从而影响工件的尺寸精度和形状精度。当用三爪夹盘夹紧工件加工内孔时，在夹紧力的作用下，会略变为三边形，如图 1-47 Ⅱ所示，但车孔后得到的是一个圆柱孔，如图 1-47 Ⅲ所示。当松开夹爪，取下工件后，由于弹性变形恢复，外圆恢复成圆柱形，而内孔则变成三边形，如图 1-47 Ⅳ所示。

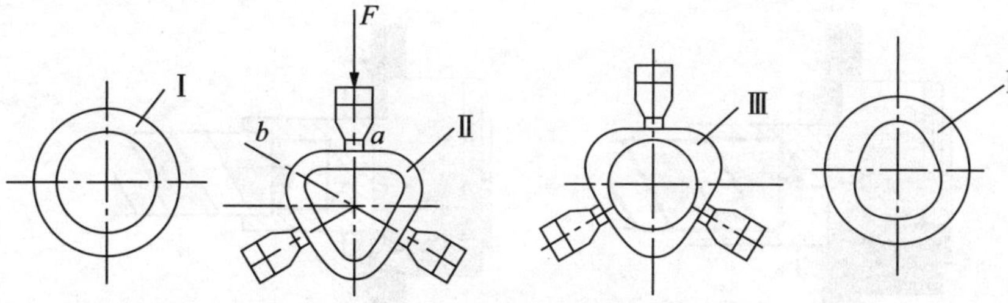

图 1-47　夹紧力引起的变形

（2）工件较薄，切削热会引起工件热变形，从而使工件尺寸难于控制。如果在一次安装中完成半精车和精车，由于工件的热变形，会对尺寸精度产生较大影响，有时甚至会使工件卡死在夹具上。

（3）在切削力的作用下，容易产生振动和变形，影响工件的尺寸、形状、位置精度和表面粗糙度。

2. 薄壁工件的加工工艺

（1）合理选用刀具几何参数。

精车薄壁工件时，车刀的修光刃不易过长（一般取 0.2~0.3mm），刃口要锋利，通常刀具几何角度参考下列数值。

外圆精车刀：k_r=90°~93°，k_r'=15°，γ_0=14°，α_0=14°~16°，α_{01}=15°。

外圆精车刀：k_r=60°，k_r'=30°，γ_0=35°，α_0=14°，λ_s =5°，α_{01}=6°~8°。

（2）增加装夹接触面。

采用开缝套筒（见图 1-48）或特制的软夹爪（见图 1-49），使夹紧力均布在工件表面上。

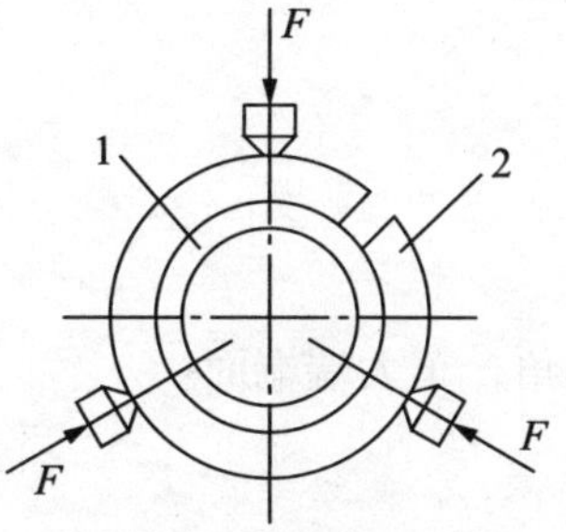

图 1-48　开缝套筒

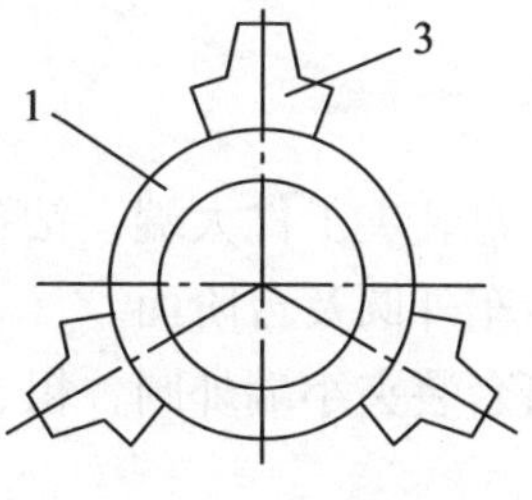

图 1-49　软夹爪

（3）充分浇注切削液，降低切削温度，减少工件热变形。

3. 孔加工方法

数控车床上常用的孔的加工方法有钻孔、扩孔、镗孔、铰孔，如图 1-50 所示。钻孔可达到的尺寸精度为 IT11~IT12，表面粗糙度为 *Ra*12.5。扩孔可达到的尺寸精度为 IT10~IT11，表面粗糙度为 *Ra*12.5~6.3。铰孔可达到的尺寸精度为 IT8~IT9，表面粗糙度 *Ra*3.2~1.6。镗孔可达到的尺寸精度为 IT7~IT8，表面粗糙度为 *Ra*1.6~0.8。

4. 内孔测量工具

孔径尺寸要求较低时，可采用钢直尺、内卡钳或游标卡尺测量。精度要求较高时，可采用内径千分尺（见图 1-51）或内径量表（见图 1-52）测量。标准孔还可以采用塞规测量。

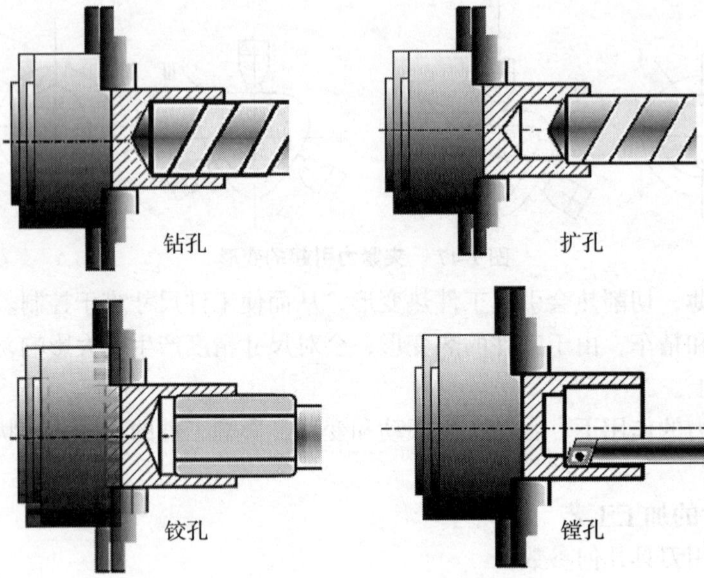

图 1-50　数控与床上常用的孔的加工方法

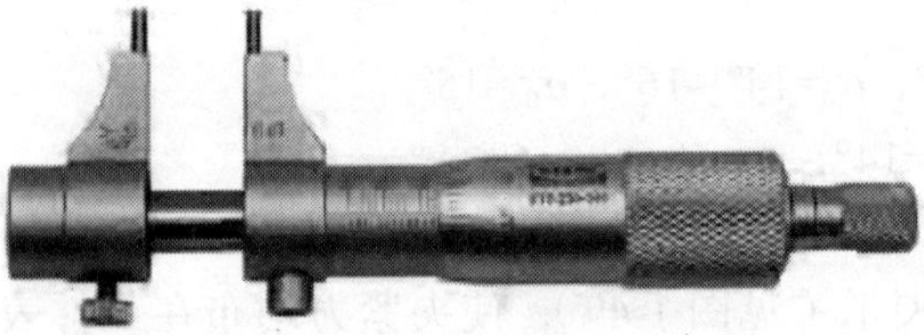

图 1-51　内径千分尺

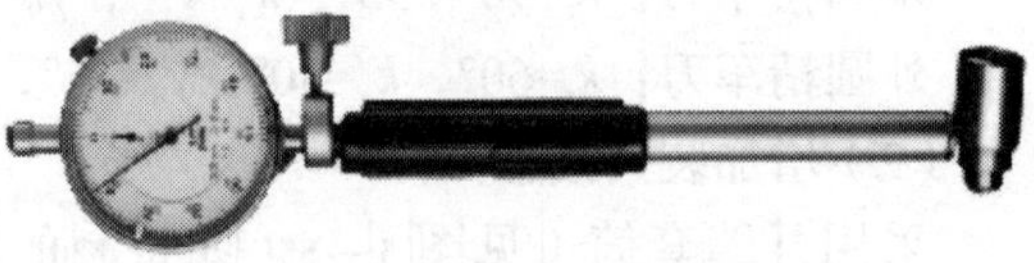

图 1-52　内径量表

三、工艺分析

（1）三爪夹盘装夹工件大端，钻孔。

（2）粗、精车外圆及台阶面。

（3）用弹簧套装夹小端外圆，粗、精镗内孔及倒角，车大端端面。

四、参考程序

略。

任务 6　内外螺纹类零件的加工

一、工作任务

1. 对螺纹零件进行工艺分析，确定工艺参数。
2. 明确切槽刀具、螺纹刀具、量具的选用。
3. 掌握螺纹车切削固定循环 G92 指令的应用。
4. 根据所使用机床的具体情况，编写图 1-53 所示零件的加工程序。

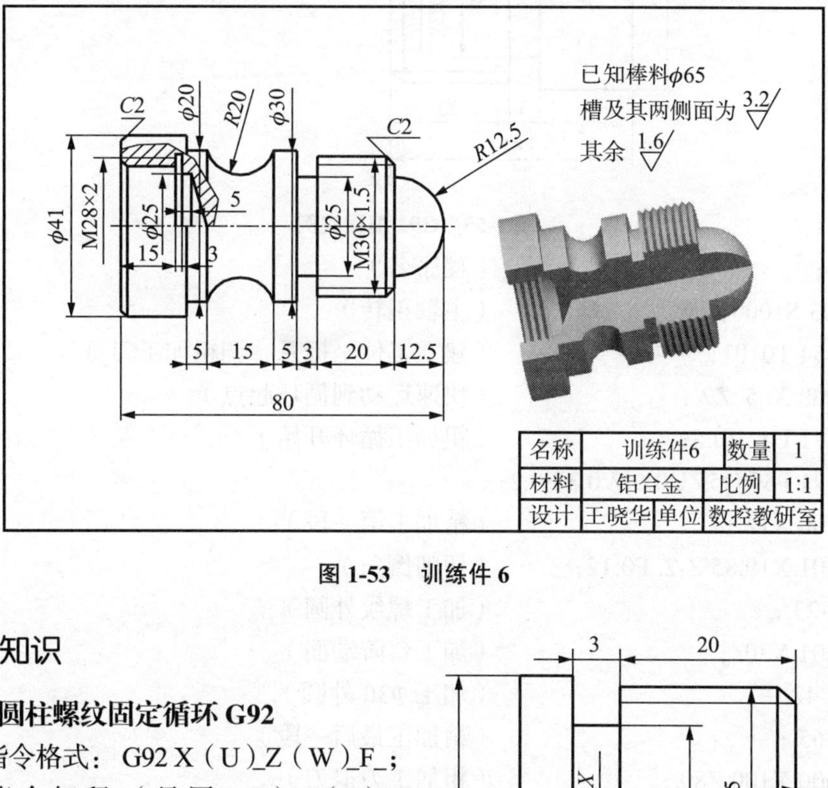

图 1-53　训练件 6

二、相关知识

1. 车圆柱螺纹固定循环 G92

（1）指令格式：G92 X（U）_Z（W）_F_；

（2）指令解释：（见图 1-54）X（U）_Z（W）_：每刀切削终点坐标值；F_：螺纹导程；

1）*A* 为螺纹循环加工起点，刀具按 *ABCD* 矩形循环。

2）X（U）_ Z（W）_：为矩形终点 *C* 坐标值；

3）δ_1≈（1×2）*F*：为切入距离

δ_2≈*F*：为切出距离

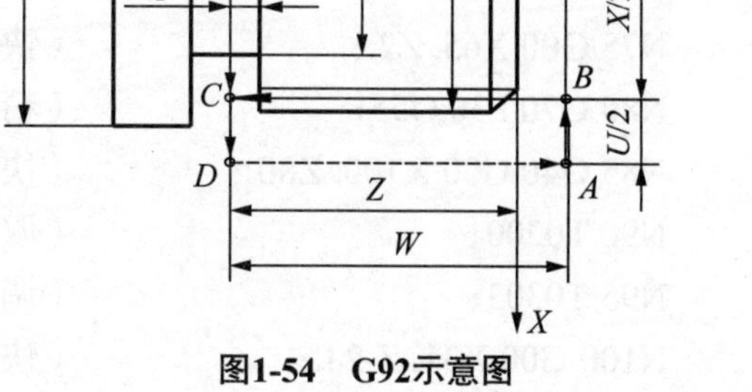

图1-54　G92示意图

4）外螺纹直径参考尺寸：外螺纹大径 d_1= 公称直径 –0.1F

外螺纹小径 d_2= 公称直径 –1.3F

内螺纹直径参考尺寸：内螺纹大径 D_1≈ 公称直径

内螺纹小径 D_2≈ 公称直径 –F（塑材）

内螺纹小径 D_2≈ 公称直径 –1.05F（脆材）

（3）举例说明：

如图 1-55 所示，用 ϕ65mm 的棒料切削如图所示轴类零件，用 G71、G92 编程如下：

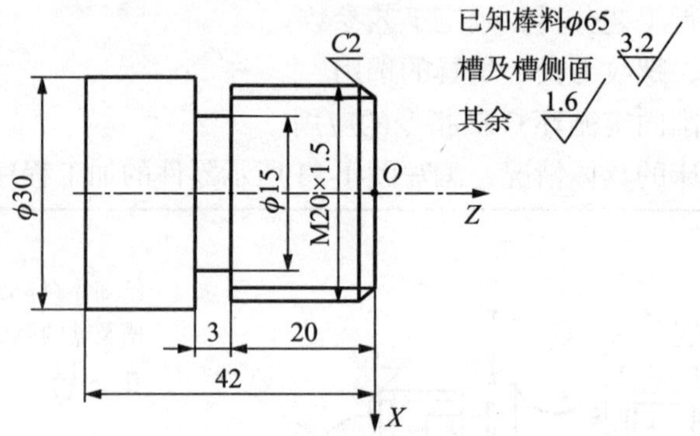

图 1-55　G92 编程实例

O0008;	（程序名）
N5 M03 S1000;	（主轴正转）
N10 G54 T0101;	（建立工件坐标系、调粗加工刀 ）
N15 G00 X65. Z2.;	（快速运动到循环起点）
N20 G71 U1. R0.5;	（粗加工循环开始）
N25 G71 P30 Q55 U0.6 W0.3 F0.2;	
N30 G00 X12.;	（精加工第一段）
N35 G01 X19.85 Z-2. F0.12;	（切削倒角）
N40 Z-23.;	（加工螺纹外圆）
N45 G01 X30. ;	（加工台阶端面）
N50 Z-42.;	（加工 ϕ30 外圆）
N55 X65.;	（精加工最后一段）
N60 G00 X100.Z80.;	（粗加工刀退刀）
N65 T0100;	（取消 1 号刀补）
N70 T0202;	（调精加工刀）
N75 G00 X65. Z2.;	（快速运动到循环起点）
N80 G70 P30 Q55;	（精加工）
N85 G40 G00 X100. Z80.;	（快速退刀）
N90 T0200;	（取消 2 号刀补）
N95 T0303;	（调切槽刀）
N100 G00 X31. Z-23.;	（快速运动到槽的上方）

N105 G01 X15. F0.05； （切槽）
N110 G04 X2.； （槽外圆表面光整加工）
N115 G01 X31. F1.； （退出槽加工）
N120 G00 X100. Z80.； （快速退刀）
N125 T0300； （取消 3 号刀补）
N130 T0404； （调螺纹刀）
N135 G00 X22. Z3.； （快速运动到螺纹切削加工循环起点）
N140 G92 X19.25 Z-21.5 F1.5； （开始加工螺纹）
N145 X18.65；
N150 X18.25；
N155 X18.05； （螺纹加工结束）
N160 G00 X100. Z80.； （退刀）
N165 T0400； （取消 4 号刀补）
N105 M30； （程序结束）

2. 车锥螺纹固定循环 G92

（1）指令格式：G92 X（U）_ Z（W）_ R_ F_；

（2）指令解释：

X（U）_ Z（W）_：每刀切削终点坐标值。

F_：螺纹导程。

R_：螺纹起点与终点的半径差值，有正、负之分。

（3）举例说明：

加工如图 1-56 所示锥螺纹程序如下：

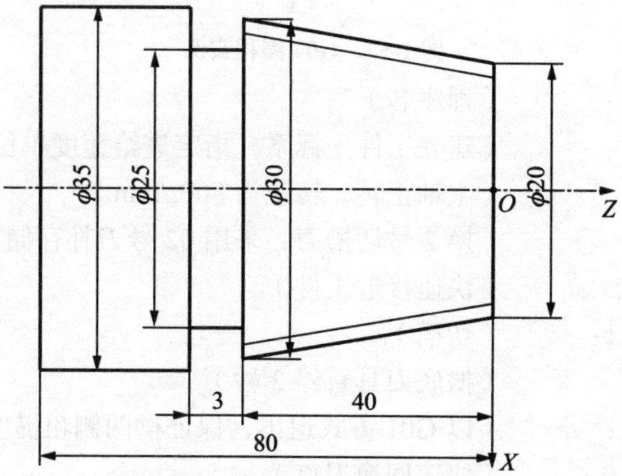

图 1-56 锥螺纹

……

T0404； （调螺纹刀）
G00 X32. Z2.； （快速运动到螺纹切削循环起点）
G92 X30.225 Z-41.5 R-5.25 F1.5； （开始锥螺纹加工）

X29.425;
X29.;
X28.6;
X28.425; （螺纹加工结束）
G00 X100. Z80.; （退刀）
T0400; （取消刀补）
M30; （程序结束）

3. 暂停指令 G04

G04 可以使刀具暂时停止进给，但主轴带动工件仍转动。

（1）指令格式：G04 X_；或 G04 U_；或 G04 P_；

（2）指令说明：X_、U_ 单位为 s，P_ 单位为 μs。

（3）举例说明：如图 1-57 所示对槽进行加工编程。

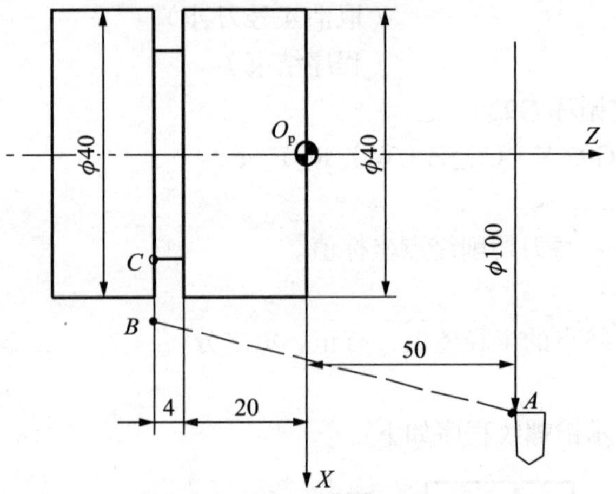

图 1-57 G04 编程实例

O1003;	（程序名）
N5 G54 G99;	（建立工件坐标系，指定进给速度单位为 r/min）
N10 M03 S800;	（主轴正转，转速为 800r/min）
N15 T0202;	（换 2 号切槽刀，采用 02 号刀补存储器中的刀补值）
N20 G00 X42. Z-24.;	（快速接近工件）
N25 G01 X20. F0.1;	（切槽）
N30 G04 X2.;	（槽底刀具暂停 2 秒）
N35 G01 X42. F1.;	（以 G01 方式退出，保证槽两侧粗糙度）
N40 G00 X100.Z50.;	（快速回换刀点）
N45 M30 ;	（程序结束、复位）

4. 孔加工循环指令

G74 指令用于孔加工循环。

（1）指令格式：G74 R（e）_；

G74 Z_ Q（Δk）_ F_；

（2）指令解释：

Δk：Z 向每次切入量。

e：Z 向每次退刀量。

Z：孔终点坐标值。

（3）举例说明：

如图 1-58 所示，用 ϕ36mm 的棒料切削如图所示轴类零件，用 G74、G71、G70 循环编程如下：

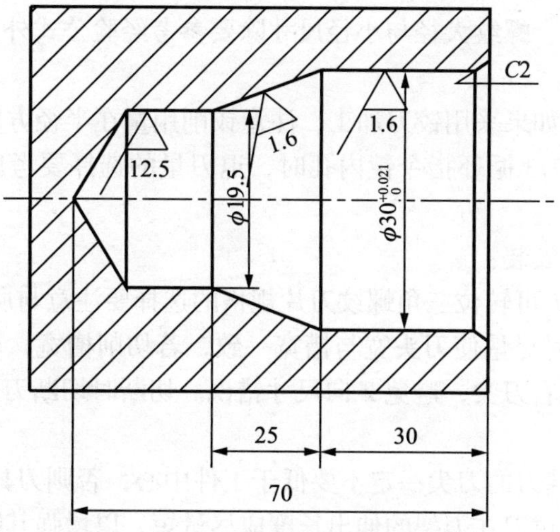

图 1-58　孔加工循环指令编程实例

O3009;	（程序名）
N5 M03 S800;	（主轴正转）
N10 G54 T0101;	（建立工件坐标系、调孔加工刀）
N15 G00 X0. Z2.;	（快速运动到循环起点）
N20 G74 R1.;	（开始孔加工循环）
N25 G74 Z-70. Q5. F0.2;	
N30 G00 X100. Z100.;	（快速退刀）
N35 T0100;	（取消 1 号刀补）
N40 T0202;	（调内孔镗刀）
N45 G41 G00 X18. Z2.;	（快速运动到孔加工循环起点，并建立刀补）
N50 G71 U1. R0.5;	（孔粗加工循环开始）
N55 G71 P60 Q80 U-0.6 W0.3 F0.2;	
N60 G00 X38.;	（精加工第一段）
N65 G01 X30.01 Z-2. F0.12;	（切削倒角）
N70 Z-30.;	（加工 ϕ30 外圆）
N75 X19.5 Z-55.;	（加工锥面）
N80 X19.;	（退刀，精加工最后一段）
N85 G70 P60 Q80.;	（精加工循环）

N90 G40 G00 X100. Z100.;　　（精加工刀退刀，并取消刀补）
N95 T0200;　　（取消 2 号刀补）
N100 M30;　　（程序结束）

5. 注意事项

（1）车圆锥螺纹 *R* 的计算。

由于刀尖应在右侧圆锥面上的延长线上进刀，所以 *R* 值应该为该点直径值与锥面大端直径值之差的一半。

（2）加工内螺纹时，螺纹大径与小径尺寸除要参考经验公式外，还要与外螺纹相配确定尺寸。

（3）对较小的孔，如果采用铰刀加工，注意铰削用量在半径方向在 0.1~0.3mm 之间。

（4）利用 G71 或 G73 循环指令镗内孔时，退刀量的选择要考虑刀杆不要与内孔表面相撞。

（5）刀具的选择及安装：

1）螺纹刀：对于机夹可转位三角螺纹刀片规格的选择要注意与所加工螺纹导程相匹配。

2）切槽刀：切槽时尽量使刀头宽与槽宽一致，若切削槽宽，可用排刀法。注意 *Z* 向对刀基准为左刀尖还是右刀尖，避免 *Z* 向尺寸错误。切断时切断刀的刀头伸出长度应大于工件半径。

3）镗刀的安装：镗刀的刀尖一定不要低于工件中心，否则刀具后角减小，摩擦严重，工件表面质量会下降。镗刀在刀架的伸出长度应尽量短，以增强其刚性。

（6）切削用量的选择。

车螺纹时的主轴转速不要过高，否则换算后的进给速度会超过正常值，推荐：

$n \leqslant 1200/F-K$

式中：*F*——导程；

K——保险系数，一般取 80。

常用螺纹切削次数与背吃刀量的选择参考表 1-9。

表 1-9　　常用螺纹的进给次数与背吃刀量　　（直径值，单位：mm）

米制螺纹								
螺距		1.0	1.5	2.0	2.5	3.0	3.5	4.0
牙深		0.649	0.974	1.299	1.624	1.949	2.273	2.598
背吃刀量与切削次数	1次	0.7	0.8	0.9	1.0	1.2	1.5	1.5
	2次	0.4	0.6	0.6	0.7	0.7	0.7	0.8
	3次	0.2	0.4	0.6	0.6	0.6	0.6	0.6
	4次		0.16	0.4	0.4	0.4	0.6	0.6
	5次			0.1	0.4	0.4	0.4	0.4
	6次				0.15	0.4	0.4	0.4
	7次					0.2	0.2	0.4
	8次						0.15	0.3
	9次							0.2

6. 螺纹的测量

螺纹的主要测量参数有螺距、大径和中径的尺寸。

（1）螺距的测量：对一般要求的螺纹，螺距可按图 1-59 所示方式测量。

图 1-59　螺距的测量

（2）大径的测量：外螺纹的大径与内螺纹的小径公差都比较大，一般用游标卡尺或千分尺测量。

（3）中径的测量：螺纹中径的测量方法很多，如用螺纹千分尺（见图 1-60）测量中径，测量时选与螺纹牙型角相同的上、下两个测量头，正好卡在螺纹的牙侧上，测的尺寸就是螺纹的中径。此外还有单针测量法与三针测量法。

（4）螺纹的综合测量：通常用螺纹量规对螺纹各主要参数进行综合测量。螺纹量规包括螺纹塞规（见图 1-61）和螺纹环规（见图 1-62）。它们都分为通规与止规，使用中不能搞错。测量时，通规可以通过，止规不能通过，则螺纹合格。

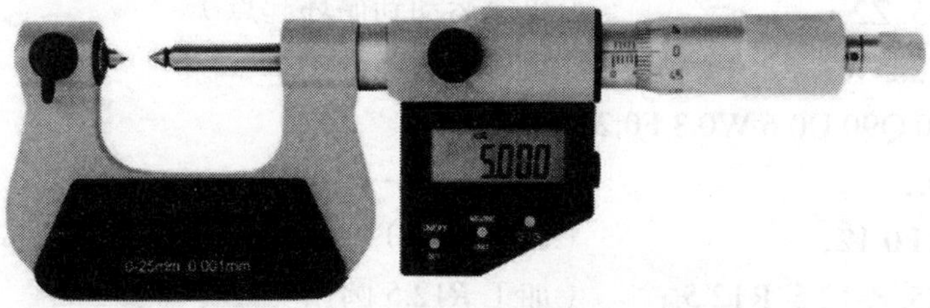

图 1-60　螺纹千分尺

图 1-61　螺纹塞规

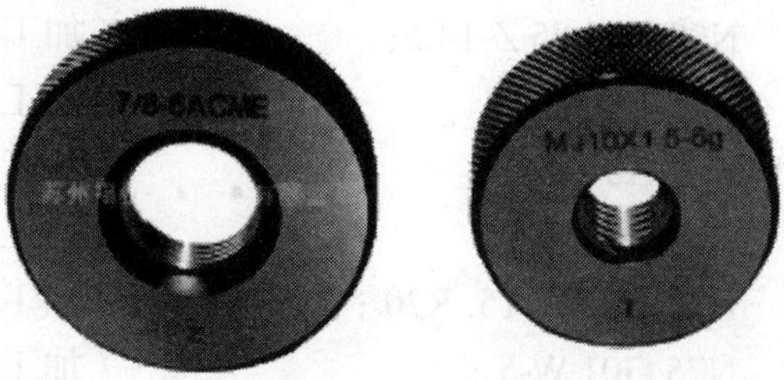

图 1-62　螺纹环规

三、工作任务清单（在教师指导下由学生填写）

1. 工作清单

（1）填写数控加工刀具卡。

刀具号	刀具规格名称	数量	加工表面	刀尖半径

（2）填写数控加工工序卡。

工序号	程序编号	夹具名称		使用设备		
工步	工步内容	刀具号	刀具规格	主轴转速	进给速度	背吃刀量

（3）填写量具使用卡。

量具名称	尺寸范围	数量

2. 参考程序

学生根据工作任务图 1-53 编写程序，然后参照下列加工程序评价自己的编程结果：

```
O0008;                          （程序名）
N5 M03 S1000;                   （主轴正转）
N10 G54 T0101;                  （建立工件坐标系、调粗加工刀）
N15 G00 X65. Z2.;               （快速运动到循环起点）
N20 G73 U32.2 W3. R20;          （粗加工循环开始）
N25 G73 P30 Q90 U0.6 W0.3 F0.2;
N30 G00 X0.;                    （精加工第一段）
N35 G01 Z0 F0.12;               （靠近工件）
N40 G03 X25. Z-12.5  R12.5.;    （加工 R12.5 圆弧）
N45 G01 X26.;                   （加工阶梯端面）
N50 X29.85 Z-14.5;              （加工倒角）
N55 Z-35.5;                     （加工螺纹外圆）
N60 X30.;                       （加工台阶端面）
N65 W-5.;                       （加工 φ30 外圆）
N70 G02 W-15. R20.;             （加工 R20 圆弧）
N75 G01 W-5.;                   （加工 φ30 外圆）
N80 X41.;                       （加工台阶端面）
N85 Z-80.;                      （加工 φ41 外圆）
N90 X65.;                       （精加工最后一段）
N95 G00 X100.Z80.;              （粗加工刀退刀）
N100 T0100;                     （取消 1 号刀补）
```

N105 T0202;　　（调精加工刀）
N110 G42 G00 X65. Z2.;　　（建立刀尖圆弧半径补偿，并快速运动到循环起点）
N115 G70 P30 Q90;　　（精加工）
N120 G40 G00 X100. Z80.;　　（快速退刀）
N125 T0303;　　（调切槽刀）
N130 G00 X32. Z-35.5;　　（快速运动到槽的上方）
N135 G01 X25. F0.05;　　（切槽）
N140 G04 X4.;　　（暂停）
N145 G01 X32. F1.;　　（退出槽）
N150 G00 X100. Z100.;　　（快速退回换刀点）
N155 T0404;　　（调螺纹刀）
N160 G00 X32. Z-10.;　　（快速运动到螺纹切削加工循环起点）
N165 G92 X29.25 Z-34. F1.5;　　（开始加工螺纹）
N170 X28.65;
N175 X28.25;
N180 X28.05;　　（螺纹加工结束）
N185 G00 X100. Z100.;　　（退刀）
N190 M30;　　（程序结束）

内孔参考程序：

O3010;　　（程序名）
N5 M03 S800;　　（主轴正转）
N10 G54 T0101;　　（建立工件坐标系、调孔加工刀）
N15 G00 X0. Z2.;　　（快速运动到循环起点）
N20 G74 R1.;　　（开始孔加工循环）
N25 G74 Z-23. Q5. F0.2;
N30 G00 X100. Z100.;　　（快速退刀）
N35 T0100;　　（取消 1 号刀补）
N40 T0202;　　（调内孔镗刀）
N45 G41 G00 X18. Z2.;　　（快速运动到孔加工循环起点，并建立刀补）
N50 G71 U1. R0.5;　　（孔粗加工循环开始）
N55 G71 P60 Q80 U-0.6 W0.3 F0.2;
N60 G00 X28.;　　（精加工第一段）
N65 G01 X26. Z-2. F0.12;　　（切削倒角）
N70 Z-18.;　　（加工 ϕ26 内孔）
N75 X25.;　　（加工台阶面）
N76 W-5.;　　（加工 ϕ25 内孔）
N80 X8.;　　（退刀，精加工最后一段）
N85 G70 P60 Q80.;　　（精加工循环）

```
N90 G40 G00 X100. Z100.;        （精加工刀退刀，并取消刀补）
N95 T0200;                      （取消 2 号刀补）
N100 T0303;                     （调 3 号切槽刀）
N105 G00 X24.;                  （X 向快速运动到槽的上方）
N110 Z-18.;                     （Z 向快速运动到槽的上方）
N115 G01 X30. F0.05;            （切槽）
N120 G04 X2.;                   （暂停）
N125 G01 X24. F1.;              （X 向快速退刀）
N130 G00 Z2.;                   （Z 向快速退刀）
N135 G00 X100. Z100.;           （快速回到换刀点）
N140 T0300;                     （取消刀补）
N145 T0404;                     （调螺纹刀）
N150 G00 X25. Z3.;              （快速运动到螺纹加工循环起点）
N155 G92 X26.8 Z-15. F2.;       （开始螺纹加工）
N160 X27.2;
N165 X27.6;
N170 X28.;
N175 G00 X100. Z100.;           （快速退刀）
N180 T0400;                     （调 4 号切槽刀）
N185 M30;                       （程序结束）
```

任务 7　相似轮廓零件的加工

一、工作任务

1. 对零件进行工艺分析。
2. 掌握子程序的调用方法。
3. 了解圆弧刀具的选用。
4. 掌握子程序的应用场合，应用方法。
5. 根据所使用机床的具体情况，编写图 1-63 所示零件的加工程序。

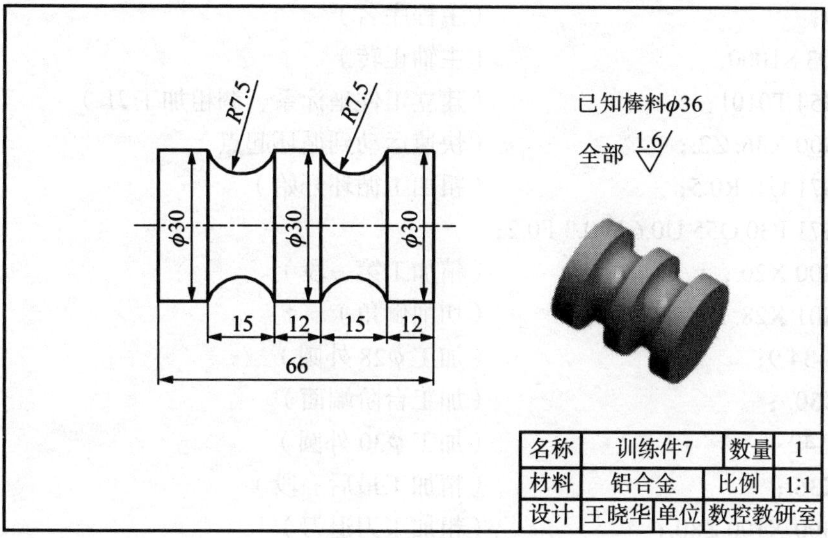

图 1-63　训练件 7

二、相关知识

1. 子程序

当零件某一加工内容重复出现时，可以将加工的内容编制出来作为子程序，而在编程时通过主程序调用，使程序简化。

（1）调用格式：

M98 Pxx xxxx；

- xxxx：子程序号，必须为4位数
- xx：调用次数1~99

M99；子程序结束

（2）举例说明：

如图 1-64 所示，用 ϕ36mm 的棒料切削如图所示轴类零件，子程序编程如下：

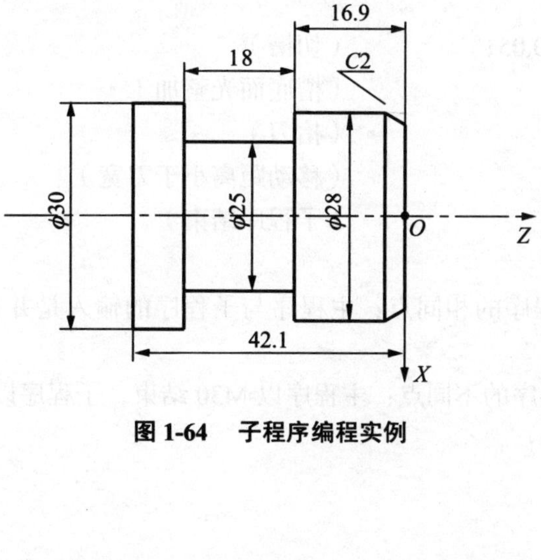

图 1-64　子程序编程实例

```
O0009;                              （主程序名）
N5 M03 S1000;                       （主轴正转）
N10 G54 T0101;                      （建立工件坐标系、调粗加工刀）
N15 G00 X36. Z2.;                   （快速运动到循环起点）
N20 G71 U1. R0.5;                   （粗加工循环开始）
N25 G71 P30 Q55 U0.6 W0.3 F0.2;
N30 G00 X20.;                       （精加工第一段）
N35 G01 X28. Z-2. F0.12;            （切削倒角）
N40 Z-34.9;                         （加工φ28 外圆）
N45 X30. ;                          （加工台阶端面）
N50 Z-42.1;                         （加工φ30 外圆）
N55 X36.;                           （精加工最后一段）
N60 G00 X100.Z80.;                  （粗加工刀退刀）
N65 T0100;                          （取消 1 号刀补）
N70 T0202;                          （调精加工刀）
N75 G00 X36. Z2.;                   （快速运动到循环起点）
N80 G70 P30 Q55;                    （精加工）
N85 G00 G40 G00 X100. Z80.;         （快速退刀）
N90 T0200;                          （取消 2 号刀补）
N95 T0303;                          （调切槽刀，刀宽 3mm）
N100 G00 X31. Z-19.9;               （快速运动到槽的上方）
N105 M98 P070010;                   （切槽）
N110 G00 X100. Z100.;               （快速退刀）
N115 T0300;                         （取消 3 号刀补）
N120 M30;                           （程序结束）
```

切槽子程序：

```
O0010;
N5 G01 U-6. W0 F0.05;               （切槽）
N10 G04 X2.;                        （槽底面光整加工）
N15 G01 U6. F1.;                    （抬刀）
N20 W-2.5.;                         （移动距离小于刀宽）
N25 M99;                            （子程序结束）
```

2. 注意事项

（1）主程序与子程序的相同点：主程序与子程序的输入是并列的，程序名都以 O+4 位数字组成。

（2）主程序与子程序的不同点：主程序以 M30 结束，子程序以 M99 结束。

（3）子程序的嵌套：

子程序调用下一级子程序，称为子程序嵌套。上一级子程序与下一级子程序的关系与主程序与第一层子程序的关系相同。子程序最多可调用 4 级。

```
O1234（主程序）       O0012（被调用子程序）       O0013（被调用子程序）
………；               ………；                    ………；
………；               ………；                    ………；
M98 P030012           M98 P0013；                ………；
………；               ………；                    ………；
………；               ………；                    ………；
M30；                 M99；                      M99；
```

3. 刀具的使用

在加工圆弧面时，要注意刀具的副偏角要足够大，使刀具的副后刀面不与工件表面干涉。通常可以使用圆弧刀，圆弧刀的半径要小于被加工圆弧的半径，如图 1-65 所示。圆弧刀的半径补偿方位为 8（如图 1-66 所示）。

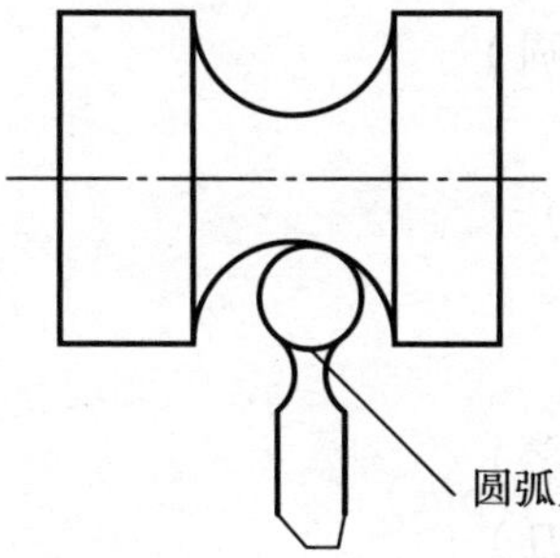

图 1-65　圆弧刀加工圆弧面

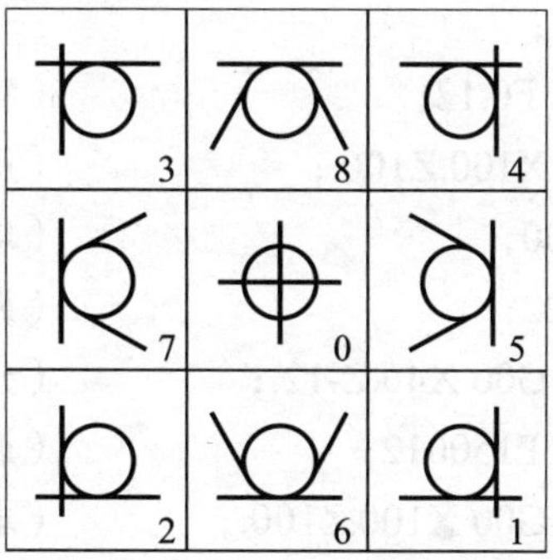

图 1-66　前置刀架刀尖方位代码

三、工作任务清单（在教师指导下由学生填写）

1. 工作清单

（1）填写数控加工刀具卡。

刀具号	刀具规格名称	数量	加工表面	刀尖半径

（2）填写数控加工工序卡。

工序号	程序编号	夹具名称		使用设备		
工步	工步内容	刀具号	刀具规格	主轴转速	进给速度	背吃刀量

（3）填写量具使用卡。

量具名称	尺寸范围	数量

2. 参考程序

学生根据工作任务图 1-63 编写程序，然后参照下列加工程序评价自己的编程结果：

```
O0011;                          （主程序名）
N5 M03 S1000                    （主轴正转）
N10 G54 T0101;                  （建立工件坐标系、调用外圆加工刀）
N15 G00 X36. Z2.;               （快速运动到循环起点）
N20 G90 X34. Z-70. F0.2;        （开始粗加工 φ30 外圆）
N25 X33.;
N30 X31.;
N35 X30. F0.12;                 （精加工 φ30 外圆）
N40 G00 X100.Z100.;             （退刀）
N45 T0100;                      （取消 1 号刀补）
N50 T0202;                      （调用中置刀）
N55 G42 G00 X46.Z-12.;          （建立刀补）
N60 M98 P150012;                （调用切槽子程序）
N65 G40 G00 X100.Z100.;         （取消刀补并退刀）
N70 T0200;                      （取消刀补）
N75 M30;                        （程序结束）
O0012;                          （子程序名）
N1 G01 U-2. W0 F0.12;           （接近工件圆弧）
N5 G02 U0 W-15. R7.5 F0.12;     （加工右侧圆弧）
N10 G01 W-12. F0.3;             （刀具运动到左侧外圆）
N15 G02 U0 W-15. R7.5 F0.12;    （加工左侧外圆）
N20 G00 U1. W0;                 （X 向退刀）
N25 W12.;                       （Z 向退刀）
N30 M99;                        （子程序结束）
```

任务 8　盘类零件的加工

一、工作任务

1. 对零件进行工艺分析。
2. 掌握对直径变化较大零件保证表面质量的加工要求。
3. 根据所使用机床的具体情况，编写图 1-67 中零件的加工程序。

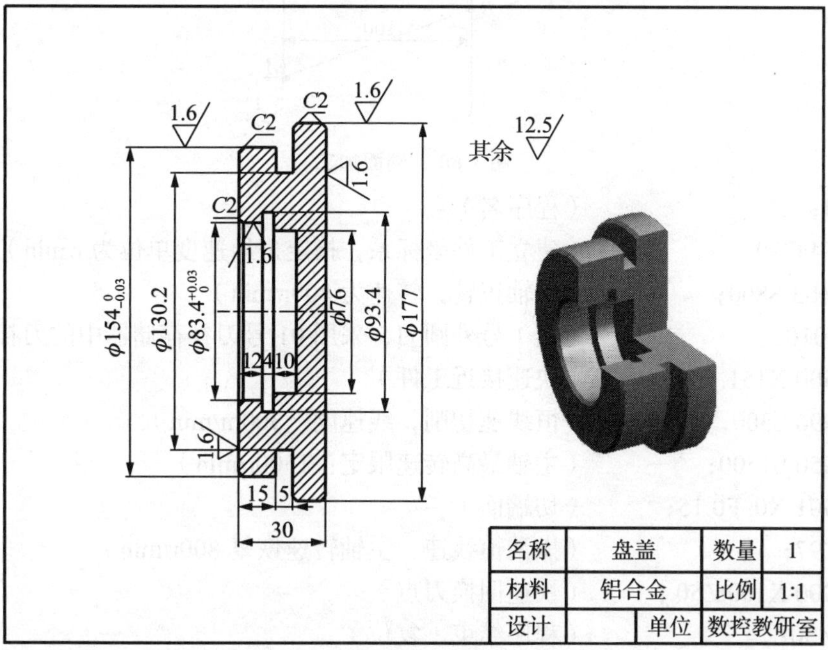

图 1-67　盘类零件

二、相关知识

切削直径较大的端面或锥面时，为保证表面粗糙度一致，工件上刀具所切各点线速度应相同，则必须用恒线速来切削。下面介绍恒线速度指令 G96、最大转速限定指令 G50、恒线速度撤消指令 G97。

（1）指令格式：G96 S；

G50 S；

……

G97 S；

（2）指令说明：

1）G96 S；程序段中的 S 的单位为 m/min。

2）G50 S；程序段中的 S 的单位为 r/min。恒线速切削时，当外径减小到零时，主轴转速无限大，可能造成“飞车”，所以对主轴的最高转速要加以限制。

3）G97 S；程序段中的 S 的单位为 r/min。通常在使用 G96 以后要用 G97 取消。

（3）举例说明：

如图 1-68 所示切端面编程。

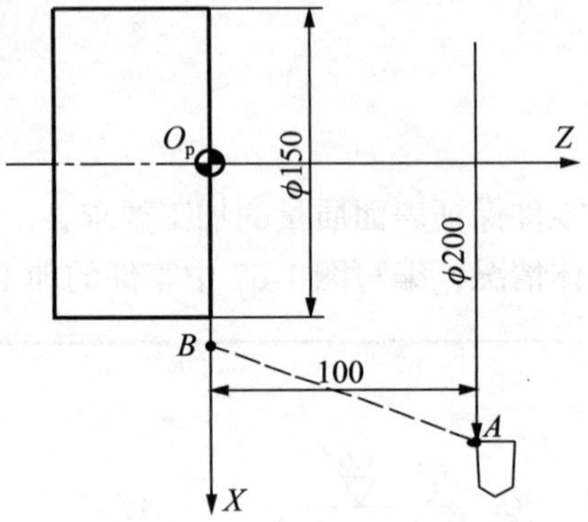

图 1-68　端面加工

O1004;	（程序名）
N5 G54 G99;	（建立工件坐标系，指定进给速度单位为 r/min）
N10 M03 S800;	（主轴正转，转速为 800r/min）
N15 T0101;	（换 1 号外圆刀，采用 01 号刀补存储器中的刀补值）
N20 G00 X151. Z0.;	（快速接近工件）
N25 G96 S300;	（恒线速切削，线速度：300m/min）
N30 G50 S1500;	（主轴最高转速限定：1500r/min）
N25 G01 X0. F0.15;	（切端面）
N35 G97;	（撤消恒线速，主轴转速恢复 800r/min）
N40 G00 X100.Z50.;	（快速回换刀点）
N45 M30;	（程序结束、复位）

三、工艺分析

（1）用自定心三爪卡盘夹紧大端，棒料伸出卡爪外 35mm。

（2）对刀操作。

（3）用 φ90 粗车刀加工外圆面，加工余量 2mm，给精车留余量 0.8mm。

（4）切外圆槽。

（5）精车到尺寸。

（6）钻孔、粗镗孔。

（7）切内孔槽。

（8）精镗大孔。

（9）切断，长度留 0.3mm 余量。

（10）垫铜皮，掉头装夹右端。

（11）切右端面及倒角。

四、工作任务清单（在教师指导下由学生填写）

1. 工作清单

（1）填写数控加工刀具卡。

刀具号	刀具规格名称	数量	加工表面	刀尖半径

（2）填写数控加工工序卡。

工序号	程序编号	夹具名称		使用设备		
工步	工步内容	刀具号	刀具规格	主轴转速	进给速度	背吃刀量

（3）填写量具使用卡。

量具名称	尺寸范围	数量

2. 参考程序

略。

任务 9　公式曲线轮廓回转零件的加工

一、工作任务

1. 对零件进行工艺分析。
2. 掌握宏程序的常用变量类型、变量赋值方法、变量的演算。
3. 掌握宏程序各种语句的使用方法。
4. 能利用宏程序加工一些特殊曲线轮廓表面。
5. 根据所使用机床的具体情况，编写图 1-69 中零件的加工程序。

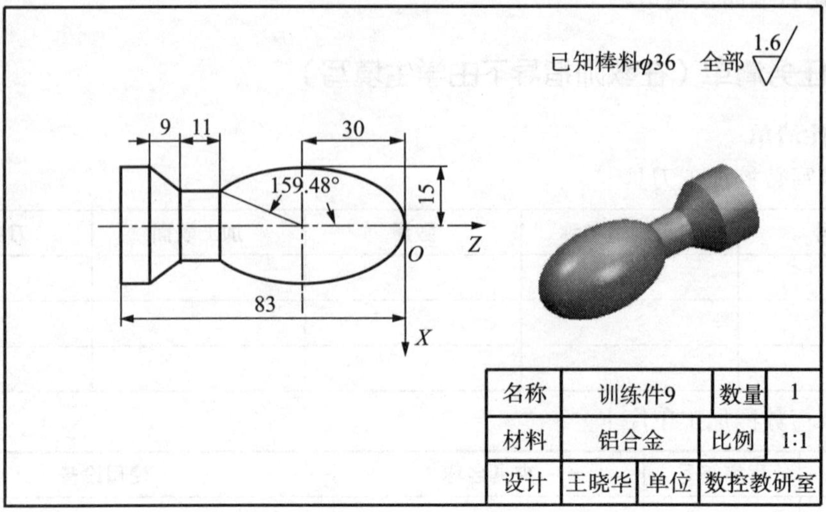

图 1-69　训练件 9

二、相关知识

FANUC 0i 系统宏程序分为两类：A 类、B 类。由于 A 类极不直观，现很少采用，所以这里介绍 B 类宏程序的应用。

1. 有关宏程序的概念

（1）宏程序：含有宏语句的程序。

（2）宏语句：

包含变量及其算数或逻辑运算（=）的程序段。

包含转向、循环语句（GOTO、IF、WHILE）的程序段。

包含宏程序调用指令（G65、G66、G67）的程序段。

（3）用户宏程序：包含宏语句的子程序。

2. 变量

（1）变量：用一个可赋值的代号代替具体的坐标值，这个代号就称为变量。

（2）变量形式：变量 = 变量符号 # + 变量号，例如 #1。

（3）变量的引用：可在程序地址符号后指定变量。例如：当 #3=20 时，X#3 相当于 X20.。

（4）变量的种类：

局部变量：局限于用户宏程序内使用的变量。同一个局部变量在不同的宏程序内其值是不通用的。

FANUC 0i 系统有 33 个局部变量，分别为 #1~#33（见表 1-10）。

表 1-10　　FANUC 0i 系统局部变量赋值对照表

变量代号	变量号	赋值代号	变量号	赋值代号	变量号
A	#1	E	#8	T	#20
B	#2	F	#9	U	#21
C	#3	H	#10	V	#22
I	#4	M	#11	W	#23
J	#5	Q	#17	X	#24
K	#6	R	#18	Y	#25
D	#7	S	#19	Z	#26

公共变量：在主程序和由主程序调用的各用户宏程序内公用的变量。

FANUC 0i 系统有 60 个公共变量，它们分两组：

一组是 #100~#149：为非保持型变量，断电后即被清零。

一组是 #500~#509：为保持型变量，断电后仍被保存。

系统变量：固定用途的变量，它的值决定了系统的状态。

FANUC 0i 系统变量为 #1000~#1015、#1032、#3000。

（5）变量的演算：

加减型运算：包括加、减、逻辑加和排他的逻辑加，分别用以下四个形式表达：

#i=#j+#k

#i=#j-#k

#i=#jOR#k

#i=#jXOR#k

乘除运算：包括乘、除和逻辑乘。分别用以下形式表达：

#i=#j*#k

#i=#j/#k

#i=#jAND#k

变量的函数：表 1-11 所示为常用的函数。

表 1-11　　FANUC 常用函数功能

函数名称	函数代号	举例
正弦（单位：度）	SIN[#j]	#1=SIN[#2]
余弦（单位：度）	COS[#j]	#1=COS[#2]
正切（单位：度）	TAN[#j]	#1=TAN[#2]
反正切（单位：度）	ATAN[#j]/ [#k]	ATAN[1]/[1]=45°
平方根	SQRT[#j]	#1= SQRT [#2]
绝对值	ABS[#j]	#1=ABS[#2]
小数点以下四舍五入	ROUND[#j]	#1=ROUND[#2]
小数点以下舍去	FIX[#j]	#1=FIX[#2]
小数点以下进位	FUP[#j]	#1=FUP[#2]

（6）变量的赋值：

1）直接赋值：

例如：#1=100；表示将 100 赋给 #1 变量。

#103=#1；表示将 #1 的值赋给 #103。

2）间接赋值：用演算式赋值。

例如：N5 #1=10；

N10 #2=20；

N15 #3= [#1+#1]*SQRT[1-#2*#2]；

3）在用户宏指令中为用户宏程序内的局部变量赋值：

例如：

主程序	用户宏程序
O3001；	O3002；
N5…	N5 #4=[#1+#1]*SQRT[1-#2*#2/#6]；
……	
Nxx G65 P3002 A20 B 30 K1；	N10 G01 X#4 Z#2 F0.2；
……	
Nxx M30；	N25 M99；

说明：G65 P3002 A20 B30 K1 的意义如下：

G65 —— 用户宏程序调用指令；

P3002 —— 调用 O3002 子程序；

A20 —— 给 #1 赋值为 20.；

B30 —— 给 #2 赋值为 30.；

K1 —— 给 #6 赋值 1.。

3. 转移与循环语句

（1）无条件转移语句。

GOTO n；

n 为程序段号。

例如：GOTO 30；即转移到 N30 程序段。

（2）条件转移语句。

1）IF[条件表达式]GOTO n；

条件表达式中的逻辑运算符号：

GT（大于）、EQ（等于）、GE（大于等于）、LE（小于等于）。

例如：

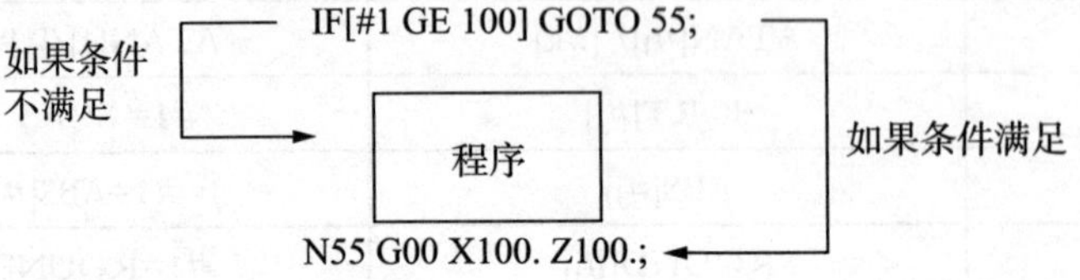

2）IF[条件表达式]THEN；

例如：IF[#1 EQ #2] THEN #3=10；如果 #1 与 #2 的值相等，10 赋值给 #3。

（3）循环语句。

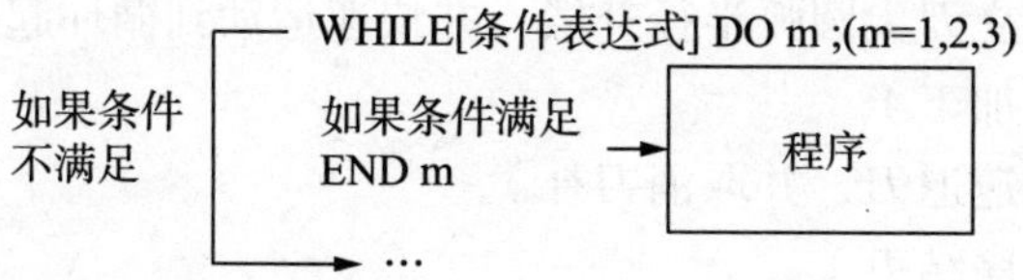

（4）举例说明：

如图 1-70 所示，用 ϕ36mm 的棒料切削如图所示轴类零件，用宏程序编程如下：

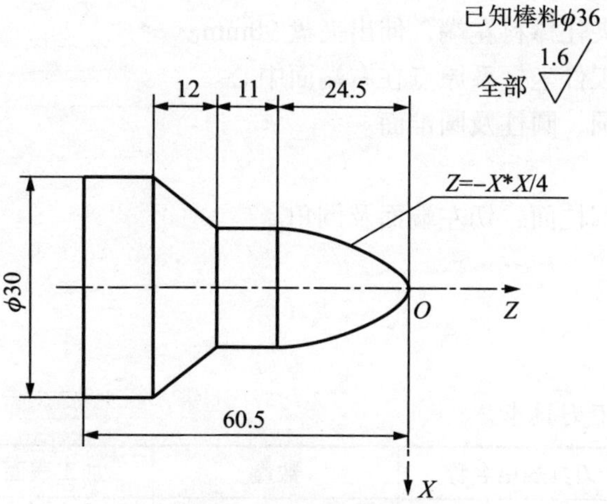

图 1-70　宏程序编程实例

```
O0011;                        （程序名）
N5 M03 S1000;                 （主轴正转）
N10 G54 T0101;                （建立工件坐标系、调粗加工刀 ）
N15 G00 X36. Z2.;             （快速运动到循环起点）
N20 G73 U17.7  W0. R20;       （粗加工循环开始）
N25 G73 P30 Q80 U0.6 W0.3 F0.2;
N30 G00 X0;                   （精加工第一段）
N35 #1=0;                     （#1 为 Z 向变量）
N40 WHILE[#1 GE -24.5] DO1;
N45 #2=SQRT[-4*#1];           （#2 为 X 向变量）
N50 G01 X[2*#2] Z#1 F0.12;    （加工抛物线）
N55 #1=#1-0.1;                （Z 向步距为 0.1）
N60 END 1;
N65 G01 W-11.;                （加工长 11mm 外圆）
N70 X30. W-12.;               （加工锥面）
N75 Z-60.5;                   （加工 φ30 外圆）
N80 X36.;                     （退刀）
N85 G00 X100.Z80.;            （粗加工刀退刀）
N90 T0100;                    （取消 1 号刀补）
```

```
N95 T0202;                        （调精加工刀）
N100 G42 G00 X36. Z2.;            （建立刀尖圆弧半径补偿，并快速运动到循环起点）
N105 G70 P30 Q80;                 （精加工）
N110 G00 G40 G00 X100. Z80.;      （快速退刀，并取消刀补）
N115 M30;                         （程序结束）
```

三、工艺分析

（1）用三爪夹盘夹住棒料左端，伸出夹盘 90mm。

（2）对刀操作，工件坐标系原点在右端面中心。

（3）粗、精车椭圆、圆柱及圆锥面。

（4）切断。

（5）垫铜皮，夹圆柱面，切左端面及倒角。

四、参考程序

1. 工作清单

（1）填写数控加工刀具卡。

刀具号	刀具规格名称	数量	加工表面	刀尖半径

（2）填写数控加工工序卡。

<table>
<tr><td>工序号</td><td>程序编号</td><td colspan="2">夹具名称</td><td colspan="3">使用设备</td></tr>
<tr><td></td><td></td><td colspan="2"></td><td colspan="3"></td></tr>
<tr><td>工步</td><td>工步内容</td><td>刀具号</td><td>刀具规格</td><td>主轴转速</td><td>进给速度</td><td>背吃刀量</td></tr>
<tr><td></td><td></td><td></td><td></td><td></td><td></td><td></td></tr>
<tr><td></td><td></td><td></td><td></td><td></td><td></td><td></td></tr>
<tr><td></td><td></td><td></td><td></td><td></td><td></td><td></td></tr>
<tr><td></td><td></td><td></td><td></td><td></td><td></td><td></td></tr>
</table>

（3）填写量具使用卡。

量具名称	尺寸范围	数量

2. 参考程序

学生根据工作任务图 1-69 编写程序，然后参照下列加工程序评价自己的编程结果：

```
O0012;
N5 M03 S1000;                  (主轴正转)
N10 G54 T0101;                 (建立工件坐标系、调粗加工刀)
N15 G00 X36. Z2.;              (快速运动到循环起点)
N20 G73 U17.7  W0. R17;        (粗加工循环开始)
N25 G73 P30 Q85 U0.6 W0.3 F0.2;
N30 G00 X0;                    (精加工第一段)
N35 #1=0;                      (#1 为角度)
N40 WHILE[#1 LE 159.48] DO1;
N45 #2=15*SIN[#1];             (#2 为 X 向变量，椭圆参数方程)
N50 #3=30*COS[#1];             (#3 为 Z 向变量，椭圆参数方程)
N55 G01 X[2*#2] Z[#3-30] F0.12; (加工椭圆)
N60 #1=#1+0.5;                 (角度步距为 0.5°)
N65 END 1;
N70 G01 W-11.;                 (加工长 11mm 外圆)
N75 X30. W-9.;                 (加工锥面)
N80 Z-83;                      (加工 φ30 外圆)
N85 X36.;                      (退刀)
N90 G00 X100.Z85.;             (粗加工刀退刀)
N95 T0100;                     (取消 1 号刀补)
N100 T0202;                    (调精加工刀)
N105 G42 G00 X36. Z2.;         (建立刀尖圆弧半径补偿，并快速运动到循环起点)
N110 G70 P30 Q80;              (精加工)
N115 G40 G00 X100. Z80.;       (快速退刀，并取消刀补)
N120 M30;                      (程序结束)
```

项目二

加工中心零件制作

任务 1　铣削正六面体

一、工作任务

1. 掌握数控机床坐标系的基本知识。
2. 能够正确选用数控铣削常用刀具、夹具、量具。
3. 了解加工中心的结构。
4. 熟练掌握加工中心的面板操作。
5. 加工图 2-1 所示正六面体。

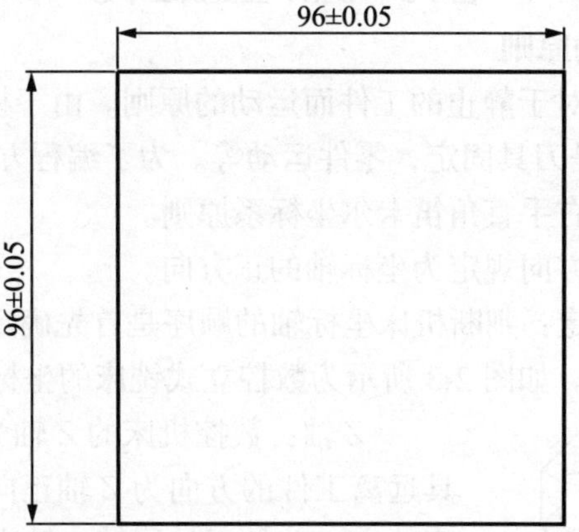

技术要求
1. 各相邻面之间的垂度为0.05mm
2. 各相对面之间的平行度为0.05mm

平面加工	比例	数量	材料	图号：02
	1：1	1	铝合金	

图 2-1　正六面体零件

二、相关知识

1. 加工中心

加工中心是一种配有刀库，并能自动更换刀具，对工件进行多工序加工的数控机床。加工中心按主轴结构形式可分为立式加工中心、卧式加工中心、龙门式加工中心等。

2. 加工中心结构

见图 2-2，为 RFMV 立式加工中心。

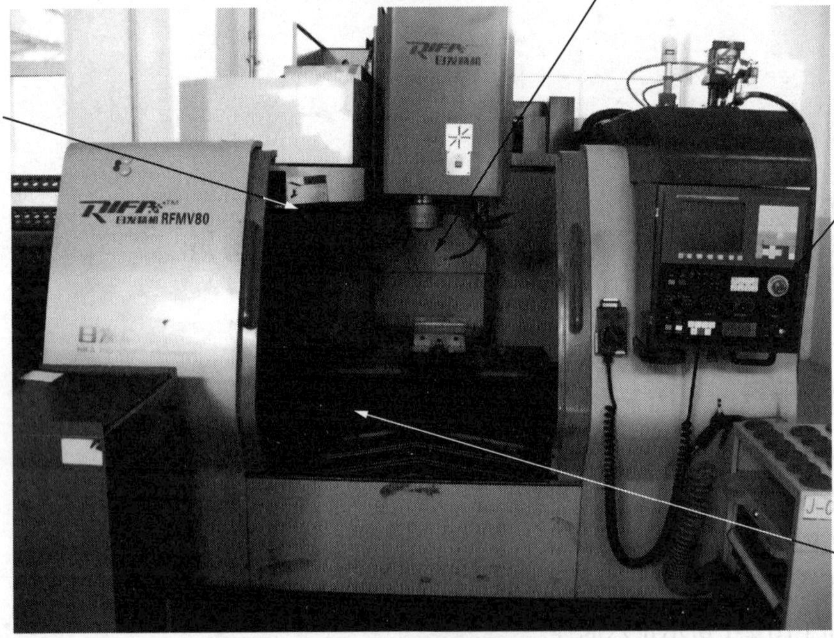

图 2-2 RFMV 立式加工中心

3. 机床坐标系建立的原则

（1）采用假定刀具相对于静止的工件而运动的原则。由于机床的结构不同，有的是刀具运动，零件固定；有的是刀具固定，零件运动等。为了编程方便，一律规定为零件固定。

（2）标准坐标系采用右手直角笛卡尔坐标系原则。

（3）刀具远离工件的方向规定为坐标轴的正方向。

（4）机床坐标轴的规定：判断机床坐标轴的顺序是首先确定 Z 轴，然后确定 X 轴，最后根据右手定则确定 Y 轴。如图 2-3 所示为数控立式铣床的坐标系。

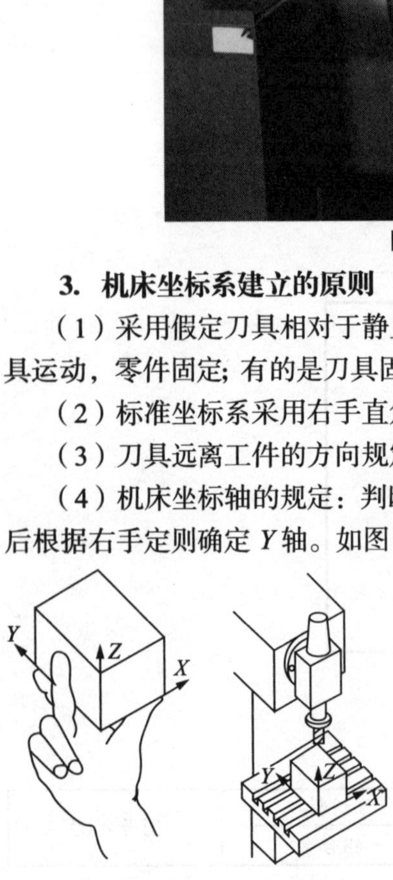

图2-3 数控立式铣床坐标系

Z 轴：数控机床的 Z 轴为平行机床的主轴方向，刀具远离工件的方向为 Z 轴正向；对于立式加工中心，机床的主运动是刀具回转，钻入工件的方向为 Z 轴的负方向，退出工件的方向为 Z 轴的正方向。

X 轴：X 轴一般是水平的、平行于工件装夹面，对于立式加工中心，从主轴向立柱方向看，右侧为 X 轴正向。

Y 轴：根据已经确定的 X 轴和 Z 轴，按右手直角笛

卡儿坐标法则确定 Y 轴机器正方向。

4. 机床零点和机床坐标系

机床坐标系是根据坐标系建立原则以机床零点为原点而建立的坐标系，机床零点是机床厂商设置在机床上的一个物理位置，是每台数控机床出厂前预先设置好的唯一的一个固定的参考点。其作用是使机床与控制系统同步，建立机床运动坐标的起始点。数控铣床及加工中心的原点一般设置在各坐标轴的正向极限位置。

5. FANUC 0i MC 系统加工中心控制面板

此加工中心的控制面板位于机床的右上方，它由两部分组成。一部分为“数控系统操作面板”，另一部分为“机床操作面板”，如图 2-4 所示。

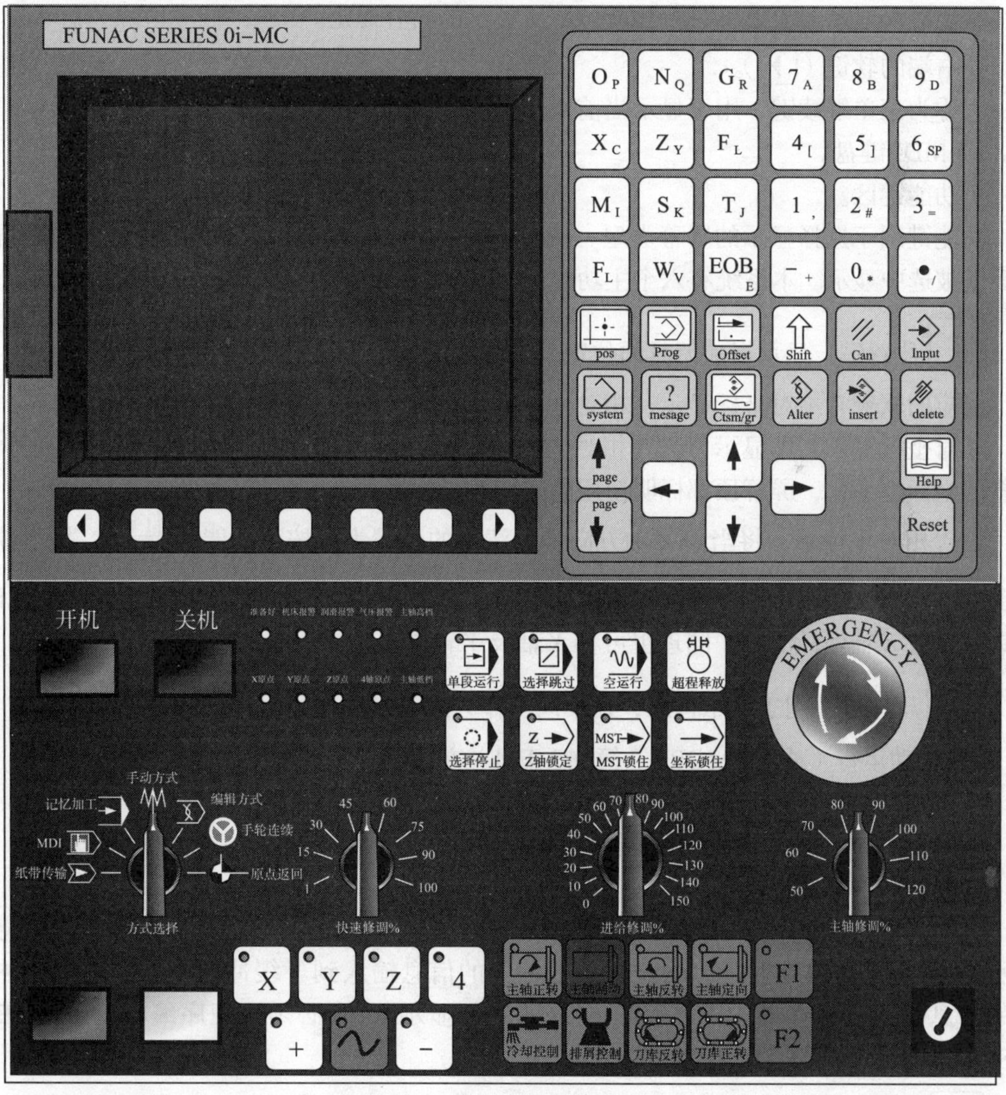

图 2-4　加工中心控制面板

（1）数控系统操作面板。

图中上半部分由 CRT 显示器和数控系统操作面板两部分组成。

1）CRT 显示器：它可以在不同状态下显示机床的各种参数和状态。如显示机床参考点坐标、刀具位置坐标、输入数控系统的指令数据、刀具补偿值的数值、报警信号、自诊断内容、滑板移动速度以及间隙补偿值等。

在 CRT 显示器的下方有 7 个软键，软键的功能含义显示在当前 CRT 屏幕内容中最下一行对应软键的位置。

①左端的软键（◀）。

它称为菜单返回键，用中间的 5 个软键选择操作功能后，按此键返回最初画面状态或上一级画面。

②中间 5 个软键。

其功能由显示器上最下一行相应位置所显示的内容而定。

③右端的软键（▶）。

它称为菜单继续键，用于显示当前操作功能画面未显示完的内容。

2）MDI 键盘。

①功能键区。

功能键用于选择显示的屏幕类型。按了功能键后再按软键，与已选功能相对应的屏幕画面就被选中显示。本系统有六个主功能键，这里只介绍本项目相关的两个主功能键。

位置键：显示当前刀具的位置，也可显示由于手轮中断引起的移动距离。

对应的软键有绝对坐标显示、相对坐标显示和综合坐标显示。

相对坐标显示：即显示刀具在相对坐标系中的当前位置，刀具移动时屏幕显示的当前位置的坐标也变化，屏幕顶部标明使用的是相对坐标系。

设置相对坐标系，将当前 Z 轴方向坐标清零的步骤为：按下功能键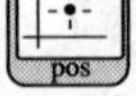，按下软功能键 [相对]，在 MDI 键盘输入 Z 后，按软键［起源］，闪烁轴的相对坐标值为 0。此时，刀具的当前 Z 轴坐标清零。同理也可将 X 轴及 Y 轴方向坐标清零。

程序键：用于显示程序，在不同工作方式下显示不同内容。

• 在自动运行（或 MEMORY，简称 MEM）方式下，显示正在执行的程序。

• 在 MDI（手动数据输入）方式下，显示 MDI 方式输入的程序段。

• 在编辑方式下，显示程序编辑画面和程序画面。

②地址和数字键。

按这些键可输入数字、字母和符号等字符。按“地址 / 数字”键后，输入的信息都显示在 CRT 屏幕的最下行，此时只是把相关的信息输入到了缓冲器中，若想把缓冲器中的信息输入到寄存器中（在 CRT 屏幕的上部显示），则必须按程序编辑键（ALTER、INSERT）或［INPUT］（输入）键。

EOB E 程序段结束键：用于程序段结束符“；”的输入。

取消键：按这个键删除已输入到缓冲器的最后一个字符。如输入缓冲器后显示

为 M03S10001，则按［CAN］键后，1 被取消并显示为 M03S1000。

③

复位键。

按此键使 CNC 复位，解除报警。当加工中心自动运行时，按此键则车床的所有运动都停止。

④光标移动键。

键将光标向右或前进方向移动，在前进方向光标按一段短的单位移动。

键将光标向左或倒退方向移动，在倒退方向光标按一段短的单位移动。

键将光标向下或前进方向移动，在前进方向光标按一段大尺寸单位移动。

键将光标向上或倒退方向移动，在倒退方向光标按一段大尺寸单位移动。

（2）机床操作面板。

1）方式选择旋钮。

①手动数据输入方式：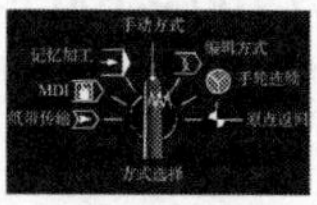

在此方式下，可以通过 MDI 键盘直接将程序段输入到存储器内，按［循环启动］按钮可执行所送入的程序段。

②手动连续进给方式：

在此方式下，可按住［+X］或［-X］、［+Y］或［-Y］、［+Z］或［-Z］按钮使工作台沿 *X* 轴或 *Z* 轴正或负方向连续移动。

③手摇轮进给方式：

选用此方式时，需使用手摇脉冲发生器。手摇脉冲发生器通常被称为手轮。在手摇轮方式下，通过选择手摇轴 *X*、*Y* 或 *Z* 方向，转动手轮可使工作台沿 *X* 轴（手轮轴向选择开关选在 *X* 向）、*Y* 轴（手轮轴向选择开关选在 *Y* 向）移动、*Z* 轴（手轮轴向选择开关选在 *Z* 向）移动。手轮顺时针转动，工作台正向移动；手轮逆时针转动，工作台负向移动。

通过“速度变化”选择按钮可决定每摇一格使刀架沿 *X* 轴或 *Z* 轴移动 0.001mm（按 ×1 按钮）、0.01 mm（按 ×10 按钮）或 0.1mm（按 ×100 按钮）。

2）主轴手动操作按钮。

① 主轴正转键。

在手动操作方式下（包括 JOG 和手摇），按主轴正转键，主轴正向旋转。若主轴要反向旋转，则必须先按［主轴停止］（SPINDLE STOP）按钮，使主轴停止，再按反转按钮。主轴的转速通过 MDI 方式用“M03 S_；”确定。

M03 S_；为机床操作指令；

其中，M：机床辅助功能指令。

M03：表示主轴以指令的主轴速度按顺时针方向旋转。

S_：主轴速度功能指令。

例如，S1200 表示主轴转速 1200r/min。

② 主轴停止键 

。

在手动操作方式下（包括手动和手摇），按［主轴停止］键，该键灯亮，主轴停止旋转。此按钮在所有工作状态均起作用。在自动工作状态时，按此按钮主轴停止。再重新启动主轴必须把方式开关选在手动位置，按相应的主轴正、反转按钮。

3）循环启动按扭  。

在自动或 MDI 运行方式下，按循环启动键，按键灯亮，程序自动执行。在执行程序时，该按钮内的指示灯亮，同时主轴转向按键灯也亮。执行完毕时指示灯灭。

三、零件加工工艺方案的制定与实施

（1）看懂工件图样，了解图样上各加工部位的尺寸标注、精度要求等。

（2）检测毛坯，确定工件的加工余量。毛坯为 100×100 的六面体，上下两端为锯面，四周为锻面，如图 2-5 所示。

（3）工件的装夹：

根据工件的形状特点，采用平口虎钳装夹工件，如图 2-6 所示。选毛坯上的一个锻面为粗基准，加工一个平面，之后以加工过的平面为精基准，加工其他平面。

图 2-5　工件毛坯

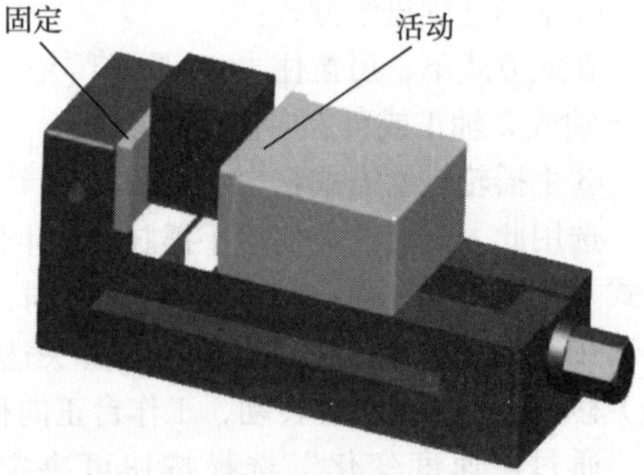

图 2-6　工件装夹方式

平口钳装夹工件的步骤如下：

1）把平口钳装夹在工作台上。用百分表找正固定钳口，校正虎钳在工作台上的装夹方向，使固定钳口与机床坐标 X 轴平行，使平口钳在机床上定位。用 T 形螺钉把平口钳夹紧在工作台上。

2）工件在平口钳上的装夹。平口钳的固定钳口是夹具的定位表面。将工件定位面靠实虎钳固定钳口，工件底面垫等高垫铁。

3）用平口钳夹紧工件。为确保定位可靠，应确保工件底面与水平等高垫铁可靠贴合。夹紧操作中首先应轻夹工件，然后用橡胶锤轻敲工件顶面，以确保工件底面与水平垫铁贴合，最后夹紧工件。

（4）刀具的选择：

在数控机床上经常采用硬质合金面铣刀铣削大平面，其特点是刀具齿数多、生产效率高、铣削质量好，并可以通过更换不同材料和牌号的刀片来铣削不同的工件。由于硬质合金面铣刀同时工作的齿数较多，铣削力较大，因此在加工中经常采用低速、大进给、小切深的方法加工大平面。

各种面铣刀如图 2-7 所示：面铣刀的主切削刃分布在外圆柱面或外圆锥面上，其端面上的切削刃为副切削刃。

主偏角为 90° 的面铣刀称为方肩面铣刀。方肩面铣刀在加工平面的同时，能加工出和平面垂直的直角面，这一直角面的高度受到刀片长度的限制。如果需要加工高于刀片长度的直立面，可以采用层切的方法，分层加工直立面。

面铣刀的直径一般较大，通常制成镶齿结构，即将其刀体和刀齿分开。刀齿是由硬质合金制成的可转位刀片，刀体的材料为 40Cr，把刀齿夹固在刀体上，刀齿的一个切削刃用钝后，只需松开夹固件，直接在刀体上转换新的切削刃或更换刀片，重新夹固，即可继续切削。

目前普遍使用的硬质合金刀片的规格有四边形和三角形的，可分为带后角的和不带后角的两种。一般带后角的刀片用于正前角铣刀，不带后角的刀片用于负前角铣刀。

国际标准化组织 ISO 513-1975（E）规定，将切削加工用硬质合金分为三类，分别用 K、P、M 表示。

• K 类适用于加工短切屑的黑色金属、有色金属和非金属材料。

• P 类适用于加工长屑的黑色金属。

• M 类适用于加工长、短屑的黑色金属和有色金属，相当于我国的 YW 类硬质合金。

面铣刀可用于粗加工，也可用于精加工。粗加工要求有较大的生产率，即要求有较大的铣削用量，如图 2-6 所示为使粗加工时能取较大的切削深度，切除较大的余量，粗加工易选取较小的铣刀。精加工要求能够保证加工精度，要求加工表面粗糙度值要低，应当避免在精加工面上的接刀痕迹，所以，精加工的铣刀直径要选大些，最好能包容加工面的整个宽度。

由于本例中工件材料为铝合金，所以选用 K 类硬质合金刀片。由于总加工余量较小，所以粗精加工用同一把铣刀，选用直径为 $\phi 63$ 的面铣刀。

（5）对刀操作：

由于是平面铣削，所以只进行 Z 轴的对刀操作（见图 2-8）。具体步骤为：

1）把刀具安装在主轴上。

2）把方式选择按钮切换到手动数据输入方式（MDI 方式），输入程序段 M03S1200；按循环启动按钮，设置主轴转速为 1200mm/min，然后可按 Reset 复位键结束程序段运行。

3）把方式选择按钮切换到手动进给方式或手摇进给方式均可，按下主轴正转按钮，使刀具旋转，手动操作移动 X、Y、Z 轴，将刀具移动到工件上表面的大致位置。

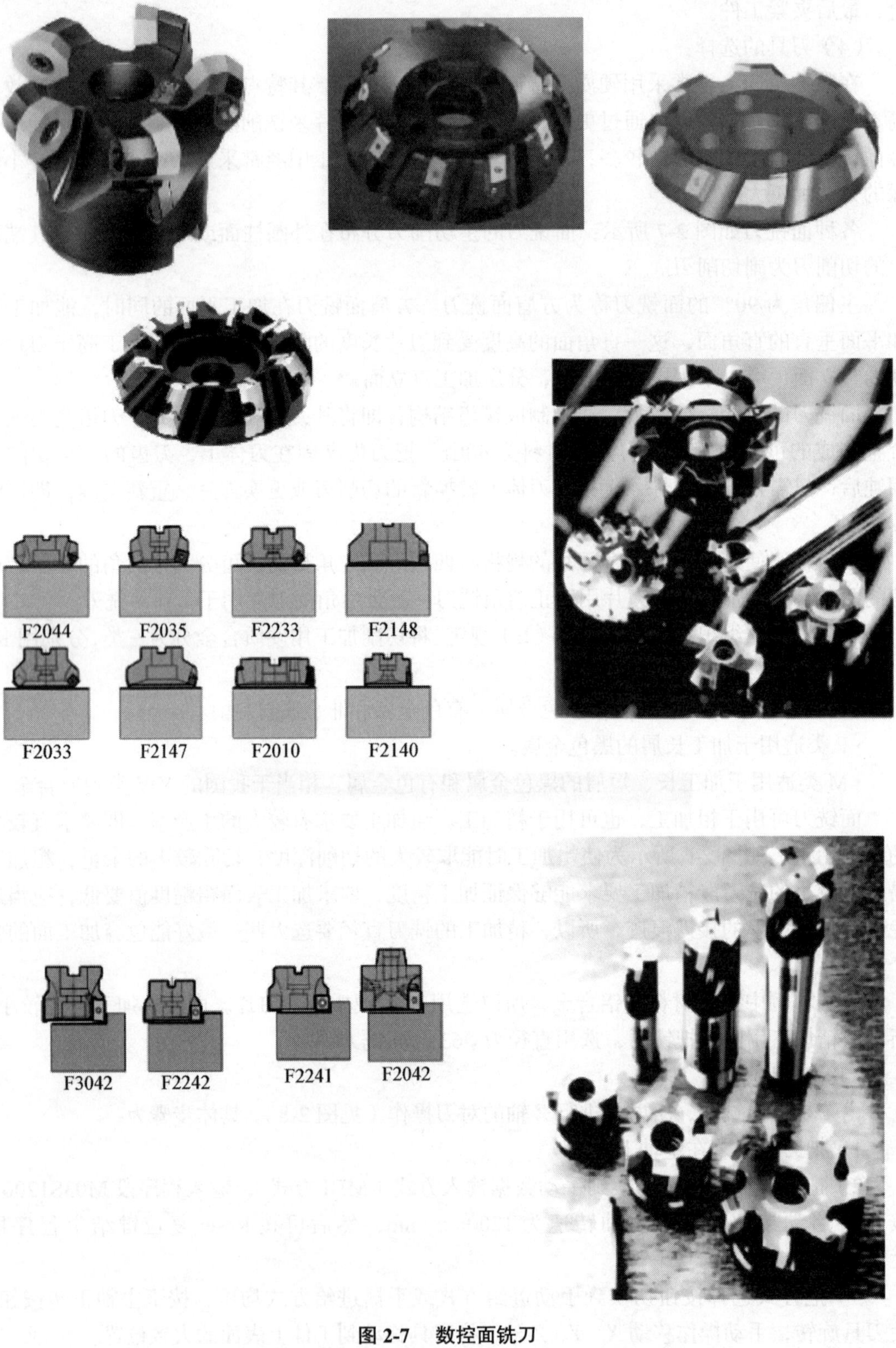

图 2-7　数控面铣刀

4）Z 轴作为当前进给轴，切削零件上表面一小部分，刚刚出切屑即可（当刀具接近

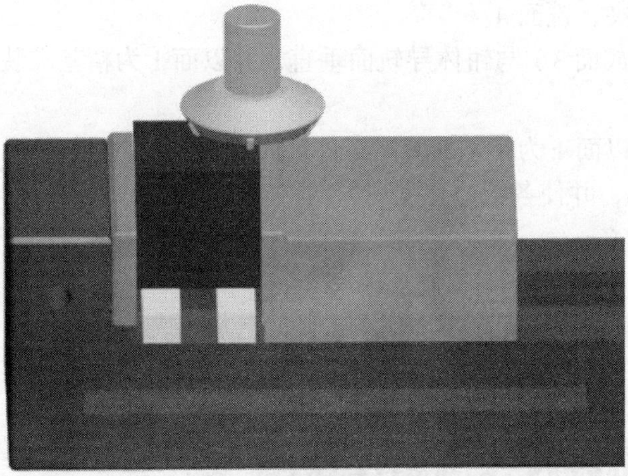

图2-8　铣削平面时的对刀操作

图2-9　六面体编号

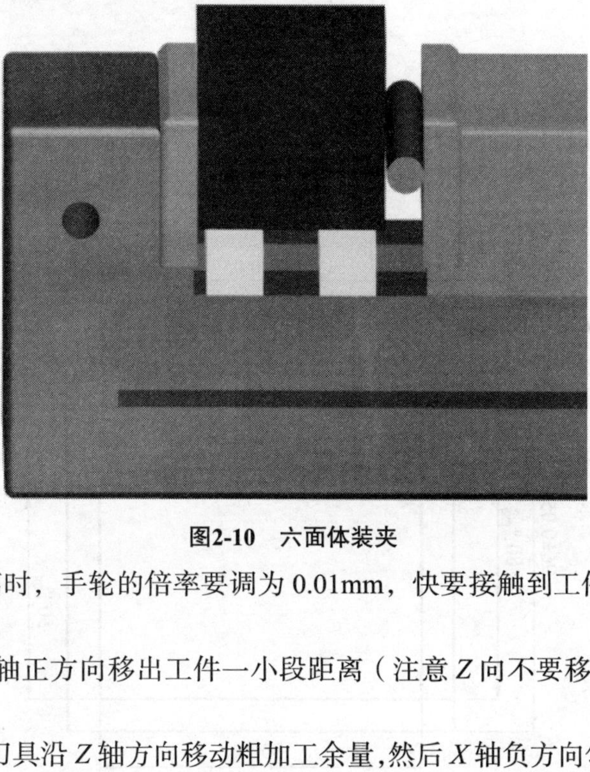

图2-10　六面体装夹

工件但还有一定距离时，手轮的倍率要调为 0.01mm，快要接触到工件时，手轮上的倍率要调为 0.001mm。

5）将刀具沿 X 轴正方向移出工件一小段距离（注意 Z 向不要移动），将 Z 轴方向相对坐标清零。

6）手动方式将刀具沿 Z 轴方向移动粗加工余量，然后 X 轴负方向匀速进给，切削平面。如果刀具宽度小于工件宽度，可分多次切削。粗加工后，用同样方法进行精加工。

6. 加工步骤

1）铣削基准面 1：将六面体进行编号（见图 2-9），按前述方法将毛坯装夹在平口钳上（见图 2-10），对刀后铣削平面 1，做好标记。

2）铣面 2：以面 1 为精基准装夹工件铣削面 2，如图 2-10 所示，动钳口需要加一个圆柱销，这样加工出的上表面能够保证和基准面的垂直度，保证加工精度（可用直角尺测量垂直度）。

3）铣面 3：以面 1 为精基准装夹工件铣削面 3。

4）铣面 4：将面 1 靠紧平行垫铁装夹，铣面 4。

5）铣面 5：用 90° 角尺校正面 2（或面 3）与钳体导轨面垂直，并以面 1 为精基准装夹工件铣面 5。

6）铣面 6：将面 5 靠向平行垫铁，以面 1 为精基准装夹工件铣面 6。

7）检查合格后卸下工件，锉修毛坯，并使各棱边宽度均匀。

8）注意事项：

①铣削平面 3、平面 4 和平面 6 时，应注意严格控制工件尺寸。

②每一个平面铣削完毕，都要将毛刺锉去，而且不能伤及工件的已加工表面。

任务 2　平面直线轮廓零件铣削

一、工作任务

1. 掌握基本的加工工艺方法，基本程序的编制。
2. 掌握正确的对刀方法，能够设定工件坐标系。
3. 加工图 2-11 所示零件。

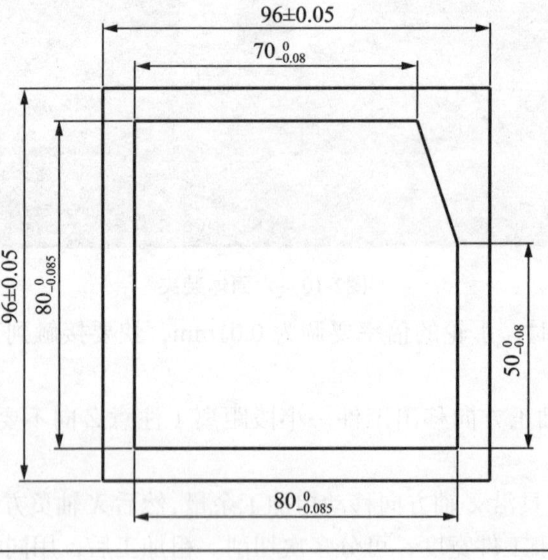

轮廓深度为2mm				
轮廓加工	比例	数量	材料	图号：03
	1:1	1	铝合金	

图 2-11　平面直线轮廓零件

二、相关知识

1. 准备功能 G 指令

准备功能 G 指令是用于指令机床做好某些准备动作的指令。G 指令由 G 及 2 位数字组成，共有 100 种。如 G01 指令机床移动部件以某一给定速度进行直线移动。不同的数控系统或同一系统不同种类同一 G 指令其含义不完全相同。例如，在 FANUC 0i Mate-TC 系统中，G90 代表单一固定循环指令，而在 FANUC 0i Mate-MC 系统中，G90 代表绝对值编程指令输入，因此编程人员在编程前必须详细了解所使用的数控系统功能指令。

（1）绝对尺寸指令和增量尺寸指令。

在加工程序中，有绝对尺寸指令和增量尺寸指令两种表达方法。

绝对尺寸指机床运动部件的坐标尺寸值相对于坐标原点给出，即从编程零点开始的坐标值增量尺寸指机床运动部件的坐标尺寸值相对于前一位置给出，即程序段的终点坐标都是相对于前一坐标点给出的。G90 指定尺寸值为绝对尺寸。G91 指定尺寸值为增量尺寸。

（2）G53、G54、G55、G56、G57、G58、G59。

1）G53——选择机床坐标系。

编程格式：G53 G90 X_Y_Z_;

G53 指令使刀具快速定位到机床坐标系中的指定位置上，其中 X、Y、Z 后的值为机床坐标系中的坐标值，其尺寸均为负值。

例：G53 G90 X-100 Y-100 Z-20;

则执行后刀具在机床坐标系中的位置如图 2-12 所示。

2）G54、G55、G56、G57、G58、G59——选择 1~6 号加工坐标系。

数控程序是依据图样编制的，编程所用坐标系原点通常设定在零件图样的设计基准上，这样既便于尺寸计算，又有利于保证加工精度。加工时工件必须夹紧在机床上，保证工件坐标系坐标轴平行于机床坐标轴，由此在每个坐标轴上产生机床零点与工件零点的坐标偏移量，应该在机床坐标系中确定工件坐标系原点的准确位置，设置工件坐标系。设置了工件坐标系后程序可以用绝对指令工作。

在工件坐标系设定界面上将工件零点相对于机床零点的偏移量存入到 G54~G59 的数据区。当数控程序运行时，可以用编程的指令（G54~G59）选择工件零点偏移量，从而用指令 G54~G59 设置了工件坐标系。

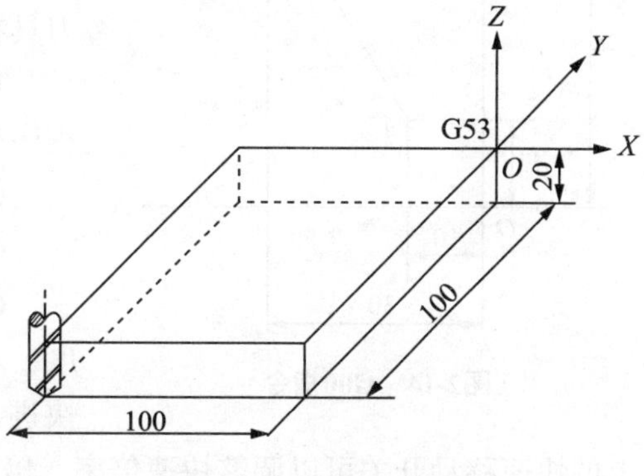

图 2-12 设置加工坐标系

G54~G59 这些指令可以分别用来选择相应的加工坐标系。

编程格式：G54 G90 G00（G01）X_Y_Z_（F_）;

该指令执行后，所有坐标值指定的坐标尺寸都是选定的工件加工坐标系中的位置。

1~6 号工件加工坐标系是通过 CRT/MDI 方式设置的。

例：在图 2-13 中，用 CRT/MDI 在参数设置方式下设置了两个加工坐标系：

G54：X-50 Y-50 Z-10

G55：X-100 Y-100 Z-20

这时，建立了原点在 O' 的 G54 加工坐标系和原点在 O'' 的 G55 加工坐标系。若执行下述程序段：

N10 G53 G90 X0 Y0 Z0;

N20 G54 G90 G01 X50 Y0 Z0 F100;

N30 G55 G90 G01 X100 Y0 Z0 F100;

则刀尖点的运动轨迹如图 2-13 中 *OAB* 所示。

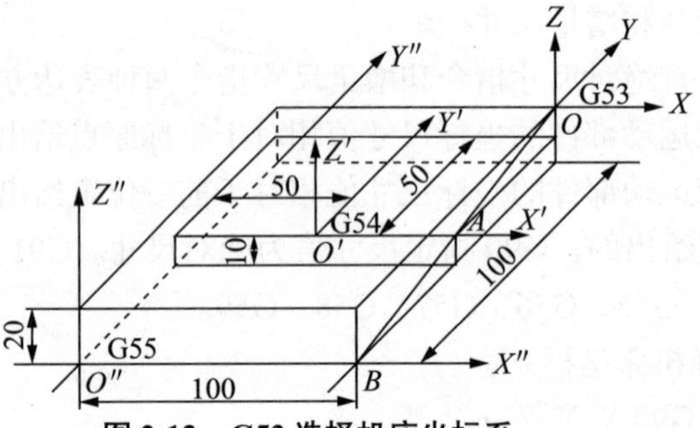

图 2-13　G53 选择机床坐标系

（3）快速定位方式 G00（模态）。

格式：G00 X_Y_Z_;

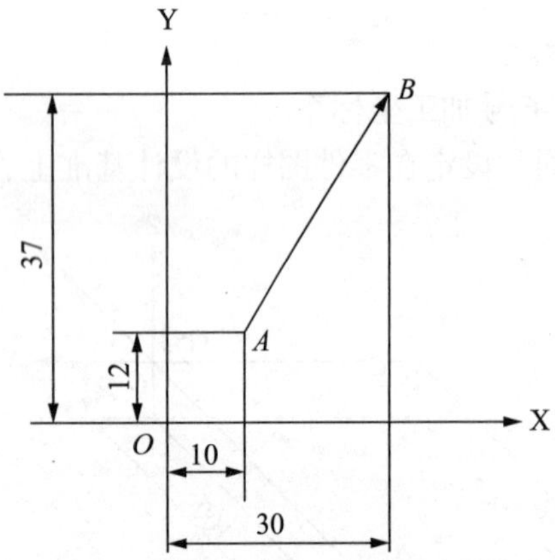

图2-14　G00指令

G00 速度由系统确定，以系统的最高速度进给，后面的坐标值为终点坐标值。可用绝对坐标方式，也可用增量坐标方式。以绝对值指令编程时，*X*、*Y*、*Z* 是刀具终点的坐标值，以增量值编程时，*X*、*Y*、*Z* 是刀具在相应坐标轴上移动的距离。

如图 2-14 所示，指令刀具由 *A* 点快速移动到 *B* 点，程序为：

G90 G00 X30. Y37.;（绝对坐标编程）

G91 G00 X20. Y25.;（增量坐标编程）

G00 指令可以准确控制刀具到达指定点的定位精度，不控制刀具移动中运动的轨迹。应用于空行程、快进、快退，节省时间，提高效率。用机床操作面板上的快速移动开关可以调整快速倍率，倍率值为：F0%、25%、50%、100%。

（4）直线插补指令 G01（模态）。

格式：G01 X_ Y_ Z_ F_ ;

X、*Y*、*Z* 坐标值为直线终点坐标值，可为绝对坐标值或相对坐标值，并由 G90/G91 决定。

F 为速度指令，改变 *F* 值可以改变直线插补速度。

注意: 程序中首次出现的插补指令（G01、G02、G03）一定要有 F 指令，否则出错！后续程序中如速度相同可省略。如速度改变则不可省略。

（5）刀具半径补偿指令。

1）指令格式：

G00/G01 G41/G42 X_ Y_ D_;　　　// 建立补偿程序段

……　　　　　　　　　　　　　　// 轮廓切削程序段

G00/G01 G40 X_ Y_;　　　　// 补偿撤消程序段

2）说明：

• G41/G42 程序段中的 *X*、*Y* 值是建立补偿直线段的终点坐标；

• G40 程序段中的 *X*、*Y* 值是撤消补偿直线段的终点坐标；

• D 为刀具半径补偿代号地址字，后面一般用两位数字表示代号。

在零件轮廓铣削加工时，由于刀具半径尺寸的影响，刀具的中心轨迹与零件轮廓往往不一致。为了避免计算刀具中心轨迹，直接按零件图样上的轮廓尺寸编程，数控系统提供了刀具半径补偿功能。G41 为左偏刀具半径补偿，定义为假设工件不动，沿刀具运动方向向前看，刀具在零件左侧的刀具半径补偿见图 2-15。

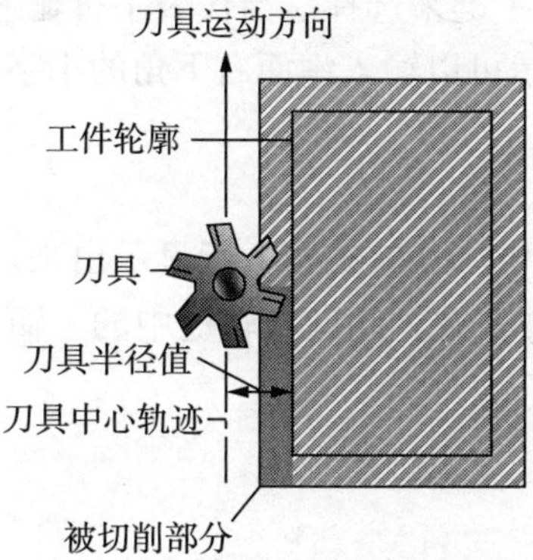

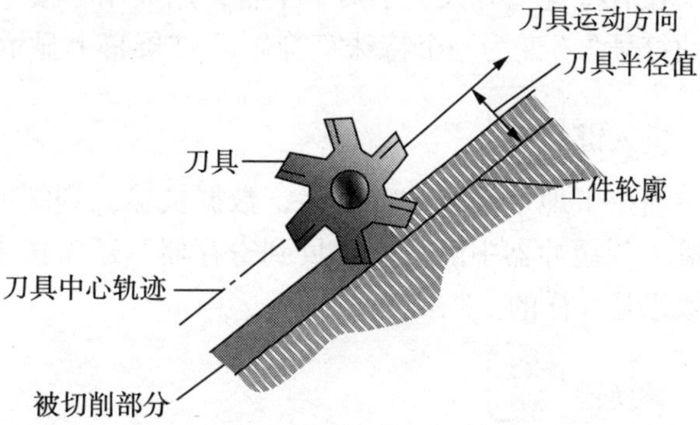

图 2-15　左偏刀具半径补偿

G42 为右偏刀具半径补偿，定义为假设工件不动，沿刀具运动方向向前看，刀具在零件右侧的刀具半径补偿，见图 2-16。G40 为补偿撤消指令。

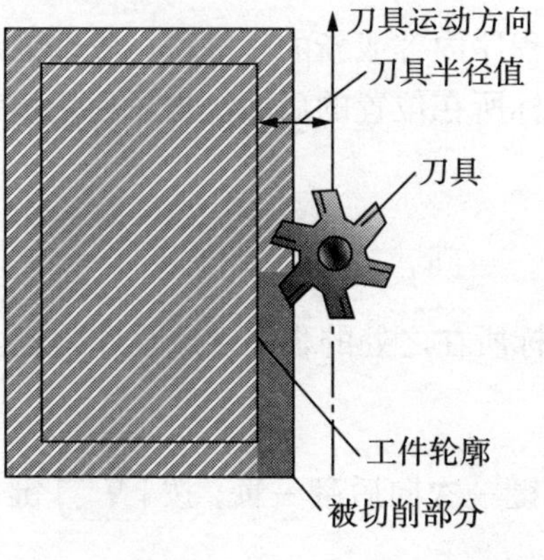

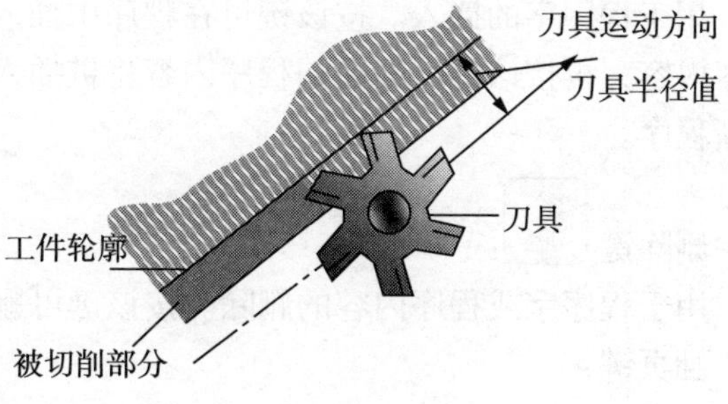

图 2-16　右偏刀具半径补偿

2. 辅助功能指令

M03：主轴正转，它与同程序段其他指令同时执行。

M05：主轴停转，在该程序段其他指令执行完成后才执行主轴停止。

M02：程序结束，它使主轴、进给、切削液都停止，机床复位。该指令必须编在最后一个程序段中。

M30：程序结束并返回，该指令是执行完程序段的所有指令后，使主轴、进给停止，冷却液关闭的指令，与 M02 功能相似，不同之处是光标返回程序开头位置，以便继续执行同一程序，为加工下一个工件做好准备。该指令必须编在最后一个程序段中。

3. 相关机床操作知识

（1）MDI 键盘。

刀偏 / 设定键 

：

用于设定、显示刀具补偿值和其他数据。

换挡键 

：

在有些键上有大、小两个字符，用大用小按［SHIFT］键来选择。当代表字符输入位置的符号“_”变为一个特殊字符“ ^ ”在屏幕上显示时，表示可以输入键面右下角的小字符。

输入键 

：

当按了地址键或数字键后，数据被输入到缓冲器，并在 CRT 的最下行显示出来。为把输入到缓冲器中的数据拷贝到寄存器，还需按［INPUT］键。此键与软键中的［输入］键效果是一样的。

替换键 

：

用于程序字的替换。按该键可用新输入到缓冲器中的程序字替换光标所在位置的原程序中的程序字。

插入键 

：

用于程序字的插入。按该键可在程序中插入新的程序内容或新的程序段。先输入新的程序内容，再按该键，则新的程序内容将被插入到光标所在位置的后面。也可使用该键创建新程序。

删除键 

：

用于程序字或程序内容的删除。按该键可删除光标所在之处的程序字或程序内容。

翻页键：

该键用于将屏幕显示的页面整幅更换。按 

键一次向后翻一页，按 

键一次向前翻一页。

（2）机床操作面板（见图 2-17）。

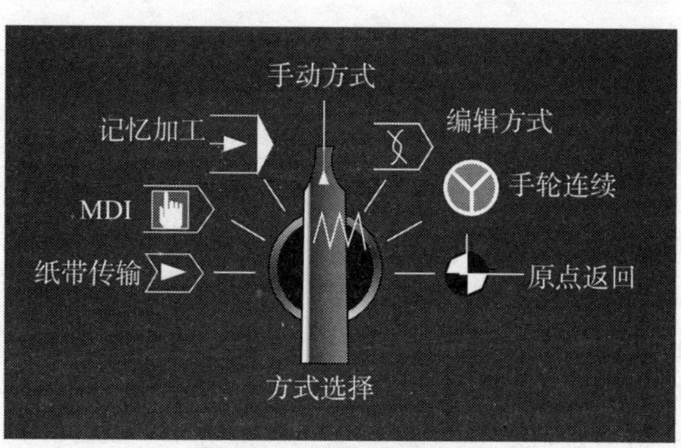

图 2-17 机床操作面板

1）方式选择键。

在对机床进行操作时必须先选择操作方式，此称为“方式选择”。

①编辑方式。

在此方式，可利用 MDI 面板将工件加工程序手动输入到存储器中，也可以对存储器内的加工程序内容进行修改、插入、删除等编辑。

②记忆加工方式。

在此方式下，机床可按存储的程序进行加工，可对存储程序的顺序号进行检索。

2）循环启动按钮  。

在自动或 MDI 运行方式下，按循环启动键，按键灯亮，程序自动执行。在执行程序时，该按钮内的指示灯亮，同时主轴转向按键灯也亮。执行完毕时指示灯灭。

循环启动按钮还在下列情况下起作用：

①当机床在自动循环中按了循环停止按钮、机床刀架运动暂停后，再按循环启动按钮可以使机床继续工作。

②当机床在自动循环中按了单程序段键、正在执行的程序段结束后，程序停止执行。若需要继续执行下一段程序时，按循环启动键，程序继续执行一段，此后，每按循环启动键一次，程序就往下执行一段。

③若在机床自动循环中按了选择停止键，则机床在程序中 M01（选择停）指令处停止执行。若要继续工作可按循环启动按钮，使选择停止机能取消，机床继续按规定的程序执行。

循环启动按钮在下列情况下不起作用：

①急停状态；

②复位状态；

③程序顺序号检索时；

④报警发生状态；

⑤在“方式选择”开关选在“自动”或“MDI”方式以外的位置时。

3）循环停止按钮 。

该键也称循环保持或进给保持键。在自动或 MDI 运行期间，按循环停止键，该键灯亮，工作台停止移动，但 M，S，T 功能仍然有效。要使机床继续工作，须按循环启动键，消除循环停止状态，工作台继续移动。在循环停止状态，可以对机床进行任何的手动操作。

4）急停按钮。

机床在手动操作或自动运行期间，在紧急状态下按此按钮，机床各部将全部停止运动，NC 控制系统清零。有回零要求和软件超程保护的机床按急停按钮后，必须重新进行回零操作，否则，刀架的软件限位将不起作用。待故障排除恢复车床工作时，需顺时针方向转动让按钮弹起恢复正常。

（3）程序录入，编辑及存储。

1）程序录入及存储：

选择 [编辑] 方式→按键→键入地址 O× × × × →按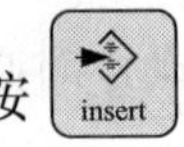键，进入该程序的编辑画面→键入分段→输入其他内容。

2）修改已有的程序。

选择方式 [编辑] →按键→按地址 O× × × × 按，则显示被检索的程序→将光标移到程序某处，即可修改被检索的程序。

3）删除存储器中的程序。

选择 [编辑] 方式→按键→按地址 O →键入程序号→按键，即可删除程序号所指定的程序。

（4）用 G54~G59 指令建立工件坐标系。

1）工件坐标系设定画面（见图 2-18）。

G54~G59（番号 01~06）指令是指工件坐标系原点在机床坐标系内的坐标偏置量；外部工件原点偏置值（番号 00（EXT））用于修正编程中 G54~G59 设定的工件坐标系与实际坐标系之间的误差。修正后建立的新坐标系可使指令值与实际尺寸一致。

2）显示和设定工件原点偏置量。

显示和设定工件原点偏置量的步骤：

①按下功能键。

②按下软键 [坐标系]。显示工件坐标系设定的画面（见图 2-19），按软键 [（操作）]。工件原点偏置量的画面有几页，通过以下方法可显示所需的页面：

①按。

②输入工件坐标系号（0：外部工件原点偏置；1~6：工件坐标系 G54~G59），按下选择软键 [NO 检索]。

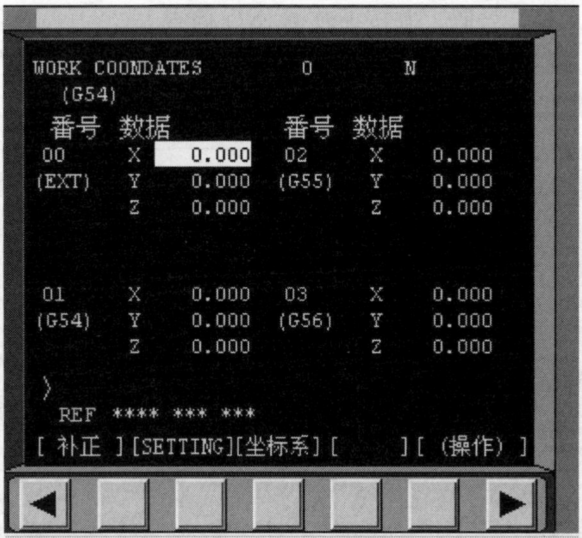

图 2-18　工件坐标系设定画面一

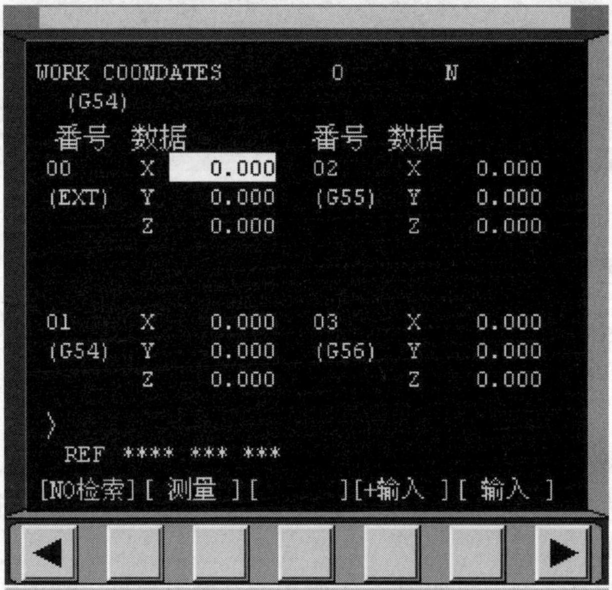

图 2-19　工件坐标系设定画面二

（5）显示和设定刀具补偿。

在数控程序中，由 D 代码指定刀具半径偏置（补偿）值，加工前需要把刀具偏置值输入到 D 地址中，即显示刀具补偿界面，并在该界面上设定刀具补偿值。设定和显示刀具补偿值的步骤如下：

1）按下功能键 

。

2）按下软键［补正］，出现图 2-20 所示显示工件坐标系设定的画面。

3）将光标定位于补偿号：通过页面键和光标键将光标移到要设定和改值的补偿号位置。

检索补偿号：输入补偿号码，并按下软键 [NO 检索]。

4）键入补偿值，按下软件 [输入]；键入数值，按下软件 [+ 输入]，修改补偿值（输入一个要加到当前补偿值的值，如输入负值将减小当前的值）。

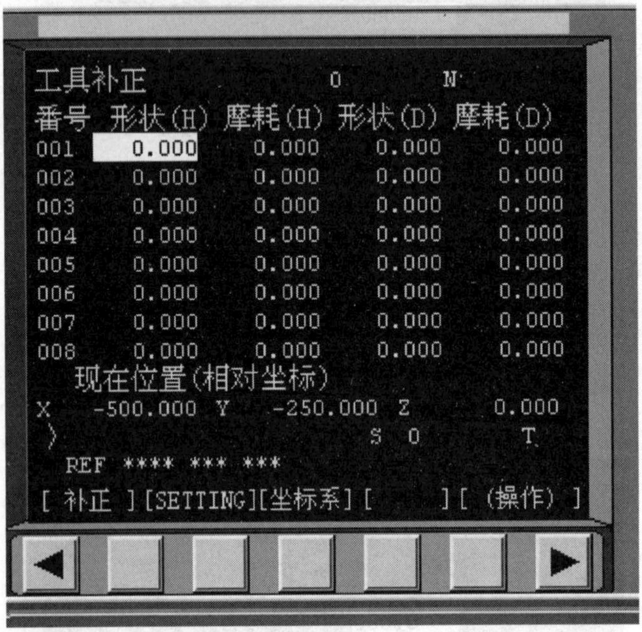

图 2-20　工件坐标系设定画面三

三、零件加工工艺方案制定与实施

（1）看懂工件图样，了解图样上各加工部位的尺寸标注、精度要求等。

（2）检测毛坯，确定工件的加工余量。毛坯为 96×96 的六面体，六个面均为精加工表面。

（3）工件的装夹：

根据工件的形状特点，采用平口虎钳装夹工件。选毛坯上任意相邻两个面为精基准。

（4）刀具的选择：

轮廓加工常用的是立铣刀。如图 2-21 所示，立铣刀根据刀柄形式可分为直柄和锥柄两种；从材料上分一般有高速钢和硬质合金立铣刀。

立铣刀的圆柱表面和端面上都有切削刃，通常由 3~6 个刀齿组成，每个刀齿和主切削刃均匀分布。圆柱表面上的主切削刃呈螺旋线形，其螺旋角在 30°~45° 之间，这样有利于提高切削过程的平稳性，提高加工精度。端部的副切削刃分布在底端面上，用来加工与侧面垂直的底平面。

根据工件的材料及形状特点，本任务中选取整体高速钢两刃直柄直角立铣刀，直径 ϕ16mm，长度 60mm。

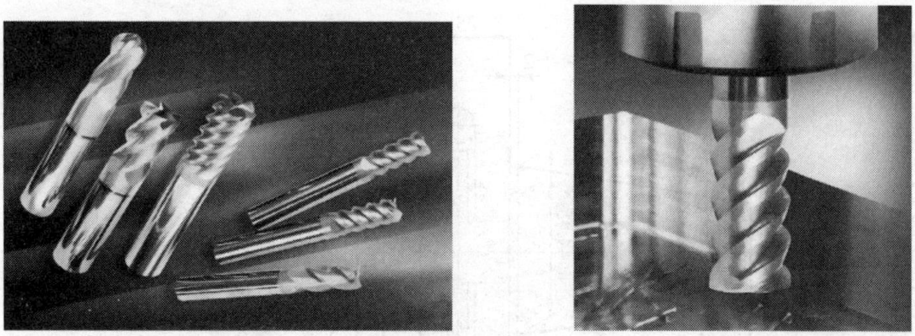

图 2-21　立铣刀

（5）刀具安装在加工中心主轴上。

1）刀柄和主轴的连接。

数控铣床和加工中心的刀具由两部分组成，即刀柄和刀具本体。刀柄是机床主轴与刀具之间的连接工具，刀具必须装在统一的标准刀柄上，以便装在主轴刀库上。刀柄和主轴的配合锥面一般采用 7∶24 的锥度，因为这种刀柄的锥度不自锁，换刀方便，定心精度和刚度比直柄高。刀柄装在主轴前，要把拉钉和刀柄装配在一起，刀柄装在主轴上时，机床主轴上的蝶簧给卡头施力，可夹住拉钉，从而使刀柄固定在主轴上。刀柄如图 2-22 所示。

2）铣刀在主轴上的安装

直柄铣刀是通过带有弹簧夹头的刀柄安装到主轴上的，将直柄铣刀装入弹簧夹头并旋紧螺母。弹簧元件外圆上开有条行槽，螺母旋紧时，条槽合拢，内孔收缩，将直柄铣刀夹紧。可根据铣刀的直径和刀柄的内孔锥度，查阅相关国家标准，选择弹簧夹头的内孔和外锥的尺寸。

（6）切削用量的选择。

本任务中，被吃刀量选择 2mm，侧吃刀量精加工留出 0.5mm，其余轮廓余量由粗加工一次切除，进给速度 200mm，具体加工时依靠倍率调整，粗加工时倍率调大一些，精加工时倍率调小一些。主轴转速选为 1500r/min。

（7）设定工件坐标系（见图 2-23）。

1）工件坐标系坐标原点的设定：工件坐标系的坐标原点设在工件上表面的几何对称中心点。

2）对刀操作：

①在对刀之前或加工之前，通常要将机床中的残留余量清零。否则有可能在加工时发生碰撞。步骤为：

在 JOG 方式下按功能键［POS］→按软键［相对］→按软键［（操作）］→当未显示［WRK-CD］时，按菜单继续键至显示［WRK-CD］为止→按软键［WRK-CD］，出现带软键［全▶轴］和［EXEC］的画面→按软键［全轴］，预置全部轴，按软键［EXEC］返回上一级菜单。在复位状态或自动运行停止时，无论处于何种运行方式，该功能均可使用。

②使用寻边器对刀的具体步骤：

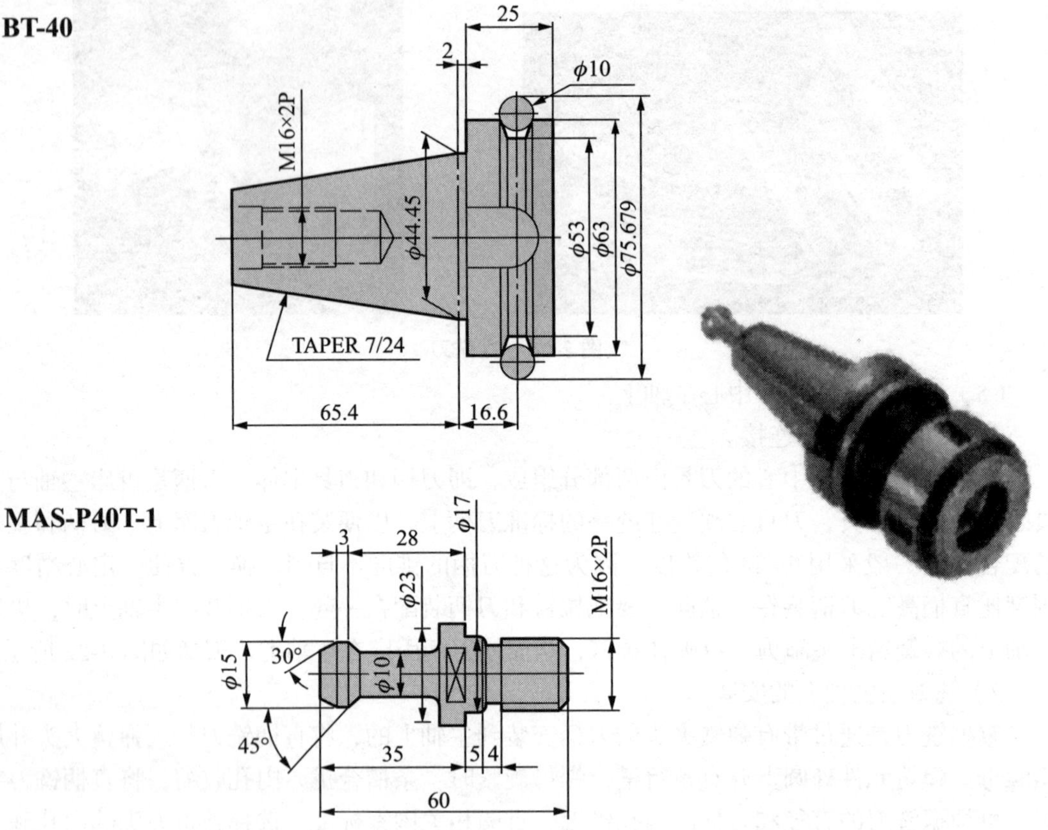

图 2-22　加工中心刀柄

a. 将偏心式寻边器（见图 2-24）用刀柄装到主轴上。

b. 用 MDI 方式启动主轴，一般用 300r/min（可以用“SPINDLE SPEED OVERRDIE”调节），用 Reset 键复位。

c. 在手轮方式下启动主轴正转，在 X 方向手动控制机床的坐标移动，使偏心式寻边器接近工件被测表面，并缓慢与其接触，如图 2-25 所示。

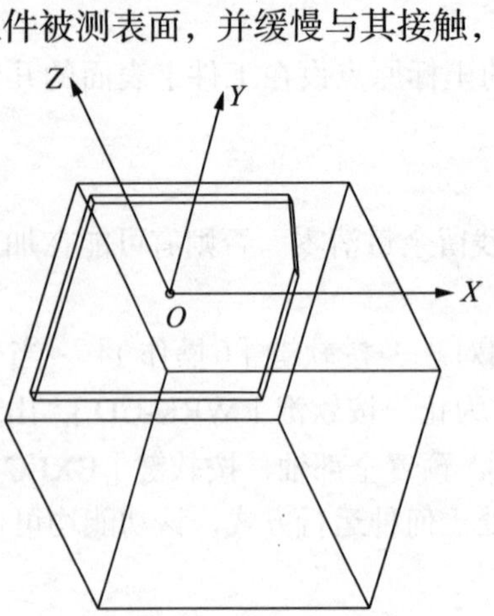

图 2-23　设定工件坐标系

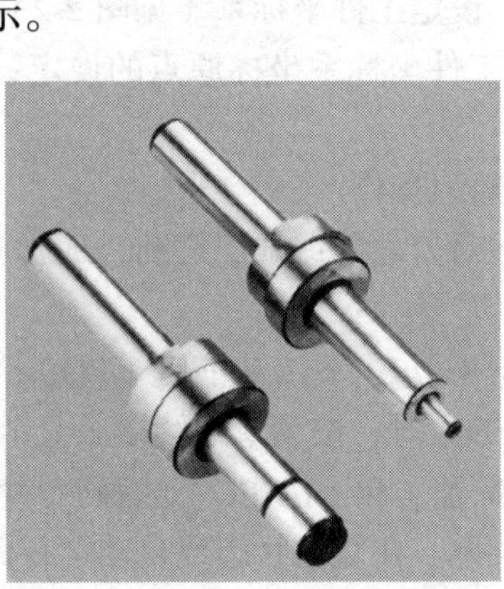

图 2-24　偏心式寻边器

图 2-25　使用寻边器对刀

d. 通过手摇脉冲发生器的倍率控制功能，进一步仔细调整位置，直到偏心式寻边器上下两部分同轴。

e. 保持当前刀具位置不动，输入刀具在工件坐标系中的坐标值，本任务中选工件上表面的对称中心为工件坐标系的原点，寻边器如果从右侧在 X 方向接触工件表面，这时刀心在工件坐标系中的 X 方向的坐标值为工件在 X 方向长度值的一半加上铣刀的半径值，即 X=96/2+16/2=56，按前述显示和设定工件原点偏置量的方法，将光标移动到 G54 的位置，输入 X56，再按下软键 [测量]，系统会自动计算工件坐标系原点在 X 方向偏离机床坐标系原点的值，并输入所选的 G54 存储地址中。

f. Y 轴被测表面与 X 轴的操作相同。

g. 对刀操作的验证：如在 MDI 方式下运行“G54 G01 X0 Y0 Z10 F200；”。

③用 Z 轴设定仪对刀的方法：

a. 将刀具用刀柄装到主轴上，将 Z 轴对刀仪（见图 2-26）附着在已装夹好的工件上表面上。

b. 快速移动刀具和工作台，使刀具端面接近 Z 轴对刀仪上表面。

图 2-26　Z 轴对刀仪

c. 在手轮方式下，使刀具端面缓慢接触 Z 轴对刀仪的上表面，直到 Z 轴对刀仪发光或指针指示到零位，如图 2-27 所示。

d. 保持当前刀具位置不动，输入刀具在工件坐标系中的坐标值，Z50，再按下软键 [测量]，系统会自动计算工件坐标系原点在 Z 方向偏离机床坐标系原点的值，并输入所选的

G54 存储地址中。

e. 对刀操作的验证：如在 MDI 方式下运行“G54 G01 X0 Y0 Z10 F200；”。

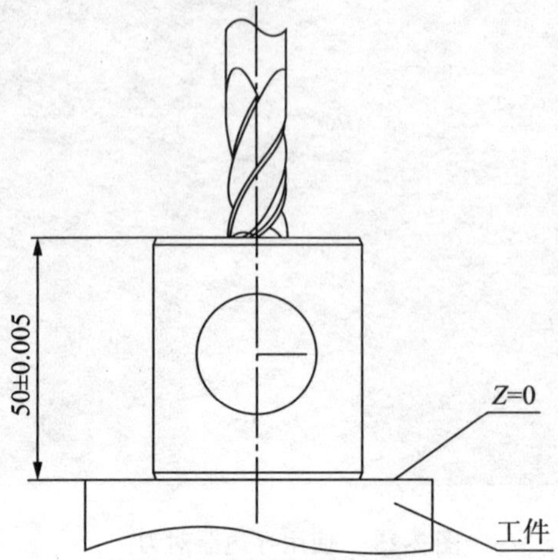

图2-27　用Z轴对刀仪对刀

（8）设定刀具半径补偿值。

如果不设刀具半径补偿，或者是忘记输入半径补偿值，则刀心轨迹为零件的轮廓轨迹。如图 2-28 左图所示。

因为本任务选的是 $\phi16$ 的立铣刀，所以刀具半径补偿按前述方法输入指定值。刀心轨迹如图 2-28 右图所示，能正确地加工出工件轮廓。

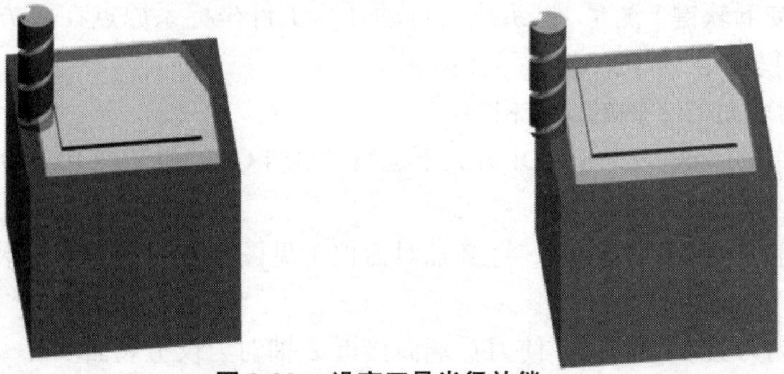

图 2-28　设定刀具半径补偿

（9）设定走刀轨迹。

1）顺铣和逆铣对加工的影响。

在铣削加工中，采用顺铣还是逆铣方式是影响加工表面粗糙度的重要因素之一。逆铣时切削力 F 的水平分力 F_X 的方向与进给运动 V_f 方向相反，顺铣时切削力 F 的水平分力 F_X 的方向与进给运动 V_f 的方向相同。铣削方式的选择应视零件图样的加工要求，工件材料的性质、特点以及机床、刀具等条件综合考虑。通常，由于数控机床传动采用滚珠丝杠结构，其进给传动间隙很小，故顺铣的工艺性优于逆铣。

如图 2-29a 所示为采用顺铣切削方式精铣外轮廓，图 2-29b 所示为采用逆铣切削方式精铣型腔轮廓，图 2-29c 所示为顺、逆铣时的切削区域。

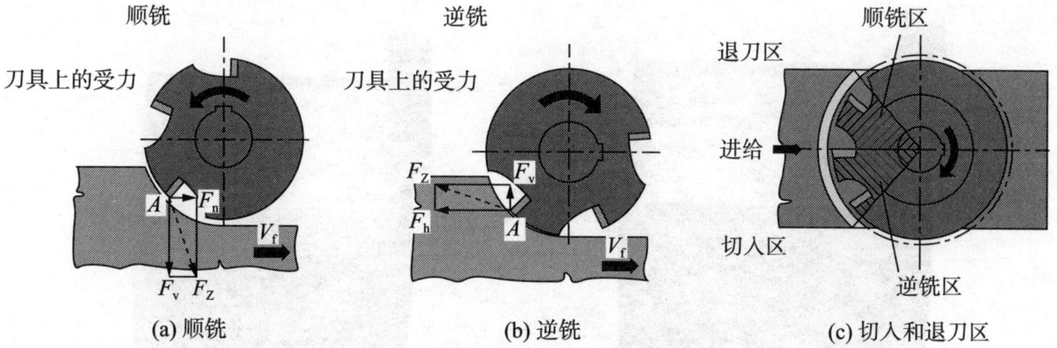

(a) 顺铣　(b) 逆铣　(c) 切入和退刀区

图 2-29　顺铣和逆铣切削方式

同时，为了降低表面粗糙度值，提高刀具耐用度，对于铝镁合金、钛合金和耐热合金等材料，尽量采用顺铣加工。但如果零件毛坯为黑色金属锻件或铸件，表皮硬而且余量一般较大，这时采用逆铣较为合理。

本任务中，工件材料为铝合金，所以采用顺铣的方式加工。

2）设定走刀轨迹。

走刀路线对加工质量及效率影响较大。刀具应避免沿零件轮廓的法向切入，而应沿着外轮廓曲线延长线的切向切入，以免在切入处产生刀具痕迹。切出工件时也要避免在工件的轮廓处直接抬刀，要沿着零件轮廓延伸线的切线逐渐切离工件，如图 2-30 所示。

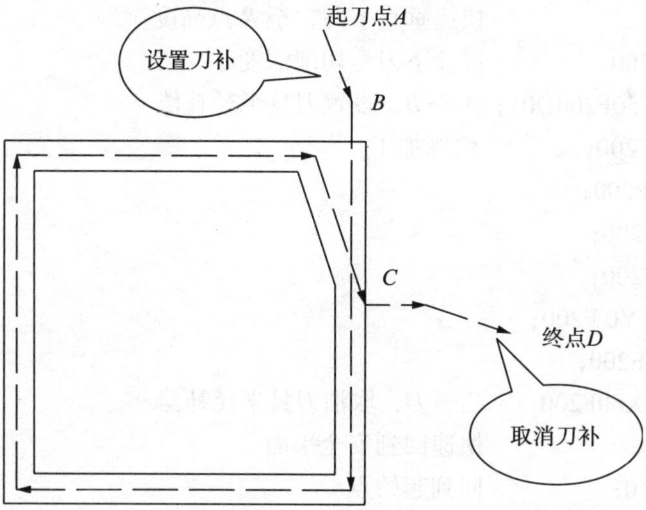

图 2-30　设定走刀轨迹

（10）参考程序。

本例中，粗、精加工使用同一程序，粗加工时刀具半径补偿输入 8.5，粗加工结束之后，测量工件的加工尺寸，根据测量结果确定精加工时的刀具半径补偿值，并重新修改寄存器地址中的半径补偿值。如图 2-31 和图 2-32 所示为粗、精加工的示意图。

图 2-31　粗加工

图 2-32　精加工

工件程序：	解释：
O0001；	主程序号
N05 G90G54G00Z50；	建立工件坐标系，绝对坐标编程，快速移动到初始平面
N10 M03S1500；	主轴正转，转速 1500r/min
N20 G00X40Y60；	快速移动到下刀点
N30 G00Z2；	快速垂直下刀，至 R 点高度
N40 G01Z-2F200；	慢速下刀至切削深度
N50 G41G01Y50F200D01；	$A \rightarrow B$，设置刀具半径补偿
N60 G01Y-40F200；	轮廓加工
N70 G01X-40F200；	
N80 G01Y40F200；	
N90 G01X30F200；	
N100 G01X43 Y0 F200；	
N110 G01X50F200；	
N120 G40G01X60F200；	$C \rightarrow D$，取消刀具半径补偿
N130 G00 Z50；	快速回到安全平面
N140 G00X0Y0；	回到起始点
M05；	主轴停
M30；	程序结束

注：R 点为快速进给转换为工作进给的临界点。

任务 3　平面带圆弧轮廓零件铣削

一、工作任务

1. 对零件进行工艺分析。
2. 确定装夹方法，刀量辅具的选用。
3. 掌握圆弧加工指令及编程方法。
4. 根据所使用机床的具体情况，编写图 2-33 所示零件的加工程序。

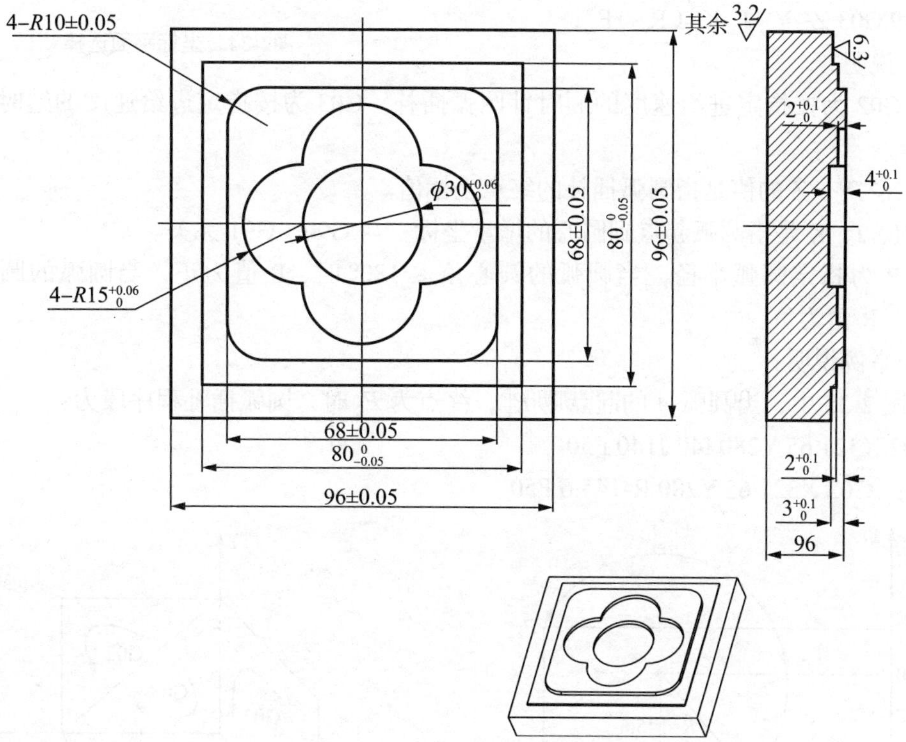

轮廓加工	比例	数量	材料	图号：04
	1∶1	1	铝合金	

图 2-33　平面带圆弧轮廓零件

二、相关知识

1. 相关指令代码

（1）坐标平面选择指令。

坐标平面选择指令是用来选择圆弧插补的平面和刀具补偿平面的，如图 2-34 所示，G17 表示选择 *XY* 平面，G18 表示选择 *ZX* 平面，G19 表示选择 *YZ* 平面。

（2）圆弧插补指令。

1）指令格式：

XY 平面：

G17 G02 X_ Y_ I_ J_（R_）F_；

G17 G03 X_ Y_ I_ J_（R_）F_；

ZX 平面：

G18 G02 X_ Z_ I_ K_（R_）F_；

G18 G03 X_ Z_ I_ K_（R_）F_；

YZ 平面：

G19 G02 Z_ Y_ J_ K_（R_）F_；

G19 G03 Z_ Y_ J_ K_（R_）F_；

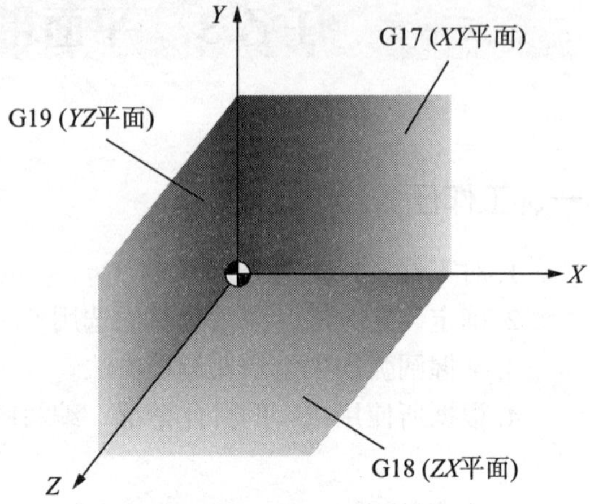

图2-34　坐标平面选择

2）说明：

① G02 为按指定进给速度的顺时针圆弧插补。G03 为按指定进给速度的逆时针圆弧插补。

② X、Y、Z 的值是指圆弧插补的终点坐标值。

③ I、J、K 是指圆弧起点到圆心的增量坐标，与 G90、G91 无关。

④ R 为指定圆弧半径，当圆弧的圆心角≤ 180° 时，R 值为正，当圆弧的圆心角＞180° 时，R 值为负。

3）举例说明：

在图 2-35 中，当圆弧 *A* 的起点为 P_1，终点为 P_2 时，圆弧插补程序段为：

G02 X321.65 Y280 I40 J140 F50

或： G02 X321.65 Y280 R-145.6 F50

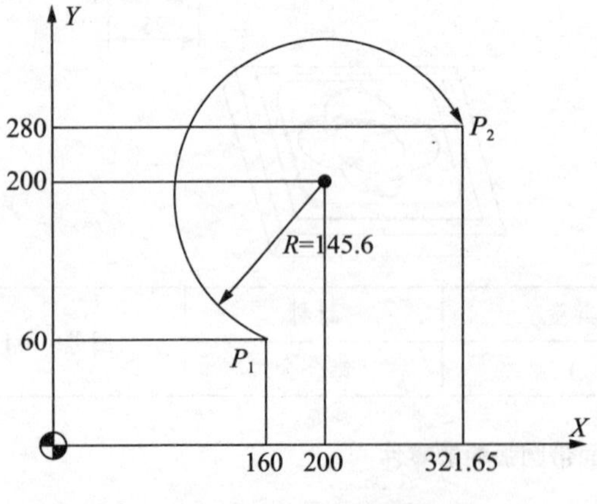

图 2-35　圆弧插补

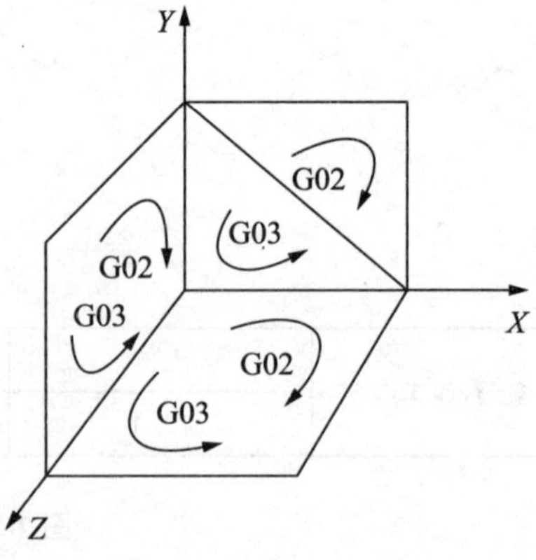

图 2-36　圆弧方向判别

当圆弧 *A* 的起点为 P_2，终点为 P_1 时时，圆弧插补程序段为：

G03 X160 Y60 I-121.65 J-80 F50；

或： G03 X160 Y60 R-145.6 F50；

4）注意事项：

圆弧顺逆方向的判别：沿着不在圆弧平面内的坐标轴，由正方向向负方向看，顺时针方向 G02，逆时针方向 G03，如图 2-36 所示。

2. 相关的机床操作知识

（1）用户宏 / 图形键 

：用于用户宏画面或图形的显示。

（2）

单程序段按钮。

此按钮有两个工作状态：按一下此按钮指示灯亮，表示单段程序运行机能有效，这时按一下［循环启动］按钮，程序只运行一段即停止；再按一下［单程序段］按钮指示灯灭，表示单段运行机能取消，这时按［循环启动］按钮，程序就连续自动运行。

在按下［单程序段］按钮执行一个程序段后的停止期间，通过“方式选择”按钮可以转换到任何其他的操作方式下操作机床。

（3）进给倍率旋钮 。

在手动或自动运行期间用于进给速度的调整。在自动运行中，可通过此旋钮改变程序中设定的进给速度，即程序中由 F 功能代码指定的进给速度可以用此旋钮调整，调整范围为 0%~150%，每挡为 10%。例如：程序中进给速度 F 为 180mm/min，当进给倍率旋钮指在 50% 时，机床实际进给速度是 90mm/min。

（4）快速倍率旋钮 。

在手动或自动运行期间用于快速移动速度的调整。

（5）主轴倍率旋钮 。

在手动或自动运行期间用于主轴转速的调整。

（6）坐标锁住和辅助功能锁住。

坐标锁住功能是指数控系统运行程序时机床不动而屏幕上刀具位置显示依据程序运行而变化。

坐标锁住的方法：按下机床操作面板上的坐标锁住开关键 

，然后按下循环启动开关，刀具不再移动，但在屏幕上仍像刀具在运动一样而显示程序运行状态。

按下辅助功能锁住按钮 

之后，再运行程序时，不执行主轴转、换刀等辅助功能。

三、零件加工工艺方案制定与实施

（1）看懂工件图样，了解图样上各加工部位的尺寸标注、精度要求等。

（2）检测毛坯，确定工件的加工余量。毛坯为 96 × 96 的六面体，六个面均为精加工表面，其中一个面已加工出平面轮廓。

（3）工件的装夹：根据工件的形状特点，采用平口虎钳装夹工件。选毛坯上任意相邻两个面为精基准。

（4）刀具的选择：根据工件轮廓形状，本任务中选取整体高速钢两刃直柄直角立铣刀，直径 $\phi16$，长度 60。

（5）切削用量的选择：

本任务中，被吃刀量选择 1.5～2mm，侧吃刀量精加工留出 0.5mm，其余轮廓余量由粗加工一次切除，进给速度 200mm，具体加工时依靠倍率调整，粗加工时倍率调大一些，精加工时倍率调小一些。主轴转速选为 1500r/min。

（6）设定工件坐标系：

1）工件坐标系坐标原点的设定：

工件坐标系的坐标原点设在工件上表面的几何对称中心点，如图 2-37 所示。

2）对刀操作：

①在对刀之前，要将机床中的残留余量清零。

②用试切法对刀的具体步骤（见图 2-38）：

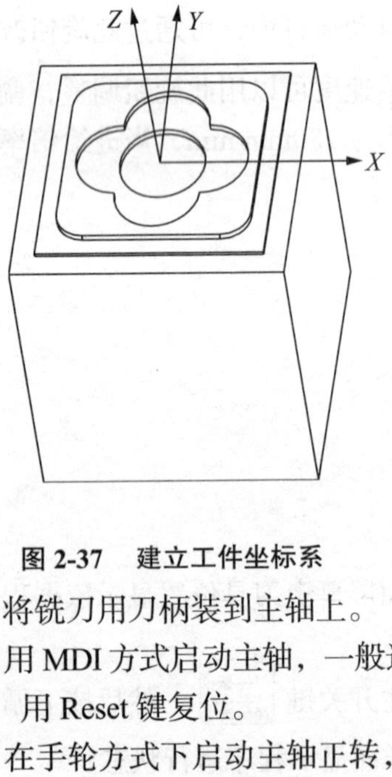

图 2-37　建立工件坐标系

图 2-38　用试切法对刀

a. 将铣刀用刀柄装到主轴上。

b. 用 MDI 方式启动主轴，一般选用 1000r/min（可以用“SPINDLE SPEED OVERRDIE”调节），用 Reset 键复位。

c. 在手轮方式下启动主轴正转，在 X 方向手动控制机床的坐标移动，使铣刀接近工件左侧表面，并缓慢与其接触。

d. 通过手摇脉冲发生器的倍率控制功能，进一步仔细调整位置，直到铣刀刚好接触到工件为止。

e. 保持当前刀具位置不动，输入刀具在工件坐标系中的坐标值，本任务中选工件上表面的对称中心为工件坐标系的原点，铣刀从工件左侧在 X 方向接触工件表面，这时刀心在工件坐标系中的 X 方向的坐标值为工件在 X 方向长度值的一半加上铣刀半径值，且刀具在 X 轴负方向，坐标值为负，即：

$X=-(96/2+16/2)=-56$

按前述显示和设定工件原点偏置量的方法，将光标移动到 G54 的位置，输入 X–56，再按下软键 [测量]，系统会自动计算工件坐标系原点在 X 方向偏离机床坐标系原点的值，并弹到所选的 G54 存储地址中。

f. Y 轴被测表面与 X 轴的操作相同。

g. 对刀操作的验证：如在 MDI 方式下运行“G54 G01 X0 Y0 Z10 F200；”。

③ Z 轴试切法对刀的具体步骤（见图 2-39）：

a. 将铣刀用刀柄装到主轴上。

b. 快速移动刀具和工作台，使刀具端面接近工件上表面。

c. 在手轮方式下，使刀具端面缓慢接近工件上表面，直到刚好接触为止。

d. 保持当前刀具位置不动，输入刀具在工件坐标系中的坐标值，Z0，再按下软键 [测量]，系统会自动计算工件坐标系原点在 Z 方向偏离机床坐标系原点的值，并弹到所选的 G54 存储地址中。

e. 对刀操作的验证：如在 MDI 方式下运行“G54 G01 X0 Y0 Z10 F200；”。

图 2-39 用试切法对刀

（7）设定刀具半径补偿值。

本任务使用的是 ϕ16 的直角立铣刀，粗加工时刀具半径补偿值输入 8.5，精加工时根据粗加工后的测量结果及轮廓的尺寸精度要求输入合理的半径补偿值。

（8）设定走刀轨迹。

1）立铣刀轴向下刀路线。

采用立铣刀铣削平面轮廓工件时，数控铣削一般采用分层铣削，即分层切除加工余量，切削中从工件上一层进入下一层时要求铣刀沿轴向切削。对于中心切削立铣刀可以沿轴线切入工件；刀具端面有中心孔或切口的立铣刀，不具备钻孔功能，此种立铣刀一般一次钻孔深度不大于 0.5mm。

当工件加工的边界开敞时，应从工件坯料的边界外下刀和进刀、退刀。当加工工件内廓形时，立铣刀须沿其轴线方向下刀切入工件实体，此时要考虑刀具如何切入工件（下刀方式），以及切入位置（下刀点）。常用的轴向下刀方法有四种，这里我们采用其中的一种：

按螺旋线的路线切入工件——螺旋下刀（见图 2-40）：立铣刀从工件的上一层沿螺旋线切入到下一层位置，螺旋线半径尽量取大一些，这样切入的效果会更好。

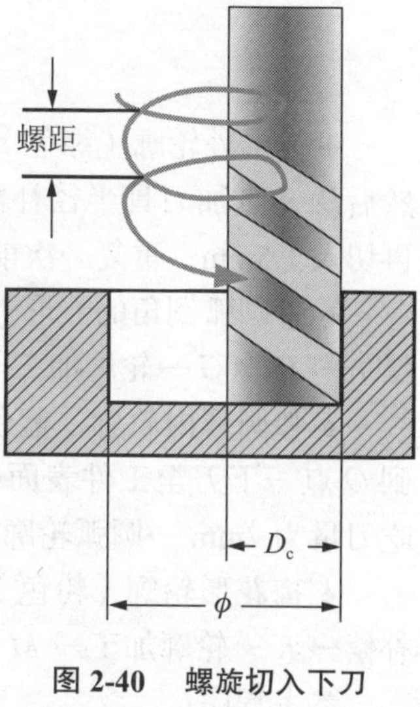

图 2-40 螺旋切入下刀

2）设定走刀轨迹。

① Z 向下刀轨迹的设定。

本任务的零件轮廓既有外轮廓，又有内轮廓。外轮廓选择从工件的边界外下刀，内轮廓包括整圆和梅花两部分，先采用螺旋下刀方式加工整圆，然后再加工梅花轮廓。

②走刀轨迹的设定。

如图 2-41 所示，根据轮廓特点，分四条走刀路线，每条走刀路线都采用顺铣的方式：

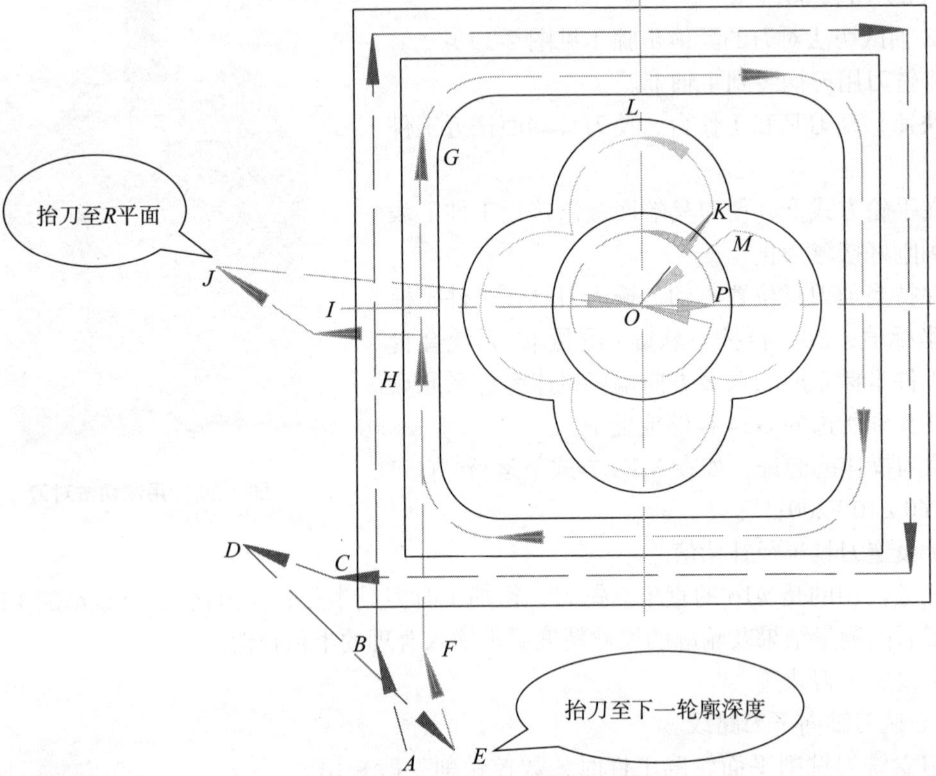

图 2-41　设定刀具轨迹

◆ 方形外轮廓（绿色）：刀具先移动到 A 点，从工件外 Z 向下刀，被吃刀量为 1.5mm，然后从 A 点加刀具半径补偿→ B →轮廓加工→ C（取消刀具半径补偿）→ D → A → Z 向再切入 1.5mm，重复一次前面的刀路→ D。

◆ 带圆弧倒角的方形外轮廓（红色）：D →（抬刀至下一轮廓深度）E（加刀具半径补偿）→ F → G →轮廓加工→ H → I（取消刀具半径补偿）→ J。

◆ 整圆形内轮廓（蓝色）：刀具在 J 点完成外轮廓加工后，抬刀到 R 平面，快速移动到 O 点→下刀至工件表面→加刀具半径补偿→ P →两次螺旋插补轮廓加工，每次 Z 向被吃刀量为 2mm →圆弧轮廓加工→ P（取消刀具半径补偿）→ O。

◆ 梅花形轮廓（粉色）：刀具在 O 点抬刀至 Z–2.（梅花形轮廓深度）→加入刀具半径补偿→ K →轮廓加工→ M（取消刀具半径补偿）→ O →抬刀至 R 平面。

参考程序：　　　　　　　　　　解释：

粗加工程序

O0002；	主程序号
N05 G40G49G15G69G90；	
N10 G90G54G00Z50；	建立工件坐标系，绝对坐标编程，快速到初始平面
N15 M03S1500；	主轴正转，转速 1500r/min
N20 G00X-40Y-75；	快速到下刀点
N25 G00Z2；	快速垂直下刀，至 *R* 点高度
N30 G01Z-1.5 F200；	慢速下刀至第一层切削深度
N35 G41G01Y-57F200D01；	设置刀具半径左补偿
N40 G01Y40F200；	轮廓加工
N45 G01X40F200；	
N50 G01Y-40F200；	
N55 G01 X-57F200；	
N60 G40 G01X-75.F200；	取消刀具补偿
N75 G01X-40Y-75F200；	刀具回到起刀点
N80 G01Z-3 F200；	慢速下刀至第二层切削深度
N85 G41G01Y-57D01F200D01；	设置刀具半径左补偿
N90 G01Y40F200；	轮廓加工
N95 G01X40F200；	
N100 G01Y-40F200；	
N105 G01X-57F200；	
N110 G40G01X-75.F200；	取消刀具补偿
N115 G01X-34Y-75F200；	回到起刀点
N120 G01Z-2F200；	抬刀至下一轮廓深度
N125 G41G01Y-57D02F200；	设置刀具半径左补偿
N130 G01Y24F200；	轮廓加工
N135 G91G02X10Y10R10F200；	
N140 G90G01X24F200；	
N145 G91G02X10Y-10R10F200；	
N150 G90G01Y-24F200；	
N155 G91G02X-10Y-10R10F200；	
N160 G90G01X-24F200；	
N165 G91G02X-10Y10R10F200；	
N170 G90G01Y0F200；	
N175 G01X-57F200；	
N180 G40G01X-75F200；	取消刀具半径补偿
N195 G01Z2F200；	抬刀至 *R* 平面
N200 G00X0Y0；	回到工件坐标原点
N205 G01Z0F200；	慢速下刀至工件表面

N210 G41G01X15D03F200;　　设置刀具半径左补偿
N215 G03X15Y0Z-2I-15J0F100;　　螺旋线插补加工整圆轮廓
N220 G03X15Y0Z-4I-15J0F100;
N225 G03X15Y0I-15J0F200;　　圆弧插补加工整圆轮廓
N230 G40G01X0Y0F200;　　取消刀具半径补偿
N235 G01Z-1.9F200;　　抬刀至梅花轮廓深度
N240 G41G01X15Y15F200D04;　　设置刀具半径左补偿
N245 G03X-15R15F200;　　轮廓加工
N250 G03Y-15R15F200;
N255 G03X15R15F200;
N260 G03Y15R15F200;
N265 G40G01X0Y0;　　取消刀具半径补偿
N270 G01Z2F200;　　抬刀至 *R* 平面
N275 G00Z50;　　抬刀至安全平面
N280 M05;　　机床主轴停
N285 M30;　　程序结束

精加工程序（略）:

平面走刀轨迹同前，只是加工时不分层加工，所有 *Z* 向被吃刀量直接按轮廓深度加工。

（9）图形模拟进行程序的检查。

对于已输入到存储器中的程序必须进行检查，并对检查中发现的程序指令、坐标值等错误进行修改，待加工程序完全正确才能进行实际加工。

步骤：

选择自动方式→按［空运行］键→按下［坐标锁定］键→按下［100%］快移倍率键→按［图形模拟］键→按［图形］软键，选择不同角度显示图形轨迹→按［循环启动］键，按键灯亮。在图形模拟显示页面显示刀具轨迹。查看刀具轨迹是否符合程序要求。如有问题要重新回到编辑状态，修改程序。

（10）刀具半径补偿的注意事项。

半径补偿程序刀具的动作过程由起刀、在偏置方式中、偏置取消组成。

1）起刀。在半径偏置取消方式下指定刀具半径补偿指令（G41\G42），用这个指令移动刀具，使 CNC 进入半径补偿偏置，称为起刀。起刀时应采用定位 G00 或直线插补 G01 指令，如果指令圆弧插补 G02/G03 则出现 P/S 报警 034 号。处理起刀程序段和以后的程序段时 CNC 预读两个程序段。

2）在偏置方式中。起刀后称刀具在偏置方式中，此时定位 G00、直线插补 G01 或圆弧插补 G02/G03 都可实现半径补偿，如果在偏置方式中处理两个或更多刀具不移动的程序段（辅助功能、暂停等），刀具将产生过切或欠切。如果在偏置方式中切换偏置平面，则出现 P/S 报警 037 号，并且刀具停止移动。

3）偏置取消。在执行取消偏置命令（G40 或 D00）的程序段中，CNC 取消偏置的动作称为偏置取消。

任务 4　平面对称轮廓零件铣削

一、工作任务

1. 对零件进行工艺分析。
2. 确定装夹方法，刀量辅具的选用。
3. 掌握指令及编程方法。
4. 根据所使用机床的具体情况，编写图 2-42 所示零件的加工程序。

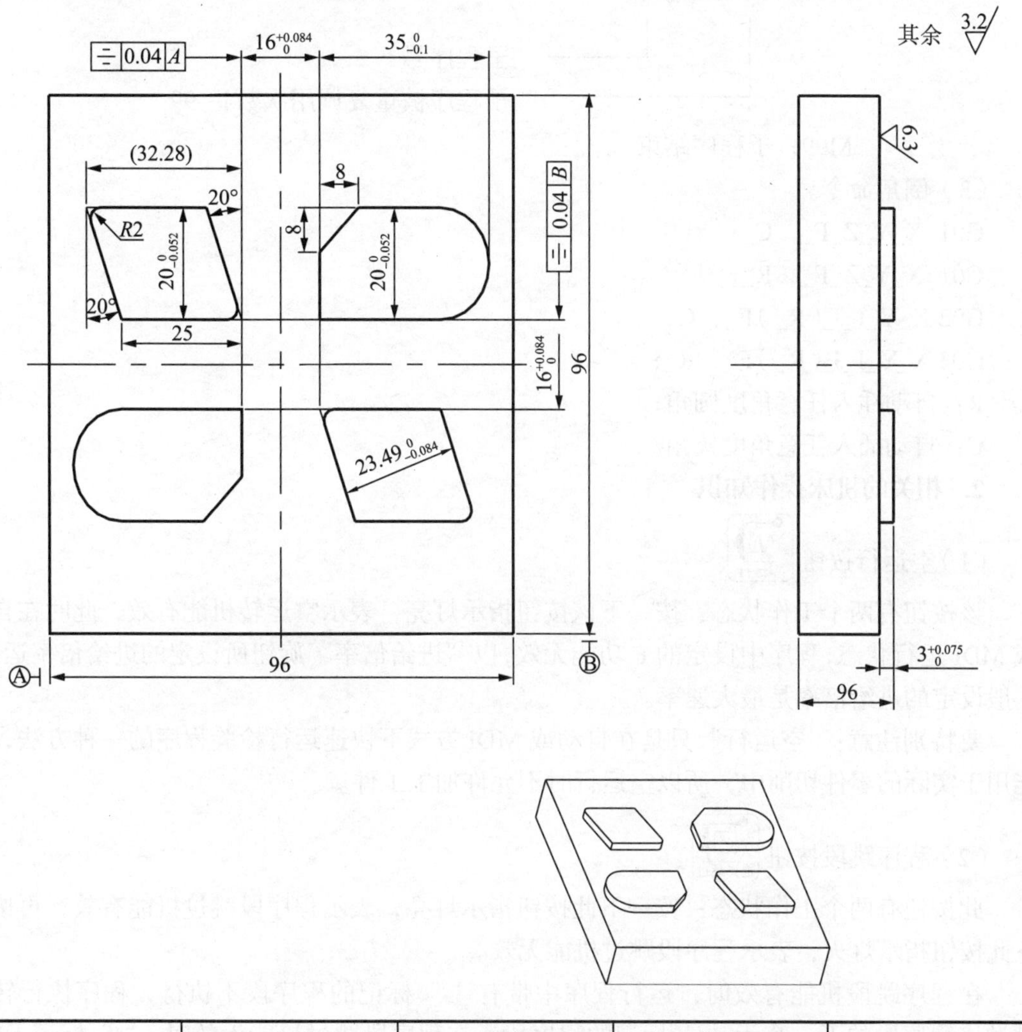

轮廓加工	比例	数量	材料	图号：03
	1∶1	1	铝合金	

图 2-42　平面对称轮廓

二、相关知识

1. 相关指令代码

（1）可编程镜像指令。

指令格式：G51.1 X_Y_Z_；

其中：X_Y_Z_设定各轴镜像的坐标值中心；

G50.1 X_Y_Z_；取消各轴镜像。

（2）子程序：

当零件某一加工内容重复出现时，可以将加工的内容编制出来作为子程序，而在编程时通过主程序调用，使程序简化。

调用格式：

M98 Pxxx xxxx；

子程序号

子程序被重复调用次数1~99

M99；子程序结束

（3）倒角命令。

G01 X_Y_Z_F_，C_；

G01 X_Y_Z_F_，R_；

G02 X_Y_I_J_（R_）F_，C；

G03 X_Y_I_J_（R_）F_，R_；

R：自动插入任意角度圆角；

C：自动插入任意角度棱角。

2. 相关的机床操作知识

（1）空运行按钮 

。

该按钮有两个工作状态：按一下该按钮指示灯亮，表示空运转机能有效，此时在自动或 MDI 运行状态，程序中设定的 F 功能无效，以“进给倍率”旋钮所设定的进给倍率运行，一般设定的进给倍率是最大速率。

要特别注意：“空运行”只是在自动或 MDI 方式下快速运行检验程序的一种方法，不能用于实际的零件切削中，所以空运行时不允许加工工件。

（2）程序跳段按钮 

。

此按钮有两个工作状态：按一下此按钮指示灯亮，表示程序段跳过机能有效；再按一下此按钮指示灯灭，表示程序段跳过机能无效。

在程序跳段机能有效时，运行程序中带有“/”标记的程序段不执行，程序执行转到跳过该程序段的下一个无“/”标记的程序段。在程序段跳过机能无效时，“/”标记无效，因而，程序中的所有程序段均被依次执行。

三、零件加工工艺方案制定与实施

（1）看懂工件图样，了解图样上各加工部位的尺寸标注、精度要求等。

（2）检测毛坯，确定工件的加工余量。毛坯为 96×96 的六面体，六个面均为精加工表面，其中两个面已加工出平面轮廓。

（3）工件的装夹：

根据工件的形状特点，采用平口虎钳装夹工件。选毛坯上任意相邻两个面为精基准。

（4）刀具的选择：

根据工件轮廓形状，本任务中选取整体高速钢两刃直柄直角立铣刀，直径 $\phi16$，长度 60mm。选择刀具之后，按前述方法将刀具安装在加工中心主轴上。

（5）铣削切削用量的选择：

选择铣削用量的原则是：首先选择尽可能大的被吃刀量 a_p（端铣）或侧吃刀量 a_e（圆周铣），其次确定进给速度，最后根据刀具耐用度确定切削深度。

1）铣削加工分为粗铣、半精铣和精铣。粗铣时，在机床动力足够（经机床动力校核确定）和工艺系统刚度允许的条件下，应选取尽可能大的吃刀量。一般情况下，在留出精铣和半精铣的余量 0.5~2mm 后，其余的余量可作为粗铣的吃刀量，尽量一次切除。半精铣吃刀量可选为 0.5~2mm；精铣吃刀量可选为 0.2~0.5mm。

①在工件表面粗糙度要求为 Ra12.5~25μm 时，如果圆周铣的加工余量小于 5mm，端铣的加工余量小于 6mm，粗铣一次就可以达到要求。但在余量较大、工艺系统刚性较差或机床动力不足时，可分两次进给完成。

②在工件表面粗糙度要求为 Ra3.2~12.5μm 时，可分粗铣和半精铣两步。粗铣时被吃刀量或侧吃刀量选取同前。粗铣后留 0.5~1.0mm 余量，在半精铣时一次切除。

③在工件表面粗糙度要求为 Ra0.8~3.2μm 时，可分粗铣和半精铣和精铣三步进行。半精铣时被吃刀量或侧吃刀量选取 1.5~2mm；精铣时圆周铣侧吃刀量取 0.3~0.5mm，面铣刀被吃刀量取 0.5~1mm。半精铣、精铣所确定的吃刀量即是上工序所留加工余量。

2）进给速度 V_f 的选择。

进给速度 V_f（mm/min）与每齿进给量 f_z 有关。即

$$V_f = nzf_z$$

式中：n——铣刀主轴转速（r/min）；

z——系刀齿数。

粗加工时，每齿进给量 f_z 的选取主要决定于工件材料的力学性能、刀具材料和铣刀类型。工件材料强度和硬度越高，选取的 f_z 越小，反之越大；硬质合金铣刀的每齿进给量 f_z 应大于同类高速钢铣刀；而对于面铣刀、圆柱铣刀、立铣刀，由于它们刀齿强度不同，其每齿进给量 f_z 按面铣刀→圆柱铣刀→立铣刀排列次序依次递减。

精加工时，每齿进给量的选取要考虑工件表面粗糙度的要求，表面粗糙度值越低，每齿进给量越小。

3）切削速度 V_c 的选择。

切削速度与刀具耐用度、吃刀量、每齿进给量、刀具齿数成反比，与铣刀直径成正比，此外还与工件材料、刀具材料、铣刀材料、加工条件等因素有关。

本任务中，被吃刀量选择 2mm，侧吃刀量精加工留出 0.5mm，其余轮廓余量由粗加工一次切除，进给速度 200mm，具体加工时依靠倍率调整，粗加工时倍率调大一些，精加工时倍率调小一些。主轴转速选为 1500r/min。

（6）设定工件坐标系。

1）工件坐标系坐标原点的设定：

工件坐标系的坐标原点设在工件上表面的几何对称中心点，如图 2-43 所示。

2）对刀操作：

①在对刀之前，要将机床中的残留余量清零。

②用试切法对刀的具体步骤（见图 2-44）：

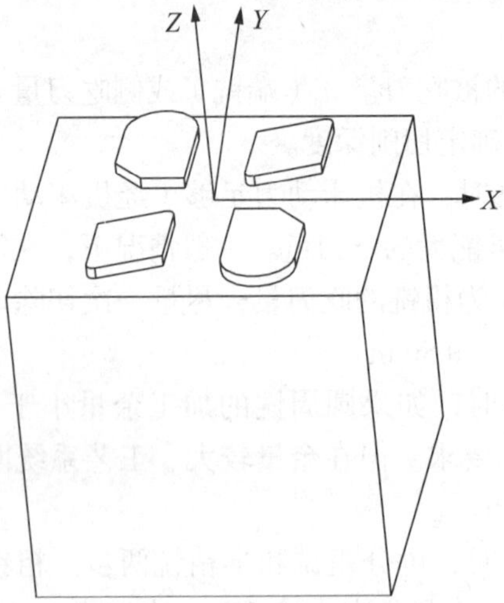

图 2-43　建立工件坐标系

图 2-44　对刀操作

a. 将铣刀用刀柄装到主轴上。

b. 用 MDI 方式启动主轴，一般使用 1000r/min（可以用“SPINDLE SPEED OVERRDIE”调节），用 Reset 键复位。

c. 在手轮方式下启动主轴正转，在 *X* 方向手动控制机床移动，使铣刀接近工件左侧表面，并缓慢与其接触。

d. 通过手摇脉冲发生器的倍率控制功能，进一步仔细调整位置，直到铣刀刚好接触到工件为止。

e. 保持当前刀具位置不动，按前述方法将 *X* 轴的相对坐标值清零，将刀具沿 *X* 轴负方向移出工件，*Z* 向抬刀，移动刀具至 *X* 轴右侧，*Z* 向下刀，按前述方法使刀具与工件右侧面刚好接触，记下此时 *X* 轴的相对坐标值为 *A*，计算 $B=A/2$，按前述显示和设定工件原点偏置量的方法，将光标移动到 G54 的位置，输入 XB，再按下软键 [测量]，系统会自动计算工件坐标系原点在 *X* 方向偏离机床坐标系原点的值，并弹到所选的 G54 存储地址中。

f. *Y* 轴被测表面与 *X* 轴的操作相同。

g. 对刀操作的验证：如在 MDI 方式下运行“G54 G01 X0 Y0 Z10 F200；”。

③ *Z* 轴试切法对刀的具体步骤同前。

（7）设定刀具半径补偿值。

本任务使用的是 $\phi16$ 的直角立铣刀，粗加工时刀具半径补偿值输入 8.5，精加工时根据粗加工后的测量结果及轮廓的尺寸精度要求输入合理的半径补偿值。

（8）设定走刀轨迹。

1）去余量：（主程序）

如图 2-45 所示，起始点→*A*（下刀至切削深度）→*B*（抬刀至 *R* 平面）→*C*（快速移动）→*D*（下刀至切削深度）→*E*→*F*（快速移动）→*G*（加入刀具补偿）→*H*→*I*（快速移动）→*K*（取消刀补）→*P*（抬刀至 *R* 平面）→*Q*（快速移动）→*O*（下刀至切削深度）→*R*。

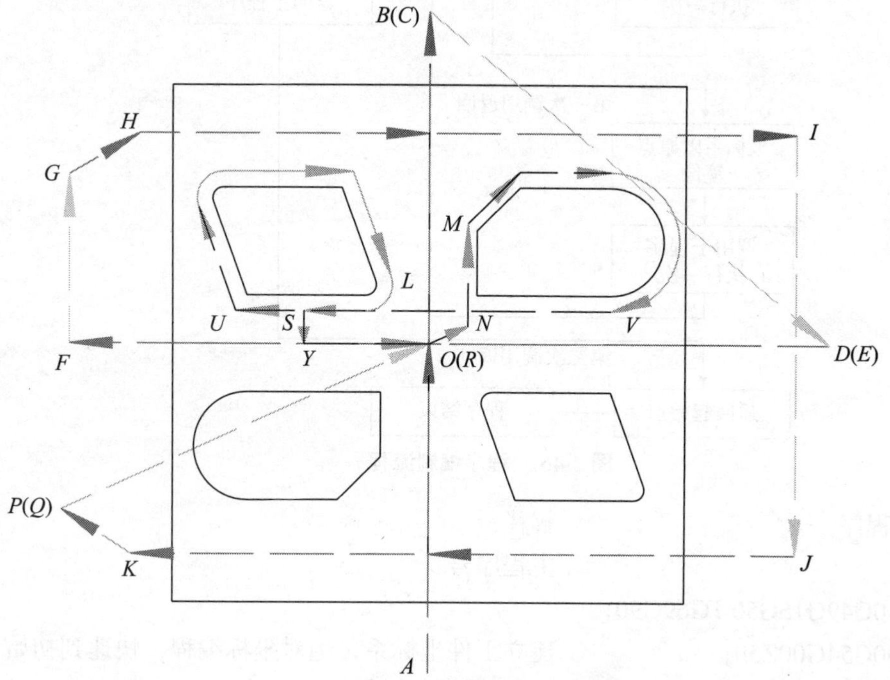

图 2-45　设定刀具轨迹

2）轮廓铣削：（子程序）

起始点 *R*→（加入刀具补偿）*N*→*M*→*V*→*U*→*L*→*S*→*T*（取消刀补）→*R*。

3）镜像之后，以原点为对称中心重复前面的轨迹。

（9）参考程序（程序编制流程见图 2-46）：

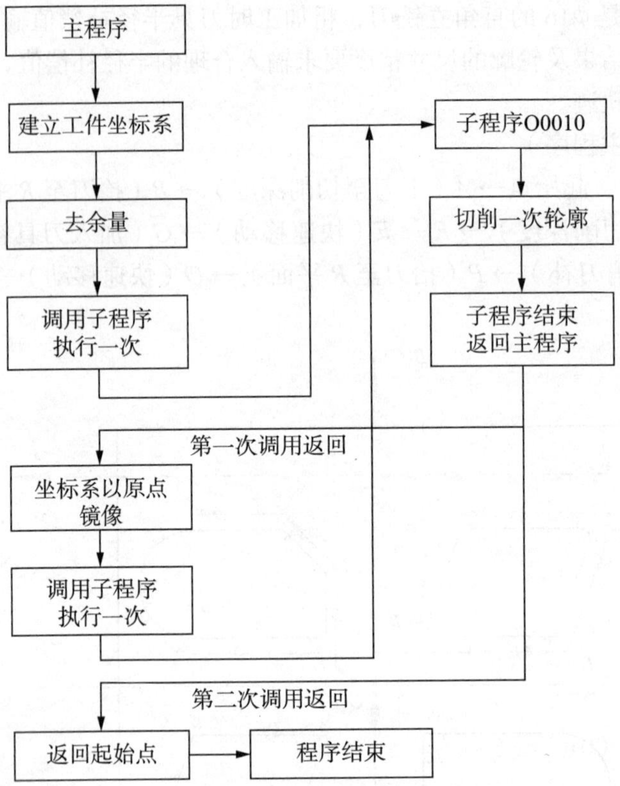

图 2-46　程序编制流程

粗加工程序：	解释：
O0003；	主程序号
N05 G40G49G15G50.1G69G90；	
N10 G90G54G00Z50；	建立工件坐标系，绝对坐标编程，快速到初始平面
N15 M03S1500；	主轴正转，转速 1500r/min
N20 G00X0Y-66；	
N25 G00Z2；	
N30 G01Z-2F200；	
N35 G01Y66F200；	
N40 G01Z2F200；	
N45 G00X66Y0；	
N50 G01Z-2F200；	
N55 G01X-75F200；	
N60 G00Y40 ；	
N65 G41G01X-65Y34D01F200；	
N70 G01X65F200；	
N75 G00Y-34；	
N80 G01X-65F200；	
N85 G40G01X-75F200；	

```
N90 G01Z2F200;
N95 G00X0Y0;
N100 G01Z-2F50;
N105 M98 P0010;              调用子程序
N110 G51.1X0Y0;              以原点镜像
N115 M98 P0010;              镜像的内容为子程序 O0010
N120 G50.1X0Y0;              取消镜像
N125 G01Z2F200;
N130 G00Z50;
N135 M05;
N140 M30;                    主程序结束
O0010;                       子程序号
N5 G41G01X9Y5D02F200;
N10 G01Y21F200;
N15 G01X17Y29F200;
N20 G01X34F200;
N25 G02Y9R10F200;
N30 G01X-34F200;
N35 G01X-41.28Y29，R2F200;
N40 G01X-16.28F200;
N45 G01X9Y9，R2F200;
N50 G01X-18F200;
N55 G01Y0F200;
N60 G40X0;
M99;                         子程序结束
```

（10）图形模拟进行程序的检查。

步骤同前。

（11）首件试切。

图形模拟后，正式加工前，应进行首件试切，只有试切合格，才能说明程序正确，对刀无误。首件试切前，需要清残、对刀，将刀具移动到不会发生碰撞的位置。

一般用单程序段运行方式进行试切：将

按钮按下，同时将进给倍率调低，然后按下循环启动键，系统执行单程序段运行工作方式。加工时每加工一个程序段，机床停止进给后，都要检查下一段要执行的程序，确认无误后再按循环启动键，执行下一个程序段。要时刻注意刀具的加工状况，观察刀具、工件有无松动，是否有异常的噪声、振动、发热等，观察是否发生碰撞。加工时一只手要放在“进给保持”或“急停”按钮附近，一旦出现紧急情况，随时按下按钮。

整个工件加工完毕后，检查工件尺寸，如有错误或超差，应分析检查编程，补偿值设定、对刀等工作环节，有针对性地调整。例如加工完毕后，测量时发现轮廓尺寸超差0.1mm，则有可能是对刀、设置刀补或设定工件坐标系的偏差，此时可将刀补值减少0.1mm，而不需要重新对刀。通常在重新调整后，再加工一遍即可合格。首件试切完毕后，即可进行正式加工。

任务5　平面旋转轮廓零件铣削

一、工作任务

1. 对零件进行工艺分析。
2. 确定装夹方法，刀量辅具的选用。
3. 掌握指令及编程方法。
4. 根据所使用机床的具体情况，编写图2-47所示零件的加工程序。

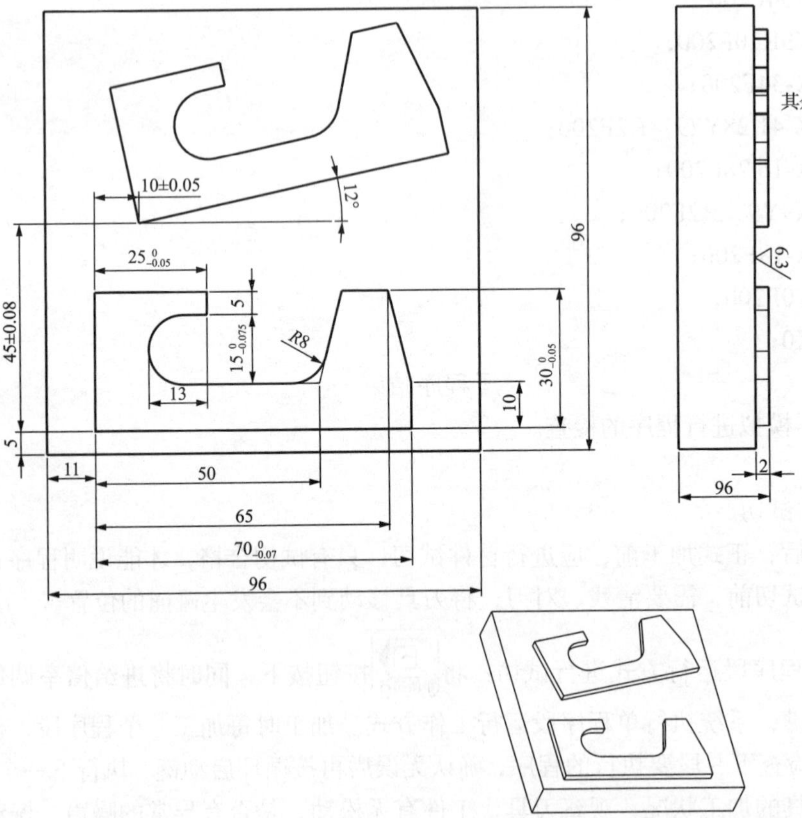

轮廓加工	比例	数量	材料	图号：05
	1:1	1	铝合金	

图2-47　平面旋转轮廓零件

二、相关知识

1. 坐标系旋转功能指令

（1）指令格式：

G68 X_Y_R;

（2）说明：

上式中 X、Y 为旋转中心的坐标值，R 为旋转角度（单位：°），指定范围为 ±360°，“+”表示逆时针方向，“-”表示顺时针方向。可为绝对值，也可为增量值。

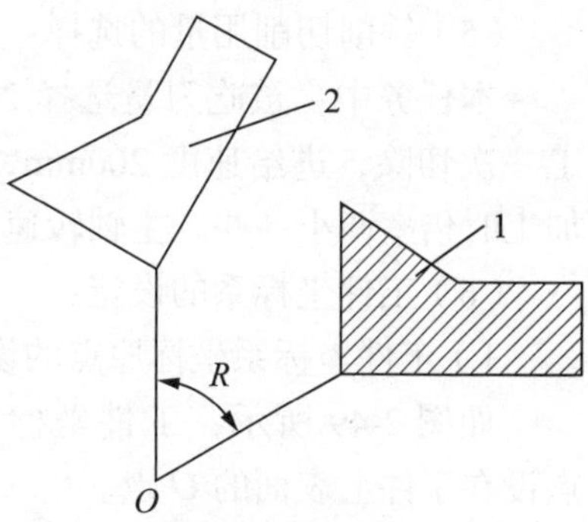

图2-48　图形旋转

使用坐标系旋转功能可以旋转一个编程图形，相当于实际位置相对于编程位置旋转了某一角度。当一个图形由若干个相同形状的图形组成，且分布在由一个图形旋转便可得到的位置上时，只要编这个形状的程序并进行旋转，就可以得到这个图形。这就是坐标系旋转功能。如图 2-48 所示 1 为程序指令的图形，2 为旋转后的图形，*O* 为旋转中心。

取消坐标系旋转用 G69 指令。

2. 局部坐标系

当在工件坐标系中编制程序时，为了方便编程，可以设定工件坐标系的子坐标系，子坐标系称为局部坐标系。

指令格式：

G52 X_Y_Z_;

X_Y_Z_表示局部坐标系的原点位置。

当设了局部坐标系时，以绝对值方式（G90）指令的移动值是局部坐标系的坐标值。

在工件坐标系中用 G52 指定局部坐标系的新的零点，可以改变局部坐标系。

G52 X0Y0Z0；表示取消局部坐标系。

注意事项：

（1）当一个轴用手动返回参考点功能返回参考点时，该轴的局部坐标系零点与工件坐标系零点一致。

（2）局部坐标系设定不改变工件坐标系和机床坐标系。

三、零件加工工艺方案制定与实施

（1）看懂工件图样，了解图样上各加工部位的尺寸标注、精度要求等。

（2）检测毛坯，确定工件的加工余量。毛坯为 96×96 的六面体，六个面均为精加工表面，其中三个面已加工出平面轮廓。

（3）工件的装夹：

根据工件的形状特点，采用平口虎钳装夹工件，选毛坯上任意相邻两个面为精基准。

（4）刀具的选择：

根据工件轮廓形状，本任务中选取整体高速钢两刃直柄直角立铣刀，直径 $\phi 12$，长度 60mm。选择刀具之后，按前述方法将刀具安装在加工中心主轴上。

（5）铣削切削用量的选择：

本任务中，被吃刀量选择2mm，侧吃刀量精加工留出0.5mm，其余轮廓余量由粗加工一次切除，进给速度200mm，具体加工时依靠倍率调整，粗加工时倍率调大一些，精加工时倍率调小一些。主轴转速选为1500r/min。

（6）工件坐标系的设定：

1）工件坐标系坐标原点的设定：

如图2-49所示，工件坐标系的坐标原点设在工件上表面的O点。

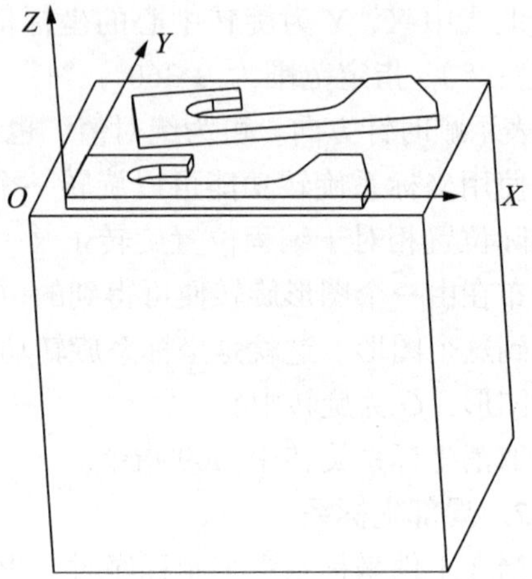

图2-49　建立工件坐标系

2）对刀操作：

①在对刀之前，要将机床中的残留余量清零。

②用刚性靠棒对刀：刚性靠棒是具有准确外径的圆棒，对刀操作中采用塞尺确定刚性靠棒的位置。

步骤如下（见图2-50）：

a. 将刚性靠棒用刀柄装到主轴上。

b. 用MDI方式启动主轴，一般选用1000r/min（可以用“SPINDLE SPEED OVERRDIE”调节），用Reset键复位。

c. 在手轮方式下启动主轴正转，在X方向手动控制机床的坐标移动，使靠棒接近工件右侧，此时基准靠棒端面高度保持在工件上表面以下5～10mm。

d. 靠棒移动到大致位置后，在靠棒和零件之间插入塞尺。用手轮进给慢速在X轴上精确移动零件，使靠棒靠近工件，同时凭手感确认塞尺刚好同时与工件和靠棒接触。

e. 保持当前刀具位置不动，输入刀具在工件坐标系中的坐标值，本任务中选工件上表面的对称中心为工件坐标系的原点，靠棒从工件右侧在X方向接近工件表面，这时刀心在工件坐标系中的X方向的坐标值为

$$A=X_1+X_2+X_3$$

式中：X_1——工件在X方向长度值的一半；

X_2——塞尺的厚度；

X_3——靠棒的半径值。

且刀具在X轴正方向，坐标值为正值，按前述显示和设定工件原点偏置量的方法，

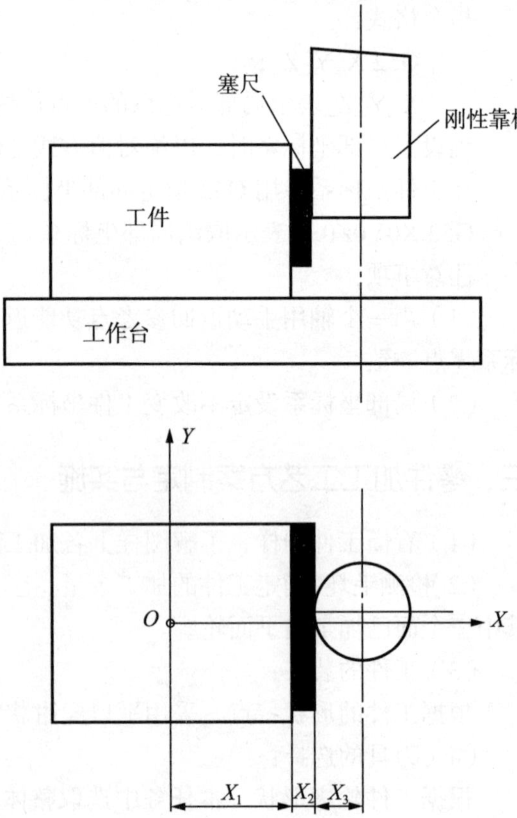

图2-50　用塞尺对刀

将光标移动到 G54 的位置，输入 XA，再按下软键 [测量]，系统会自动计算工件坐标系原点在 *X* 方向偏离机床坐标系原点的值，并弹到所选的 G54 存储地址中。

f. *Y* 轴被测表面与 *X* 轴的操作相同。

g. 对刀操作的验证：如在 MDI 方式下运行“G54 G01 X0 Y0 Z10 F200；”。

3）*Z* 轴用塞尺检查法对刀的具体步骤（见图 2-51）：

a. 将铣刀用刀柄装到主轴上。

b. 快速移动刀具和工作台，使刀具端面接近工件上表面。

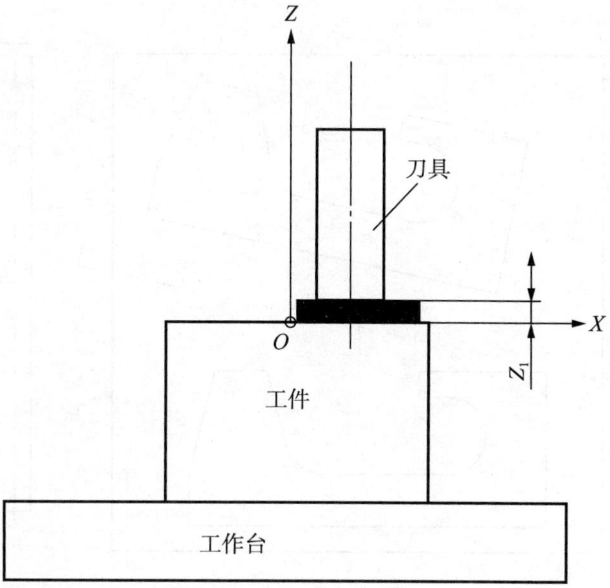

图2-51　用塞尺对刀

c. 刀具移动到大致位置后，在工件和刀具之间插入塞尺，在手轮方式下，使刀具端面缓慢接近工件上表面，同时凭手感确认塞尺刚好同时与工件和刀具接触。采用塞尺的目的是避免工件和靠棒相碰，影响对刀的准确性。

d. 保持当前刀具位置不动，输入刀具在工件坐标系中的坐标值 ZZ1（Z1 为塞尺厚度），再按下软键 [测量]，系统会自动计算工件坐标系原点在 *Z* 方向偏离机床坐标系原点的值，并弹到所选的 G54 存储地址中。

e. 对刀操作的验证：如在 MDI 方式下运行“G54 G01 X0 Y0 Z10 F200；”。

（7）设定刀具半径补偿值。

本任务使用的是 ϕ12 的直角立铣刀，粗加工时刀具半径补偿值输入 6.5，精加工时根据粗加工后的测量结果及轮廓的尺寸精度要求输入合理的半径补偿值。

（8）设定走刀轨迹。

本任务图形较为复杂，如何去除余量是个难题。

1）利用图形软件作轮廓的等距线，分析余量，如图 2-52 所示。

2）利用图形软件获得去余量走刀轨迹，且可获得轨迹各基点的坐标值，如图 2-53 所示。

3）轮廓加工轨迹：

原点 *O*→（快速移动）*A*→（*Z* 向下刀之切削深度）*B*→（加入刀具半径补偿）*C*→*D*→（轮廓加工）→*E*→取消刀具半径补偿→*F*，如图 2-54 所示。

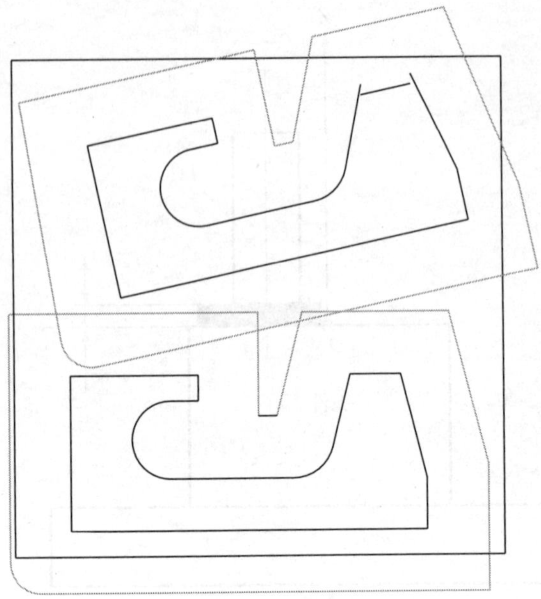

图 2-52　利用图形软件作等距线

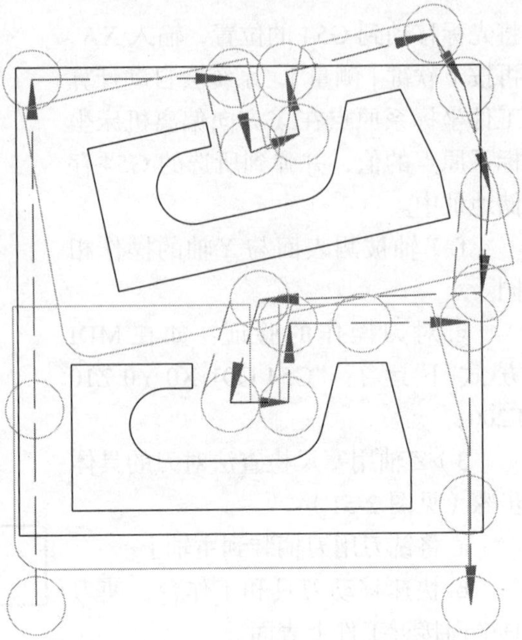

图 2-53　利用图形软件作去余量走刀轨迹

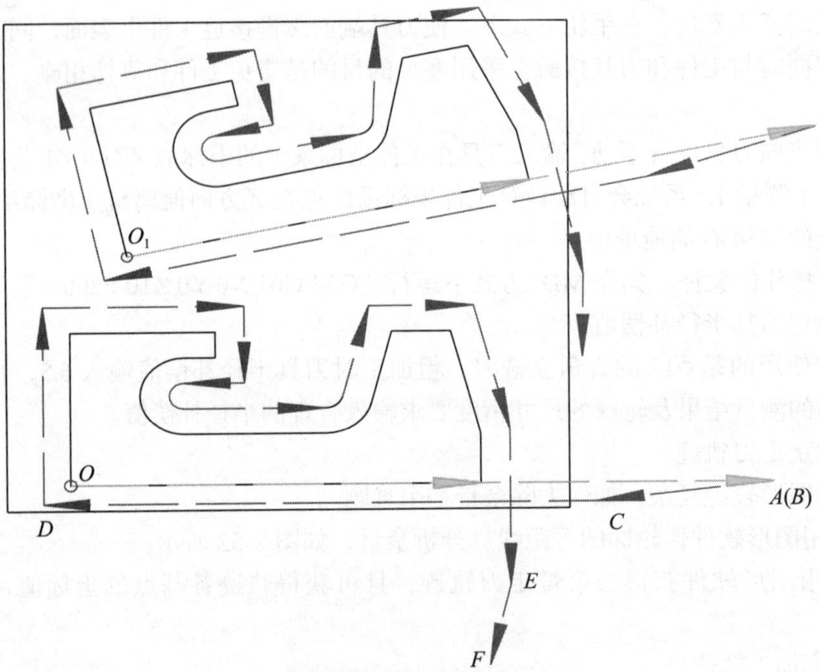

图 2-54　设定刀具轨迹

（9）参考程序：绝对值编程（编程流程如图 2-55 所示）。

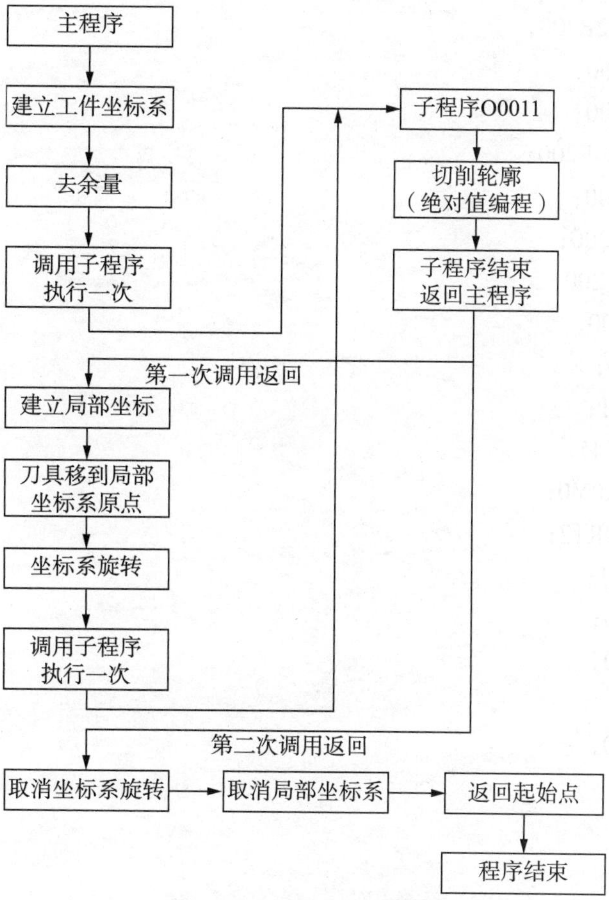

图 2-55　程序编制流程图

粗加工程序：	解释：
O0004;	主程序号
N05 G40G49G15G50.1G69G90;	
N10 G90G54G00Z50;	建立工件坐标系，绝对坐标编程，快速到初始平面
N15 M03S1500;	主轴正转，转速 1500r/min
N20 G00X-8Y-20;	
N25 G01Z-2F100;	
N30 G01Y90F200;	
N35 G01X34F200;	
N40 G01X38Y74F200;	
N45 G01X48Y77F200;	
N50 G01X45Y91F200;	
N55 G01X73Y97F200;	
N60 G01X75Y98F200;	
N65 G01X82Y86F200;	
N70 G01X88Y66F200;	

```
N75 G01X81Y42F200;
N80 G01X39F200;
N85 G01Y20F200;
N90 G01X45Y23F200;
N95 G01Y38F200;
N100 G01X83F200;
N105 G01Y-20F200;
N110 G01Z2F200;
N115 G00X0Y0;
N120 M98P0011;
N125 G52X10Y45;
N130 G90G00X0Y0;
N131 G68X0Y0R12;
N135 M98P0011;
N136 G69X0Y0;
N140 G52X0Y0;
N145 G00Z50;
N150 G00X0Y0;
N155 M05;
N160 M30;
O0011;
N05 G90G00X120Y0;
N10 G01Z-2F200;
N15 G41G01X93D01F200;
N20 G01X0F200;
N25 G01Y30F200;
N30 G01X25F200;
N35 G01Y25F200;
N40 G01X19.5F200;
N45 G03Y10R6.5F150;
N50 G01X50，R8F200;
N55 G01X55Y30F200;
N60 G01X65F200;
N65 G01X70Y10F200;
N70 G01Y-13F200;
N75 G40G01Y-30F200;
N80 G01Z2F200;
M99;
```

精加工程序略。

任务 6　平面正多边形轮廓零件铣削

一、工作任务

1. 对零件进行工艺分析。
2. 确定装夹方法，刀量辅具的选用。
3. 掌握指令及编程方法。
4. 根据所使用机床的具体情况，编写图 2-56 所示零件的加工程序。

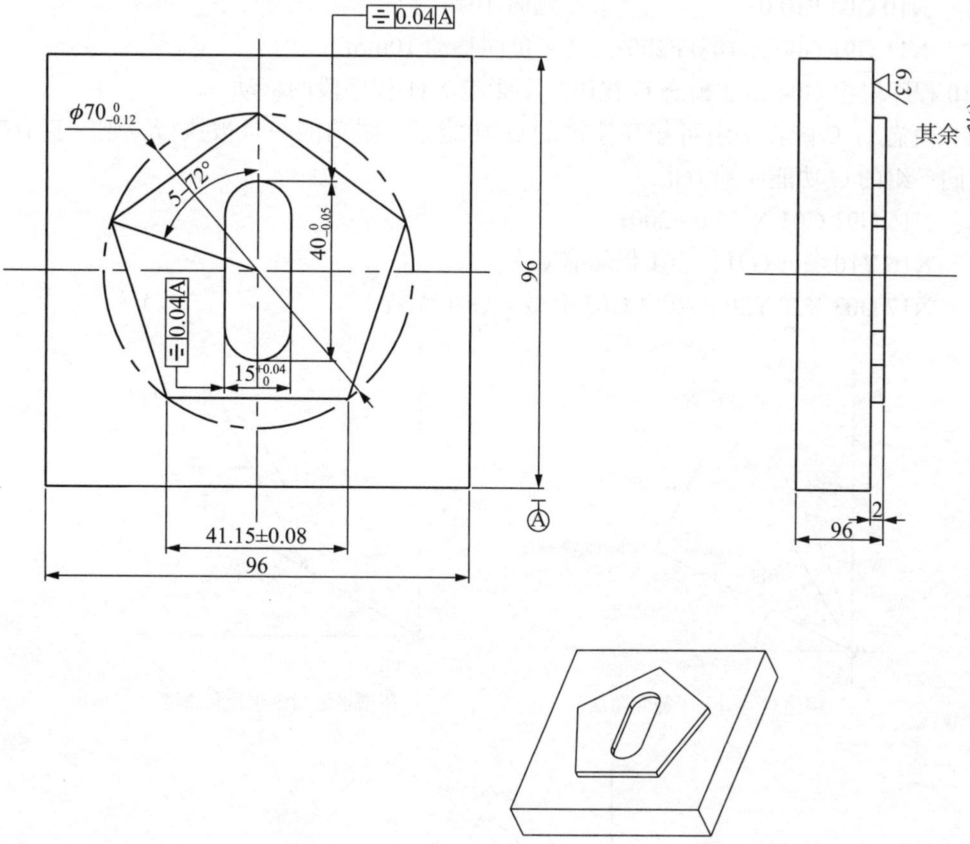

轮廓加工	比例	数量	材料	图号：06
	1:1	1	铝合金	

图 2-56　平面正多边形轮廓零件

二、相关知识

1. G16 启动极坐标指令

说明：

（1）终点的坐标值用极坐标（半径和角度）输入。

角度的正向是所选平面的第一轴正向的沿逆时针转动的转向，负向是沿顺时针转动的转向。

（2）半径和角度均可以用绝对值指令或增量值指令（G90、G91）。

用绝对值编程指令指定半径时（零点和编程原点之间的距离），工件坐标系的零点被设为极坐标系的原点。用增量值编程指令指定半径（当前位置和编程点之间的距离）和角度时，当前位置指定为极坐标的原点。如图 2-57 所示。

G15：取消极坐标指令。

2. 模态代码与非模态代码

（1）非模态 G 功能：只在所规定的程序段中有效，程序段结束时被注销。

例：N10 G04 P10.0；　　　　　（延时 10s）

　　N11 G91 G00 X-10.0 F200；　（X 负向移动 10mm）

N10 程序段中 G04 是非模态 G 代码，不影响 N11 程序段的移动。

（2）模态 G 功能：一组可相互注销的 G 功能，这些功能一旦被执行，则一直有效，直到被同一组的 G 功能注销为止。

例：N15 G91 G01 X-10.0 F200；

　　N16 Y10.0；（G91，G01 仍然有效）

　　N17 G03 X20 Y20 R20；（G03 有效，G01 无效）

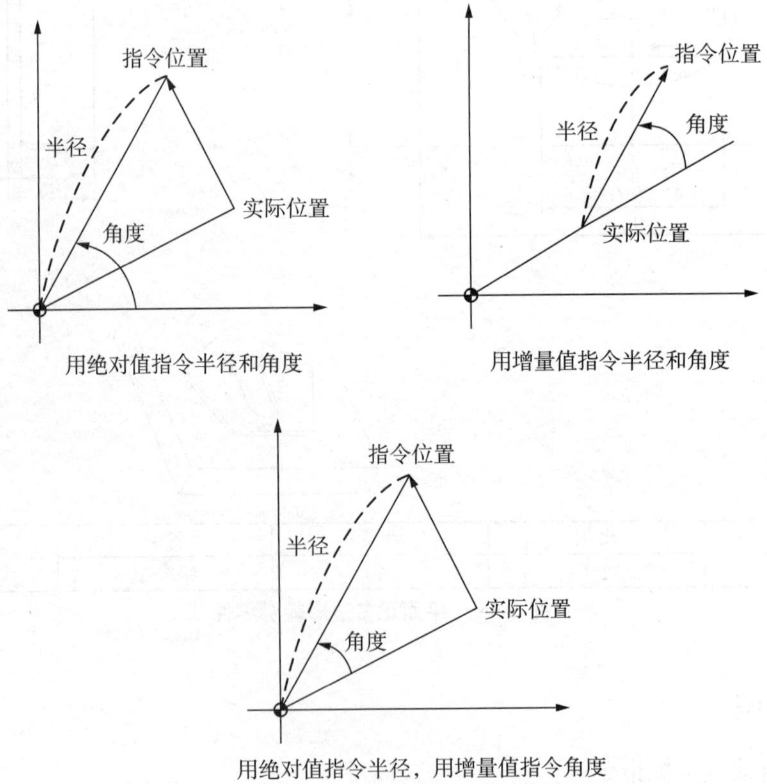

图 2-57　极坐标编程

三、零件加工工艺方案制定与实施

（1）看懂工件图样，了解图样上各加工部位的尺寸标注、精度要求等。

（2）检测毛坯，确定工件的加工余量。毛坯为 96×96 的六面体，六个面均为精加工表面，其中四个面已加工出平面轮廓。

（3）工件的装夹：

根据工件的形状特点，采用平口虎钳装夹工件，选毛坯上任意相邻两个面为精基准。

（4）刀具的选择：

根据工件轮廓形状，本任务中选取整体高速钢两刃直柄直角立铣刀，直径 $\phi12$，长度 60mm。

（5）铣削切削用量的选择：

本任务中，被吃刀量选择 2mm，侧吃刀量精加工留出 0.5mm，其余轮廓余量由粗加工一次切除，进给速度 200mm，具体加工时依靠倍率调整，粗加工时倍率调大一些，精加工时倍率调小一些。主轴转速选为 1500r/min。

（6）工件坐标系的设定：

1）工件坐标系坐标原点的设定：

如图 2-58 所示，工件坐标系的坐标原点设在工件上表面的 O 点。

2）对刀操作：

按前述方法用寻边器对刀或用塞尺对刀均可。

（7）设定刀具半径补偿值：

本任务使用的是 $\phi12$ 的直角立铣刀，粗加工时刀具半径补偿值输入 6.5，精加工时根据粗加工后的测量结果及轮廓的尺寸精度要求输入合理的半径补偿值。

（8）设定走刀轨迹。

1）坡走切入下刀。

按具有斜度的走刀路线切入工件的下刀方式即坡走切入下刀。

在工件的两个切削层之间，立铣刀从上一层的高度沿斜线切入工件到下一层位置，刀具轨迹如图 2-59 所示。被吃刀量应小于刀片尺寸，坡度角度 α 的算式如下：

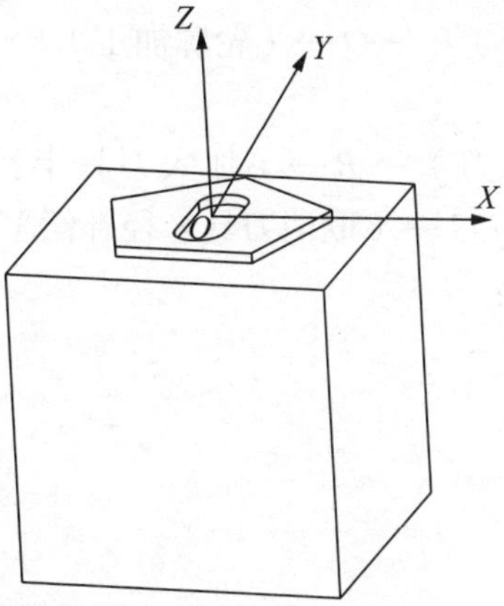

图 2-58　建立工件坐标系

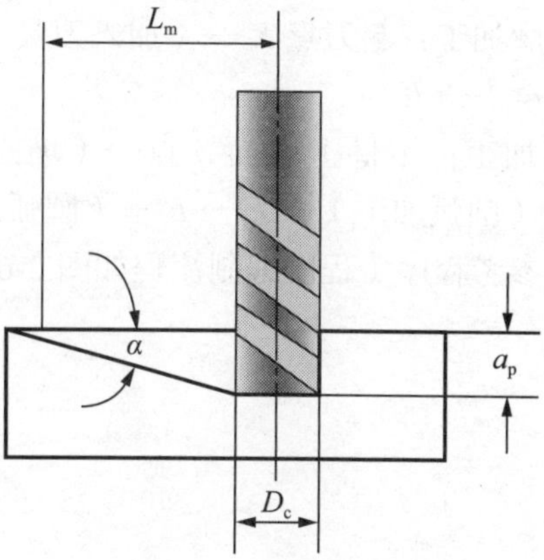

图 2-59　坡走切入下刀

$$\tan\ \alpha = \frac{a_p}{l_m}$$

式中，a_p——被吃刀量。

l_m——坡的长度。

2）设定走刀轨迹（见图 2-60）。

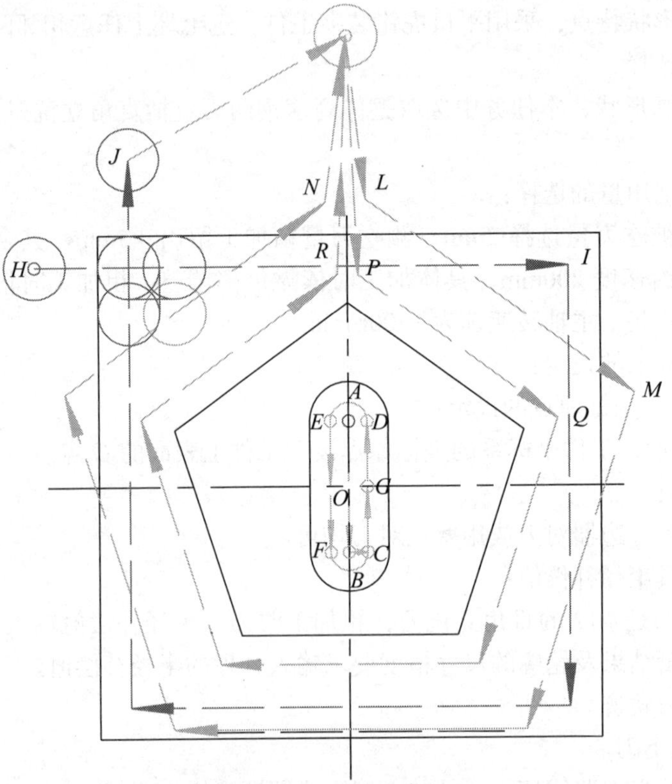

图 2-60　设定走刀轨迹

①去余量：起刀点 $H \to I \to$（轮廓加工）$\to J \to K \to$（加入刀具半径补偿）$L \to M \to$（轮廓加工）$N \to$（取消刀具半径补偿）$\to K$。

②轮廓加工：起刀点 $K \to$（加入刀具半径补偿）$P \to Q \to$（轮廓加工）$R \to$（取消刀具半径补偿）$\to K$。

③槽加工：工件上表面 A 点→（坡走切入下刀）$\to B \to$（加入刀具半径补偿）$\to C \to D \to$（圆弧加工）$\to E \to F \to$（圆弧加工）$\to G \to$（取消刀具半径补偿）$\to O$。

（9）参考程序（程序编制流程如图 2-61 所示）：

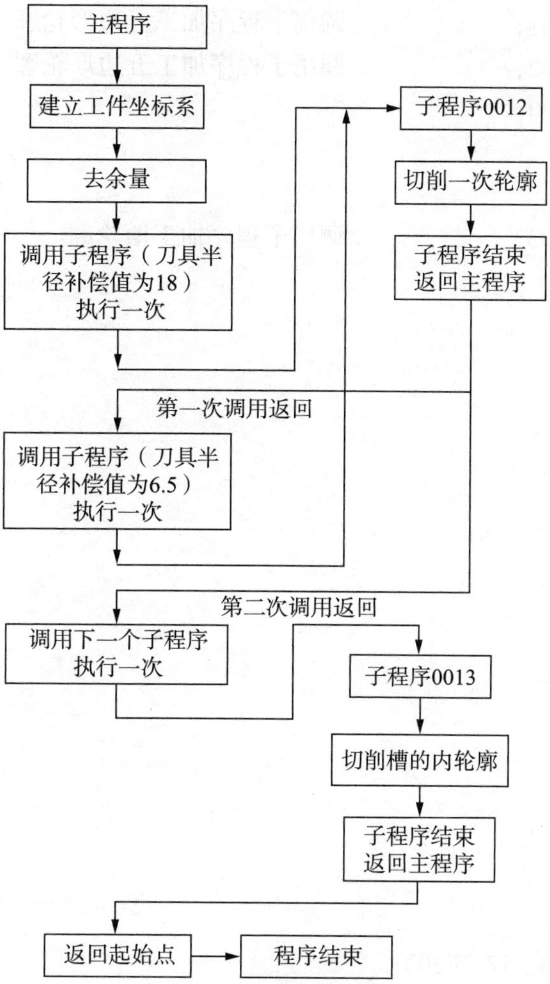

图 2-61　程序编制流程

粗加工程序	解释
O0005;	主程序号
N05 G40G49G15G50.1G69G90;	
N10 G90G54G00Z50;	建立工件坐标系，绝对坐标编程，快速到初始平面
N15 M03S1500;	主轴正转，转速 1500r/min
N20 G00X60Y42;	去余量
N25 Z2;	
N30 G01Z-2F200;	
N35 X42;	
N40 Y-42;	
N45 X-42;	
N50 Y60;	
N55 X0Y80;	

```
N60 M98 P0012 D01;              调用子程序加工五边形轮廓
N65 M98 P0012 D02;              调用子程序加工五边形轮廓
N70 G90G01Z2F200;
N75 G00X0Y12.5;
N80 G01Z0F200;
N90 M98 P0013 D03;              调用子程序加工槽轮廓
N95 G01Z2;
N100 G00Z50;
N105 M05;
N110 M30;
O0012;
N05 G16;
N10 G90G41G01X35Y90;
N15 G91Y-35;
N20 Y-35;
N25 Y-35;
N30 Y-35;
N35 Y-35;
N40 G15;
N45 G40G90X0Y80;
N50 M99;
O0013;
N05 G90G01X0Y-12.5Z-2F200;
N10 G41G01X7.5F200;
N15 Y12.5;
N20 G03X-7.5R7.5;
N25 G01Y-12.5;
N30 G03 X7.5R7.5;
N35 G01Y0;
N40 G40X0;
N45 M99;
```

任务 7　多刀加工的平面轮廓零件铣削

一、工作任务

1. 对零件进行工艺分析。
2. 确定装夹方法，刀量辅具的选用。
3. 掌握指令及编程方法。
4. 根据所使用机床的具体情况，编写图 2-62 所示零件的加工程序。

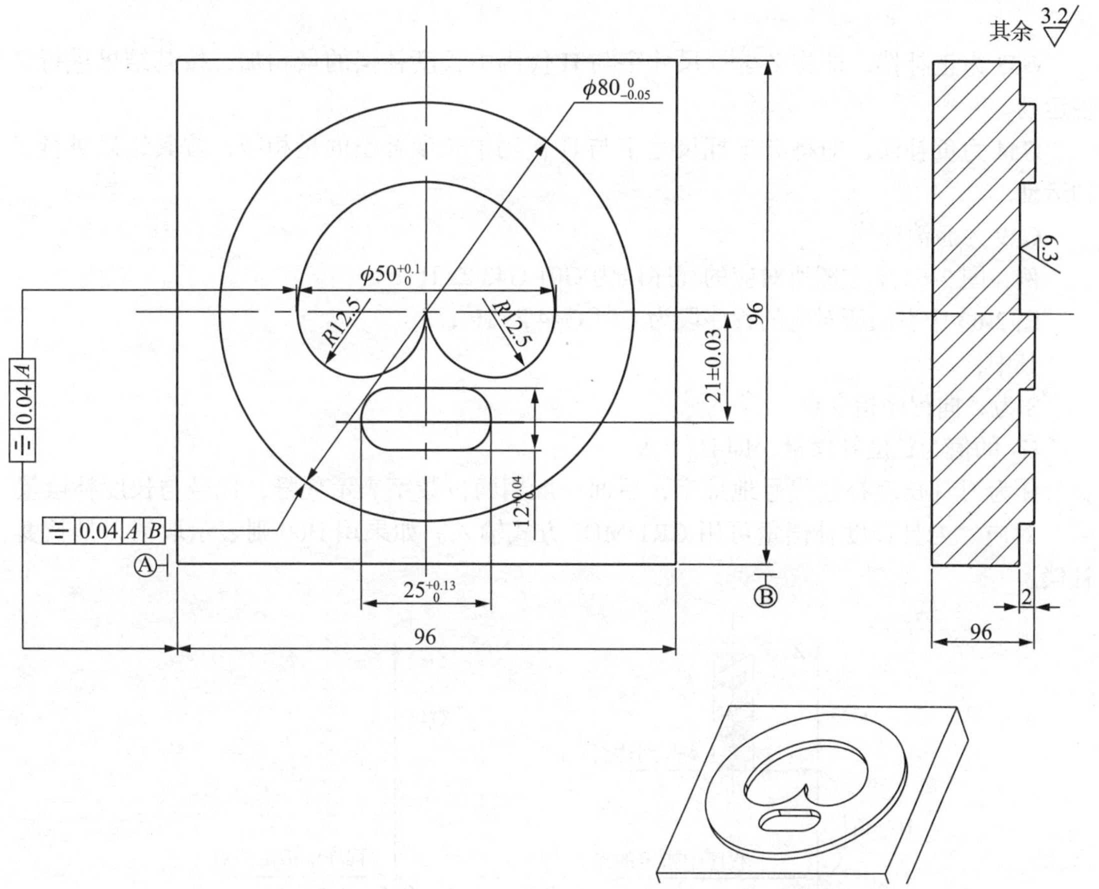

轮廓加工	比例	数量	材料	图号：07
	1∶1	1	铝合金	

图 2-62　平面轮廓零件

二、相关知识

1. 刀具长度补偿指令：

（1）指令格式：

G01 G43/G44 Z_ H_ // 建立补偿程序段

…… // 切削加工程序段

……

G49 // 补偿撤消程序段

（2）说明：

使用刀具长度补偿指令，在编程时就不必考虑刀具的实际长度及各把刀具不同的长度尺寸。加工时，用 MDI 方式输入刀具的长度尺寸，即可正确加工。当由于刀具磨损、更换刀具等原因引起刀具长度尺寸变化时，只需修正刀具长度补偿量，而不必调整程序或刀具。

G43 为正补偿，即将 Z 坐标尺寸字与 H 代码中长度补偿的量相加，按其结果进行 Z 轴运动。

G44 为负补偿，即将 Z 坐标尺寸字与 H 代码中长度补偿的量相减，按其结果进行 Z 轴运动。

G49 为撤消补偿。

例：图 2-63 中左图所对应的程序段为 G01 G43 Zs H_；

图 2-63 中右图所对应的程序段为 G01 G44 Zs H_；

其中：

S 为 Z 向程序指令点；

H_ 的值为长度补偿量，即 H_ = Δ。

H 为刀具长度补偿代号地址字，后面一般用两位数字表示代号，代号与长度补偿量一一对应。刀具长度补偿量可用 CRT/MDI 方式输入。如果用 H00 则表示取消刀具长度补偿。

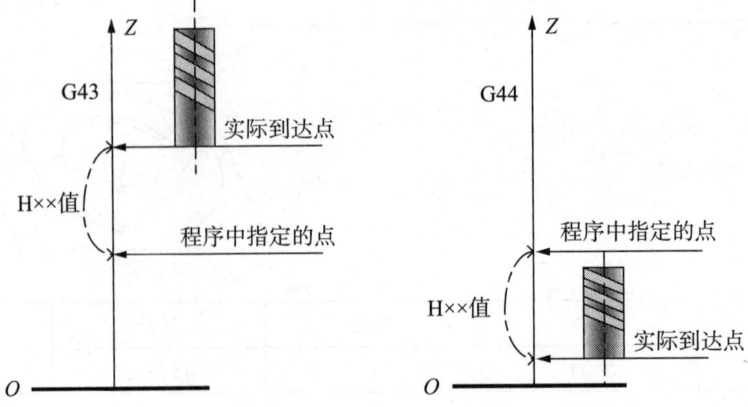

图 2-63　刀具长度补偿

三、零件加工工艺方案制定与实施

（1）看懂工件图样，了解图样上各加工部位的尺寸标注、精度要求等。

（2）检测毛坯，确定工件的加工余量。毛坯为 96×96 的六面体，六个面均为精加工表面，其中五个面已加工出平面轮廓。

（3）工件的装夹：

根据工件的形状特点，采用平口虎钳装夹工件。选毛坯上任意相邻两个面为精基准。

（4）刀具的选择：

根据工件轮廓形状，本任务中选取整体高速钢两刃直柄直角立铣刀，直径 $\phi16$，长度 60mm 及直径 $\phi10$，长度 50mm。

（5）铣削切削用量的选择：

本任务中，被吃刀量选择 2mm，侧吃刀量精加工留出 0.5mm，其余轮廓余量由粗加工一次切除，进给速度 200mm，具体加工时依靠倍率调整，粗加工时倍率调大一些，精加工时倍率调小一些。主轴转速选为 1500r/min。

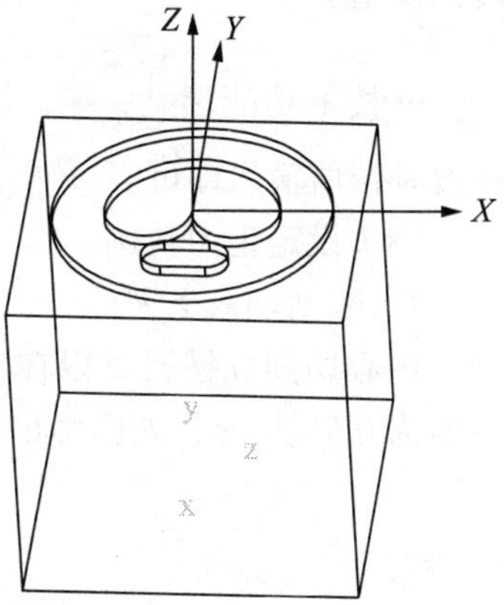

图 2-64 设定工件坐标系

（6）工件坐标系的设定（见图 2-64）。

1）工件坐标系坐标原点的设定：

如图所示，工件坐标系的坐标原点设在工件上表面的 O 点。

2）对刀操作：

本任务使用的是两把刀具，其中 1 号基准刀具，对刀操作按前述方法用寻边器对刀或用塞尺对刀均可。

（7）设定刀具补偿值：

1）设定刀具半径补偿值：

1 号刀 $\phi16$ 的直角立铣刀，粗加工时刀具半径补偿值输入 8.5。

2 号刀 $\phi10$ 的直角立铣刀，粗加工时刀具半径补偿值输入 5.5。

精加工时根据粗加工后的测量结果及轮廓的尺寸精度要求输入合理的半径补偿值。

2）设定刀具长度补偿值（见图 2-65）：

1 号刀 $\phi16$ 立铣刀为基准刀具。通过移动基准刀具和将要测量的刀具使其分别接触到机床的指定点，可以测量刀具的长度，同时将刀具长度的偏置值存储到补偿存储器中。

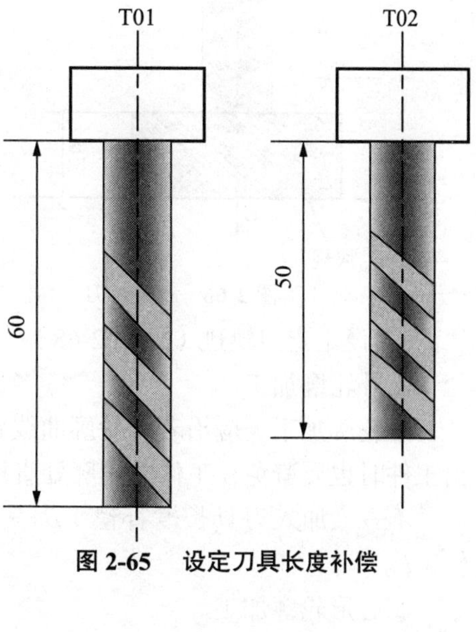

图 2-65 设定刀具长度补偿

测量刀具长度的具体操作步骤：

①对基准刀具。手动操作移动基准刀具使其与块规（块规放置在工作台上）表面的指定位置接触。

Z 轴方向的刀具与块规接触操作：垂直对刀，如图 2-66 所示。把刀具装夹在主轴上，将块规置于工作台面，慢速使刀具端面接近块规上表面，同时用手沿工作台面慢速移动块规，凭手感确认刀具端面与块规轻轻接触，手感确认刀具与块规接触的目的是为了避免基准刀具与块规碰撞，以保证对刀精度。

②按下功能键 

，按前述方法，将 *Z* 轴的相对坐标清零，即基准刀具位置的 *Z* 轴相对坐标为 0。

③将 1 号刀具卸下，将 2 号刀具装到主轴上，通过手动操作，移动被测刀具，使其与同一指定位置接触，观察屏幕，屏幕的 *Z* 轴相对坐标值即为基准刀具和进行测量的刀具长度的差值。

④按下功能键 

，按下软键 [补正]，找到相应的 H 寄存器的地址，将所测得的长度补偿值输入即可。

（8）设定走刀轨迹。

1）啄钻切入下刀。

中心切削立铣刀可以在工件的两个切削层之间钻削切入，层间深度与刀片尺寸有关，一般为 0.5~2mm，如图 2-67 所示。

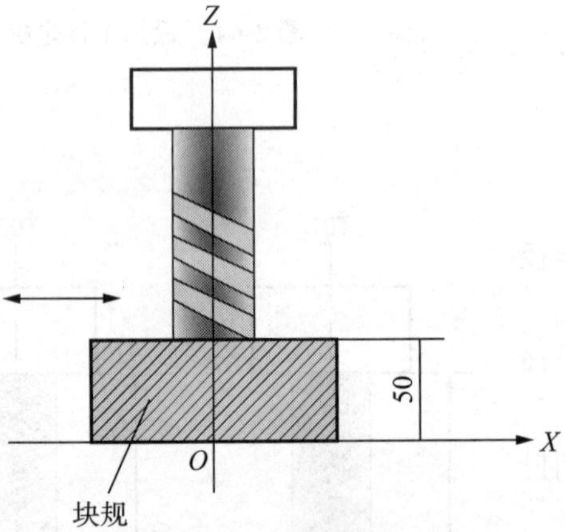

图 2-66　*Z* 向对刀

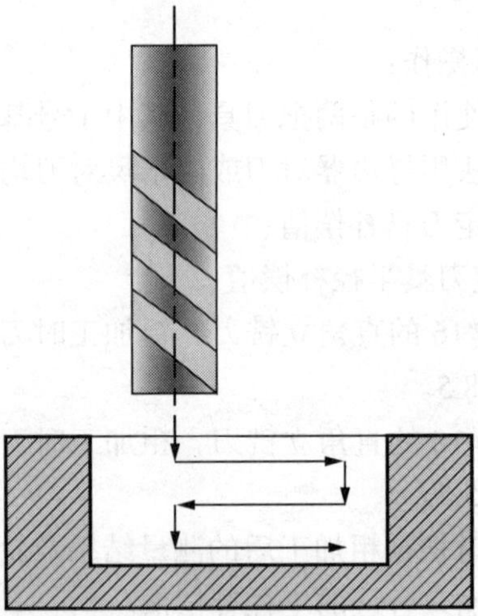

图 2-67　啄钻切入下刀

2）设定走刀轨迹（见图 2-68）。

①外轮廓加工。

外轮廓加工，应沿着外轮廓曲线延长线的切向切入，以免在切入处产生刀具痕迹。切出工件时也要避免在工件的轮廓处直接抬刀，要沿着零件轮廓延伸线的切线逐渐切离工件。

A →（加入刀具长度补偿）*B* → *C* →（轮廓切削）*D* → *C* → *E* →（取消刀具半径补偿）*F*。

②心形轮廓加工。

由于内部轮廓空间有限，这里采用啄钻下刀。

刀具在 G 点下刀至切削深度（2mm）→（加入刀具半径补偿）→ H →（轮廓加工）→ I → J → K →（取消刀具半径补偿）→ G。

③槽加工。

采用坡走下刀，走刀轨迹同上一任务。

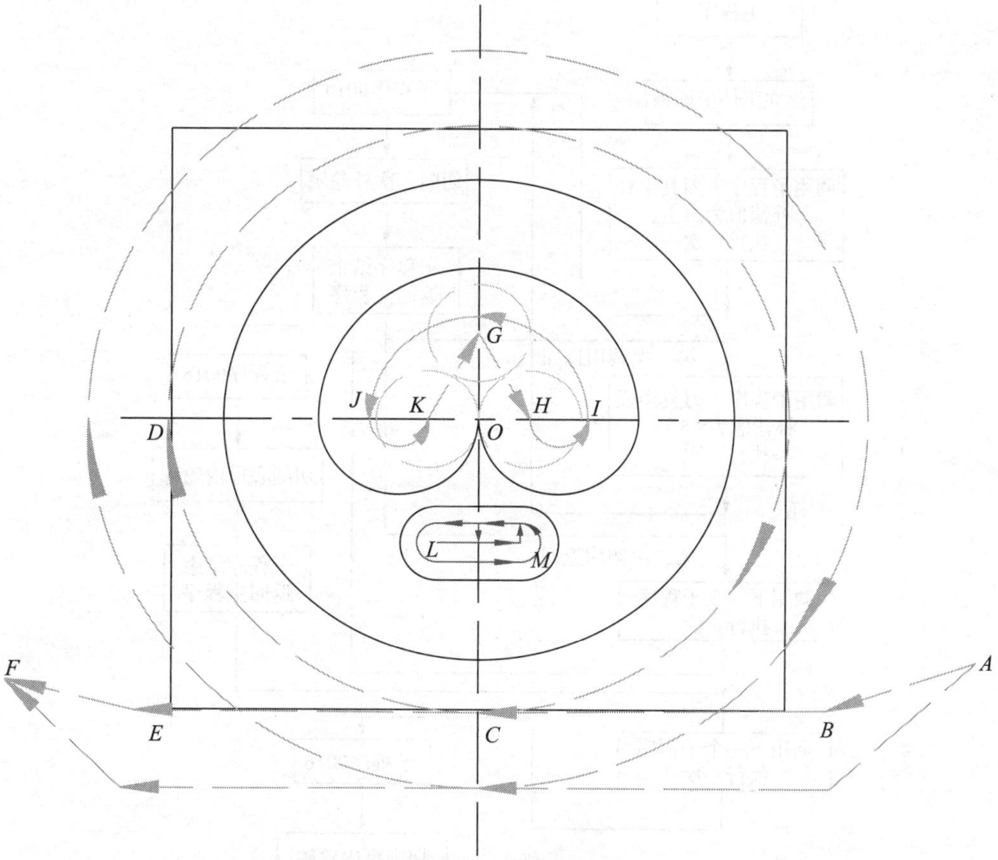

图 2-68 设定走到轨迹

（9）参考程序（程序编制流程如图 2-69 所示）：

粗加工程序	解释
O0006;	主程序号
N05 G54G40G49G15G50.1G69G90;	建立工件坐标系
N11 G91G28Z0;	
N12 T01M06;	
N15 M03S1500;	主轴正转，转速 1500r/min
N16 G90G43G00Z50H01;	
N20 G00X72Y-48;	
N25 Z0;	
N30 M98 D01 P0014;	刀具半径补偿为 21
N35 M98 D02 P0014;	刀具半径补偿为 8.5

N40 G90G01Z2F200;

N45 G00X0Y14;

N50 G01Z0F200;

N55 M98 D03 P0015;

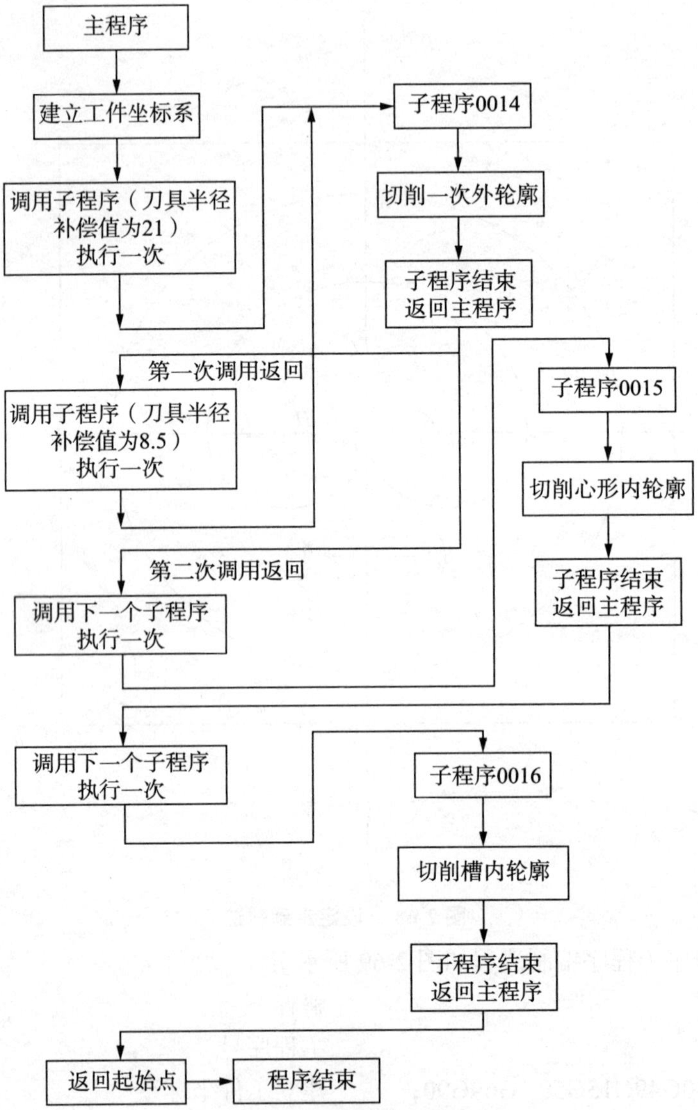

图 2-69　程序编制流程

N60 G01Z2F200;

N65 G00Z100;

N70 G49Z200;

N75 G91G28Z0;

N80 M05;

N85 T02M06;

N90 M03S1500;

```
N95 G90G43G00Z50H02；
N100 G00X-6.5Y21；
N105 Z2；
N110 G01Z0F200；
N115 M98 D04 P0016；
N120 G01Z2；
N130 G00Z100；
N135 G49Z200；
N140 M05；
N145 M30；
O0014；
N05 G91G01Z-2F200；
N10 G90G41X66Y-40；
N15 X0；
N20 G02I0J40；
N25 G01X-66；
N30 G40X-72Y-48；
N35 Y-66；
N40 X72；
N45 Y-48；
N50 M99；
O0015；
N05 G91G01Z-2F200；
N10 G90G41Y0；
N15 G03X25Y0R12.5；
N20 G03X-25R25；
N25 G03X0R12.5；
N30 G40G01Y14；
N35 M99；
O0016；
N05 G90G01X6.5Z-2F200；
N10 G91G41Y6；
N15 X-13；
N20 G03Y-12R6；
N25 G01X13；
N30 G03Y12；
N35 G01X-6.5；
N40 G40Y-6；
N45G90M99；
```

任务8　工艺镂空件的加工

一、工作任务

1. 对零件进行工艺分析。
2. 确定装夹方法，刀量辅具的选用。
3. 掌握指令及编程方法。
4. 根据所使用机床具体情况，编写图 2-70 所示零件的加工程序。

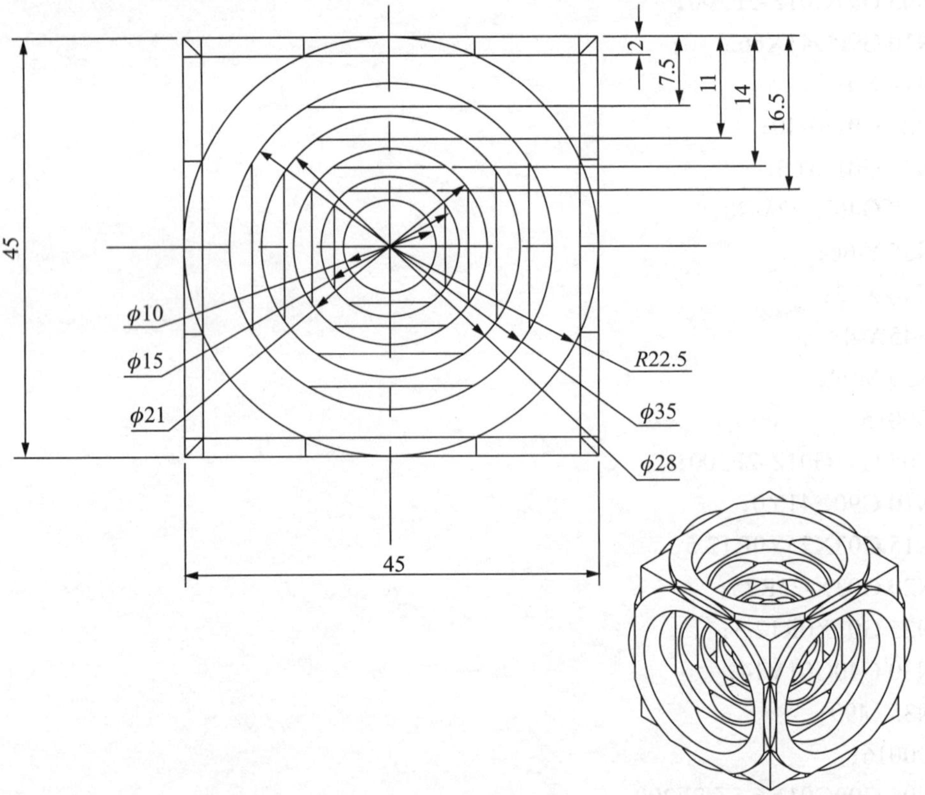

轮廓加工	比例	数量	材料	图号：08
	1 : 1	1	铝合金	

图 2-70　工艺镂空件

二、相关知识

1. 固定循环指令

（1）指令格式：$\begin{Bmatrix} G98 \\ G99 \end{Bmatrix}$ G_X_Y_Z_R_Q_P_I_J_K_F_L_;

（2）说明：

G98：返回初始平面；

G99：返回 R 点平面；

G_：固定循环代码 G73，G74，G76 和 G81~G89 之一；

X、Y：加工起点到孔位的距离（G91）或孔位坐标（G90）；

R：初始点到 R 点的距离（G91）或 R 点的坐标（G90）；

Z：R 点到孔底的距离（G91）或孔底坐标（G90）；

Q：每次进给深度（G73/G83）；

I：X 轴刀尖反向位移量（G76）；

J：Y 轴刀尖反向位移量（G76）；

P：刀具在孔底的暂停时间；

F：切削进给速度；

L：固定循环的次数。

孔加工固定循环指令有 G73，G74，G76，G80~G89，通常由下述 6 个动作构成（如图 2-71 所示）：

1）X、Y 轴定位；

2）定位到 R 点（定位方式取决于上次是 G00 还是 G01）；

3）孔加工；

4）在孔底的动作；

5）退回到 R 点（参考点）；

6）快速返回到初始点。

固定循环的数据表达形式可以用绝对坐标（G90）和相对坐标（G91）表示，如图 2-72 所示，其中图 a 是采用 G90 的表示，图 b 是采用 G91 的表示。

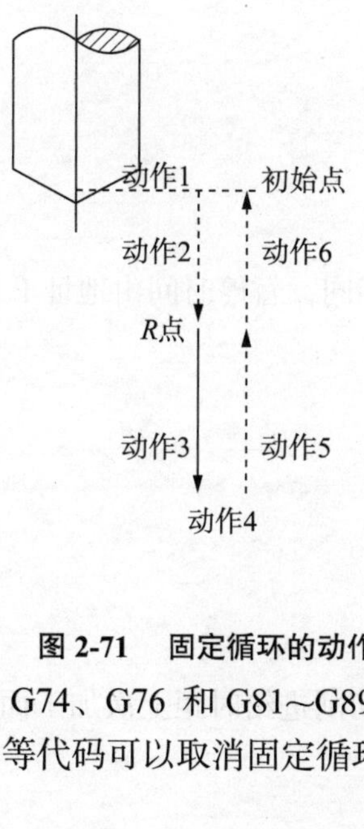

图 2-71　固定循环的动作

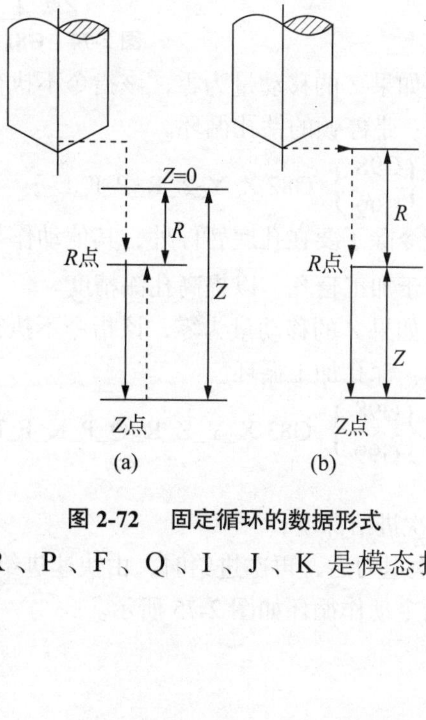

图 2-72　固定循环的数据形式

G73、G74、G76 和 G81~G89、Z、R、P、F、Q、I、J、K 是模态指令。G80、G01~G03 等代码可以取消固定循环。

① G73：高速深孔加工循环。

格式：$\begin{Bmatrix}G98\\G99\end{Bmatrix}$ G73 X_Y_Z_R_Q_P_K_F_L_;

说明：

Q：每次进给深度；

k：每次退刀距离。

G73 用于 Z 轴的间歇进给，使深孔加工时容易排屑，减少退刀量，可以进行高效率的加工。

G73 指令动作循环见图 2-73。

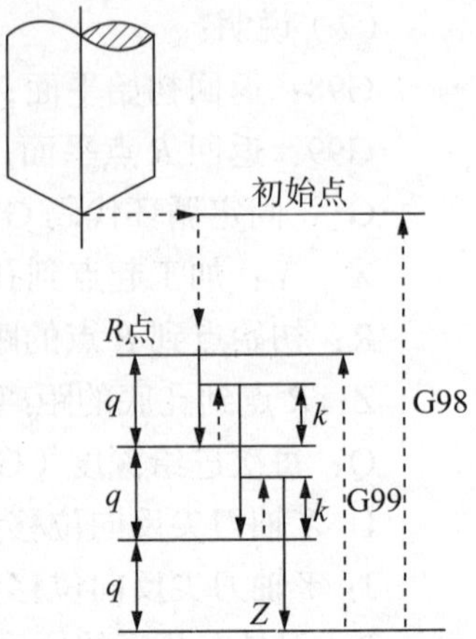

图 2-73　G73 指令编程

注意：Z、K、Q 移动量为零时，该指令不执行。

② G81：钻孔循环（中心钻）。

格式：$\begin{Bmatrix}G98\\G99\end{Bmatrix}$ G81 X_Y_Z_R_F_L_;

G81 钻孔动作循环，包括 X、Y 坐标定位，快进，工进和快速返回等动作。

G81 指令动作循环如图 2-74 所示。

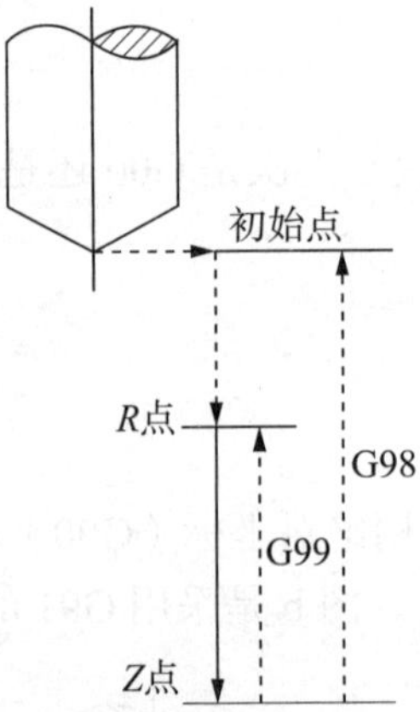

图 2-74　G81 指令编程

注意：如果 Z 的移动量为零，该指令不执行。

③ G82：带停顿的钻孔循环。

格式：$\begin{Bmatrix}G98\\G99\end{Bmatrix}$ G82 X_Y_Z_R_P_F_L_;

G82 指令除了要在孔底暂停外，其他动作与 G81 相同，暂停时间由地址 P 给出。G82 指令主要用于加工盲孔，以提高孔深精度。

注意：如果 Z 的移动量为零，该指令不执行。

④ G83：深孔加工循环。

格式：$\begin{Bmatrix}G98\\G99\end{Bmatrix}$ G83 X_Y_Z_R_Q_P_K_F_L_;

说明：

Q：每次进给深度；

k：每次退刀后，再次进给时，由快速进给转换为切削进给时距上次加工面的距离。

G83 指令动作循环如图 2-75 所示。

注意：Z、K、Q 移动量为零时，该指令不执行。

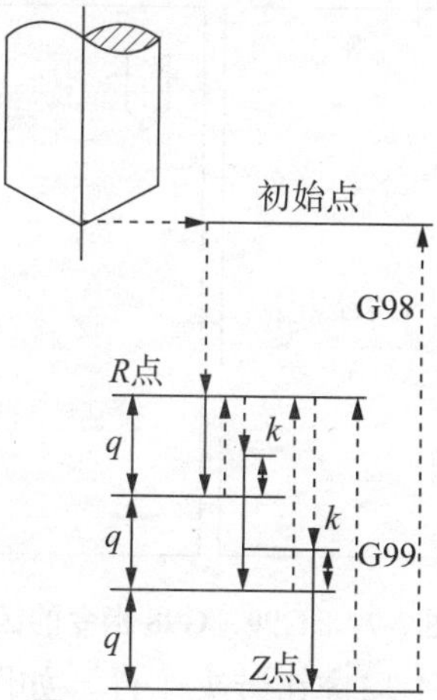

图 2-75　G83 指令编程

⑤ G76：精镗循环。

格式：$\begin{Bmatrix} G98 \\ G99 \end{Bmatrix}$ G76 X_Y_Z_R_P_I_J_F_L_;

说明：

I：X 轴刀尖反向位移量；

J：Y 轴刀尖反向位移量。

G76 精镗时，主轴在孔底定向停止后，向刀尖反方向移动，然后快速退刀。这种带有让刀的退刀不会划伤已加工平面，保证了镗孔精度。

G76 指令动作循环如图 2-76 所示。

注意：如果 Z 的移动量为零，该指令不执行。

⑥ G80：取消固定循环。

该指令能取消固定循环，同时 R 点和 Z 点也被取消。

2. 注意事项

被加工的孔在一个平整的平面上，使用 G99 指令，G99 返回 R 点进行下一个孔的定位，而一般编程中 R 点非常靠近工件表面，这样可以缩短零件加工时间，但如果工件表面有高于被加工孔的凸台或筋时，使用 G99 时非常有可能使刀具和工件发生碰撞，这时，就应该使用 G98 指令，使 Z 轴返回初始点后再进行下一个孔的定位，这样就比较安全，如图 2-77 所示。

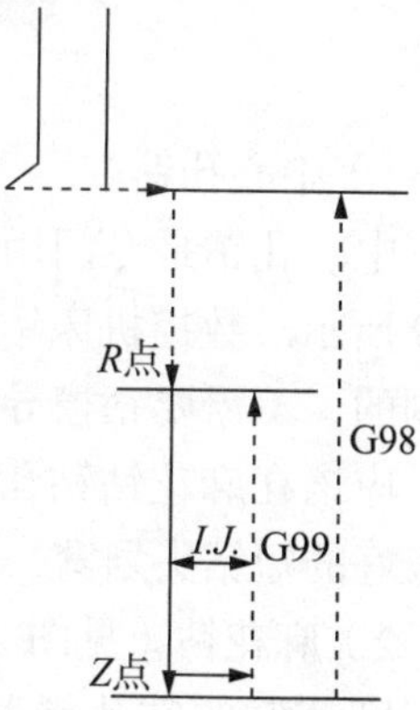

图 2-76　G76 指令编程

三、零件加工工艺方案制定与实施

（1）看懂工件图样，了解图样上各加工部位的尺寸标注、精度要求等。

（2）检测毛坯，确定工件的加工余量。毛坯为 $\phi48$ 的棒料，长度为 48。

（3）工件的装夹：

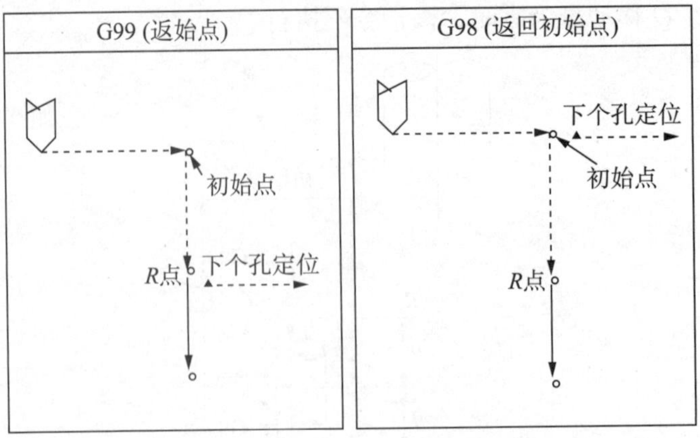

图 2-77　G99、G98 指令的区别

根据工件的形状特点，采用平口虎钳装夹工件。如图 2-78 所示。

（4）刀具的选择：

由于本任务采用在工件上预制孔，沿孔直线下刀的方式，所以需要用到孔加工刀具。

图 2-78　工件的装夹

1）中心孔钻。

中心孔钻是专门用于加工中心孔的钻头，如图 2-79 所示。数控机床钻孔刀具的定位是由数控程序控制的，不需要钻模导向，为保证加工孔的位置精度，应该在麻花钻钻孔前，用中心钻划窝，或用刚性较好的短钻头划窝，以保证钻孔中的刀具引正，确保麻花钻的定位。

图2-79　中心孔钻

2）麻花钻（见图 2-80）。

麻花钻的钻孔精度一般在 IT12 左右，表面粗糙度 *Ra* 为 12.5μm。可从不同方面给麻花钻分类：按刀具材料，麻花钻分为高速钢钻头和硬质合金钻头；按麻花钻的柄部分类，分为直柄和莫氏锥柄分类。直柄一般用于小直径钻头，锥柄一般用于大直径钻头。按麻花钻的长度分，分为基本型和短、长、加长、超长等类型钻头。

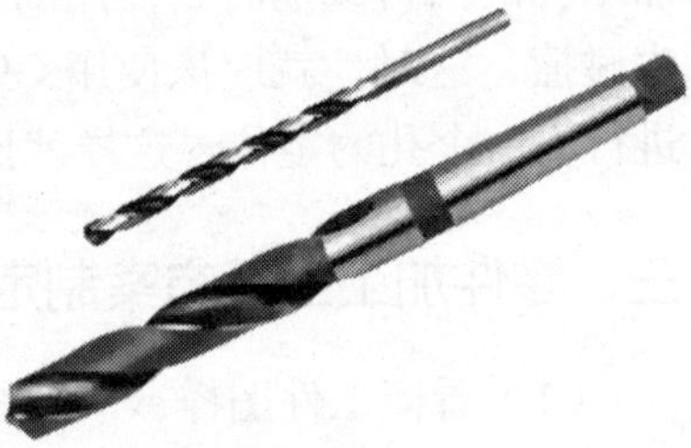

图2-80　麻花钻

本任务中工件材料为铝合金，且最小铣削孔的直径是 10，所以选用中心钻划窝，选用直径为 $\phi 8$ 的高速钢标准麻花钻进行预钻孔，选用 $\phi 12$ 和 $\phi 10$ 的两刃整体高速钢立铣刀铣削内外轮廓。

（5）六面体的铣削步骤：

1）铣削切削用量的选择：本任务中，粗加工被吃刀量选择 1.5~2mm，精加工选择 0.5~0.2mm。进给速度选择 200mm，具体加工时依靠倍率调整，粗加工时倍率调大一些，精加工时倍率调小一些。主轴转速选择 1200r/min。

2）基准面加工：加工毛坯第一个面时如图 2-81 所示装夹，把上表面铣平，尺寸如图所示，此面即为基准面。铣削时，先粗加工，最后一刀为精加工。

3）加工第二个面时，要把基准面放在定钳口上，这样加工出的上表面能够保证和基准面的垂直度，保证加工精度（可用直角尺测量垂直度），如图 2-82 所示。

4）加工第三个面时，选择第二个面的对面加工，方法同上，如图 2-83 所示。注意：铣削时要把 45mm 的高度铣好。

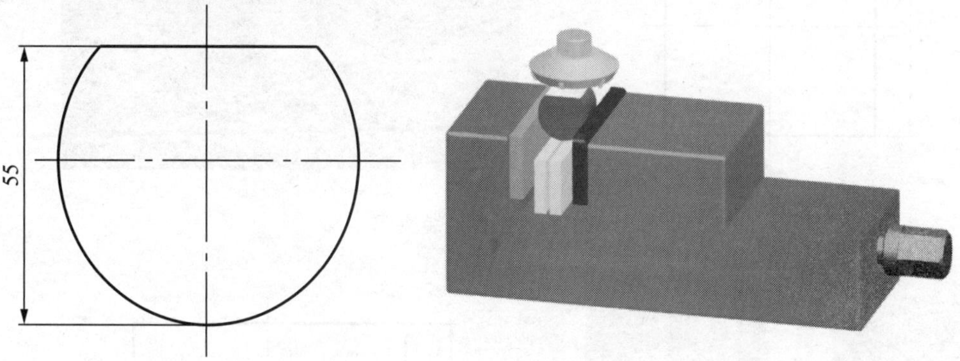

图 2-81　工件的装夹一

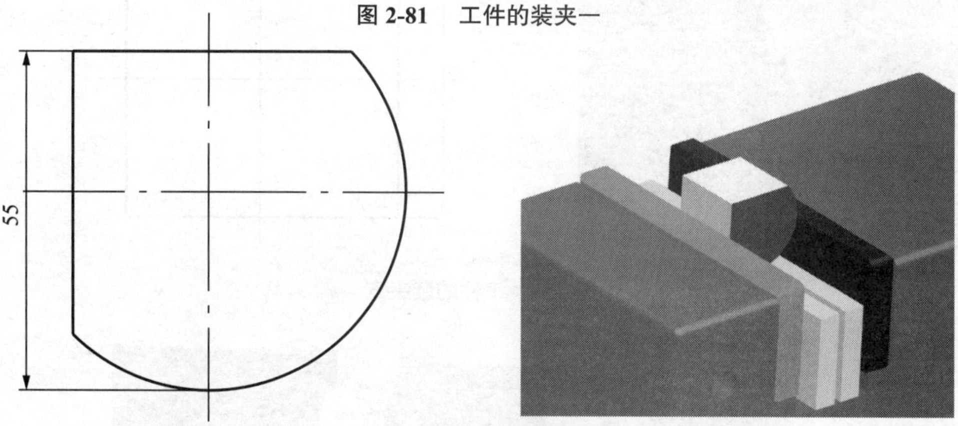

图 2-82　工件的装夹二

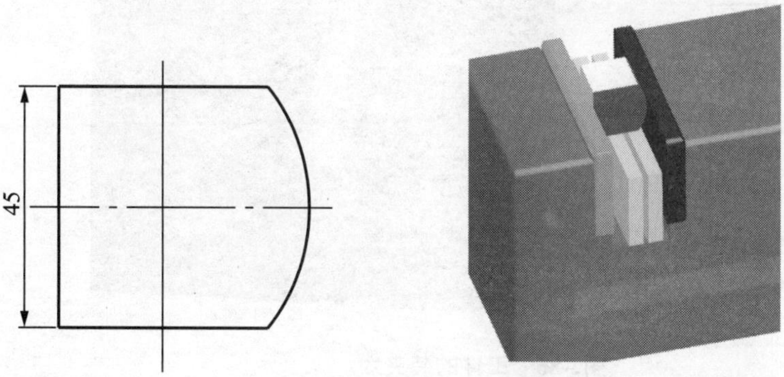

图 2-83　工件的装夹三

5）加工第四个面时，以第二个面或第三个面为基准面都可以，如图 2-84 所示。

6）加工第五个面时非常关键，因为不易保证垂直度，在装夹时要用直角尺和立方体的侧面靠齐，这样能保证垂直度，如图 2-85 所示。

7）加工第六个面时就非常简单了，将第五个面靠向平行垫铁，以第一个面为精基准，压平夹紧，如图 2-86 所示。

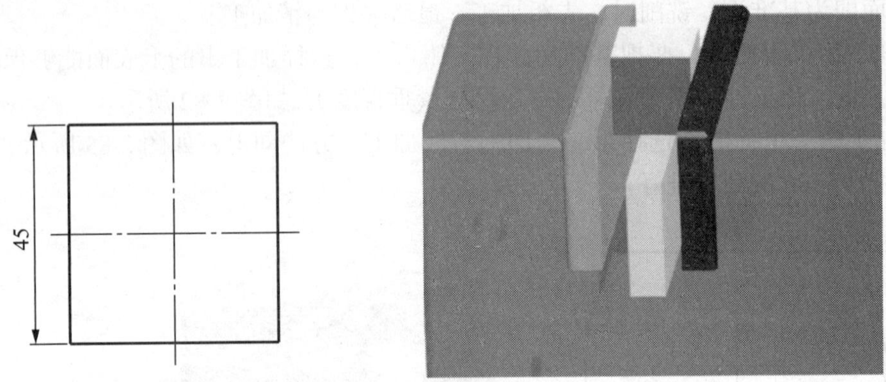

图2-84　工件的装夹四

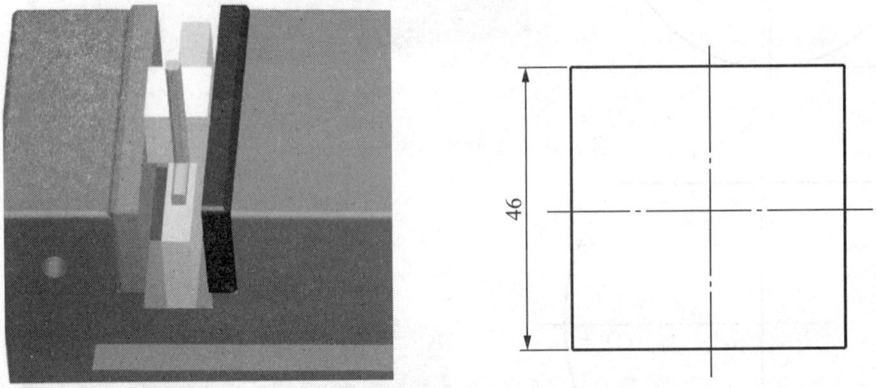

图2-85　工件的装夹五

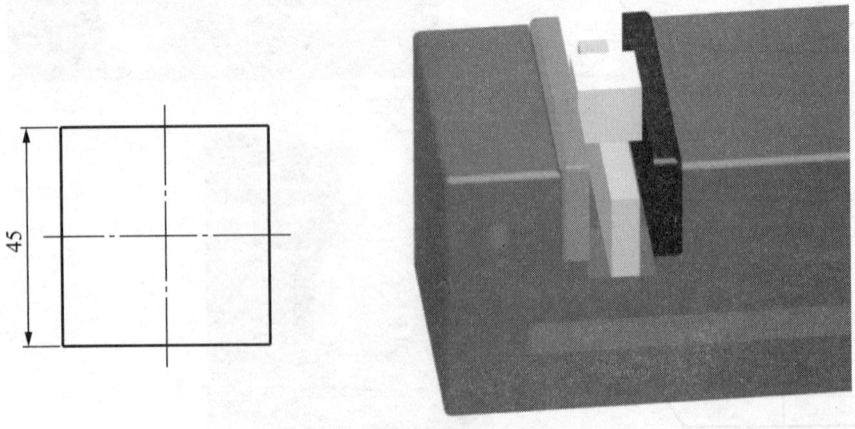

图2-86　工件的装夹六

（6）镂空的加工。

1）镂空件的装夹：

装夹定位时，固定钳口端面与工件端面对齐，其他 5 个面也用相同的定位，如图 2-87 和图 2-88 所示。

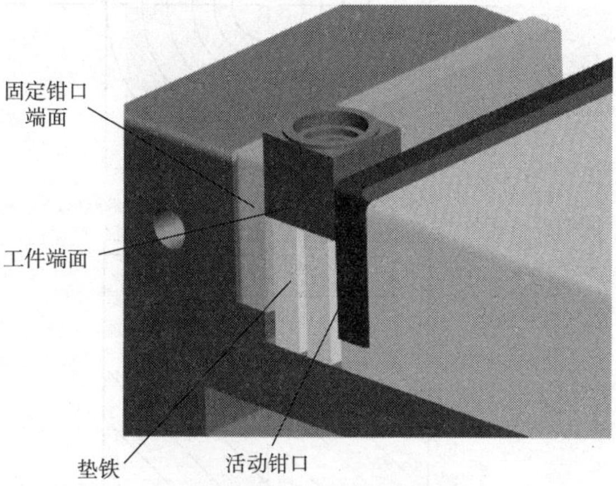

图2-87　工件的装夹

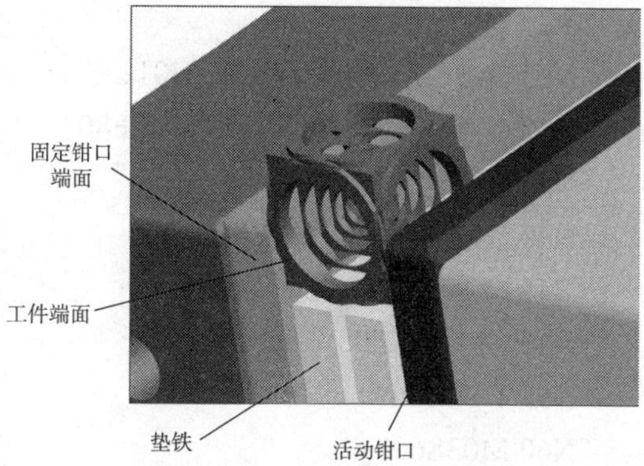

图2-88　工件的装夹

2）工件坐标系的设定：

①工件坐标系坐标原点的设定：如图 2-89 所示，工件坐标系的坐标原点设在工件上表面的 O 点。

②对刀操作：本任务使用的是四把刀具，其中 3 号刀具为基准刀具，对刀操作按前述方法用寻边器对刀或用塞尺对刀均可。

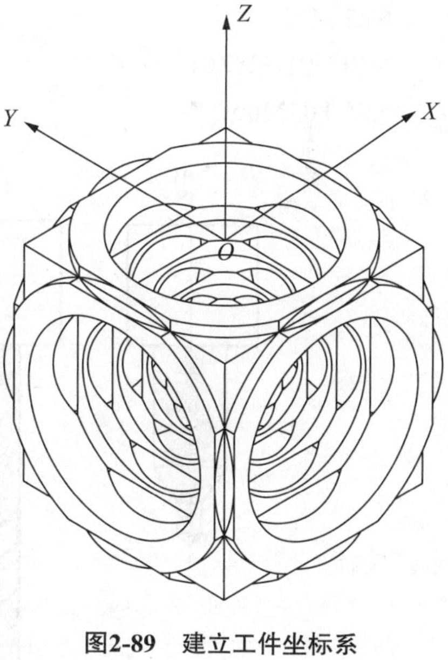

图2-89　建立工件坐标系

（7）设定刀具补偿值：

1）设定刀具半径补偿值。

1、2、4 号刀不需要加刀具半径补偿。

3 号刀 $\phi12$ 的直角立铣刀，加工时刀具半径补偿值输入 6。

精加工时根据粗加工后的测量结果及轮廓的尺寸精度要求输入合理的半径补偿值。

2）设定刀具长度补偿值。

通过移动基准刀具和将要测量的刀具使其接触到机床的指定点，可以测量刀具长度，同时将刀具长度的偏置值存储到补偿存储器中。

测定刀具长度补偿值的步骤同前。

（8）设定走刀轨迹。

1 号刀用于打中心孔；

2 号刀用于预钻孔，孔的直径为 $\phi8$。

3 号刀用于铣削外轮廓及 $\phi15$~$\phi35$ 的内轮廓。

4 号刀用于铣削 $\phi10$ 的孔。如图 2-90 和图 2-91 所示。

（9）参考程序：

```
O0007;
N5 G54G90G69G15G40G49;
N10 G91G28Z0;
N15 T01M06;
N20 M03S2000;
N25 G43G90G00X0Y0Z50H01;
N30 G98G82X0Y0Z-5R5P2000F80;
N35 G80;
N40 G49G00Z200;
N45 M05;
N50 G91G28Z0;
N55 T02M06;
N60 M03S600;
N65 G90G43X0Y0Z50H02;
N70 G98G83X0Y0Z-25R2Q4F80;
N75 G80;
N80 G49G00Z200;
N85 M05;
N90 G91G28Z0;
N95 T03M06;
```

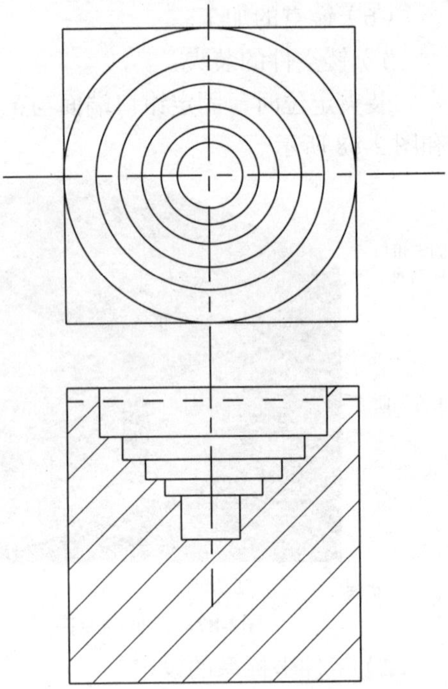

图2-90　设定刀具走刀轨迹

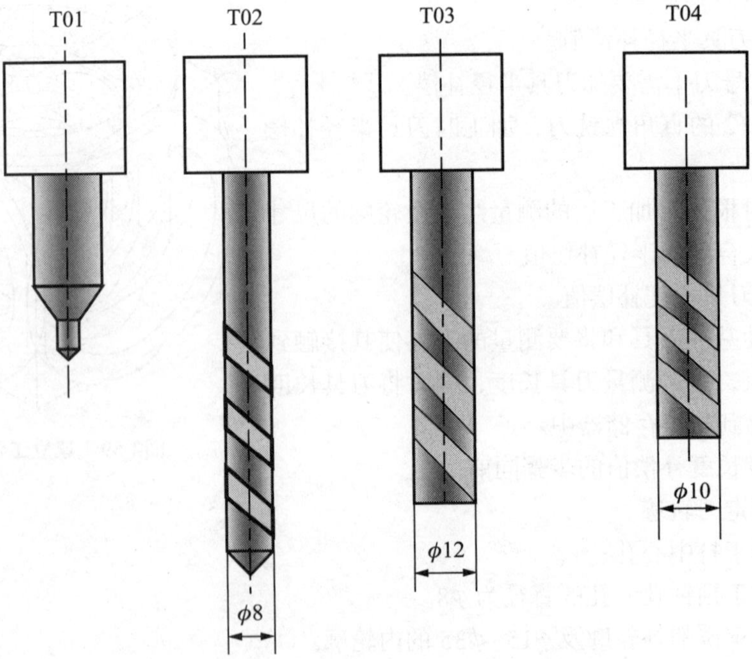

图 2-91　设定刀具长度补偿

```
N100 M03S1500;
N105 G43G90G00X0Y0Z50H03;
N110 G00Z5;
N115 G01X38Y0F200;
N120 G01Z0;
N125 M98P0017L2;
N130 G01Z5;
N135 G00X0Y0;
N140 G01Z0F100;
N145 M98P0018L5;
N150 G00Z-7;
N155 M98P0019L4;
N160 G00Z-10;
N165 M98P0020L2;
N170 G00Z-13.5;
N175 M98P0021L2;
N180 G00Z50;
N185 G49G00Z200;
N190 M05;
N195 G91G28Z0;
N200 T04M06;
N205 M03S1500;
N210 G43G90G00X0Y0Z50H04;
N215 G00Z2;
N220 G01Z-25F80;
N225 G01Z2;
N230 G00Z50;
N235 G49G00Z200;
N240 M05;
N245 M30;
O0017;
N05 G91G01Z-1F80;
N10 G90G41G01X22.5Y0D01;
N15 G02X22.5Y0I-22.5F200;
N20 G40G01X38Y0;
N25 M99;
O0018;
N05 G91G01Z-1.5F80;
```

```
N10 G90G41G01X17.5Y0D01F200;
N15 G03X17.5Y0I-17.5;
N20 G40G01X0Y0;
N25 M99;
O0019;
N05 G91G01Z-1F80;
N10 G90G41X14Y0D01F200;
N15 G03X14Y0I-14;
N20 G40G01X0Y0;
N25 M99;
O0020;
N05 G91G01Z-2F80;
N10 G90G41G01X10.5Y0D01F200;
N15 G03X10.5Y0I-10.5;
N20 G40G01X0Y0;
N25 M99;
O0021;
N05 G91G01Z-1.5F80;
N10 G90G41G01X7.5Y0F200D01;
N15 G03X7.5Y0I-7.5F200;
N20 G40G01X0Y0;
N25 M99;
```

任务 9　支架类零件的加工

一、工作任务

1. 对支架类零件进行工艺分析。
2. 确定装夹方法，刀量辅具的选用。
3. 加工图 2-92 所示零件。

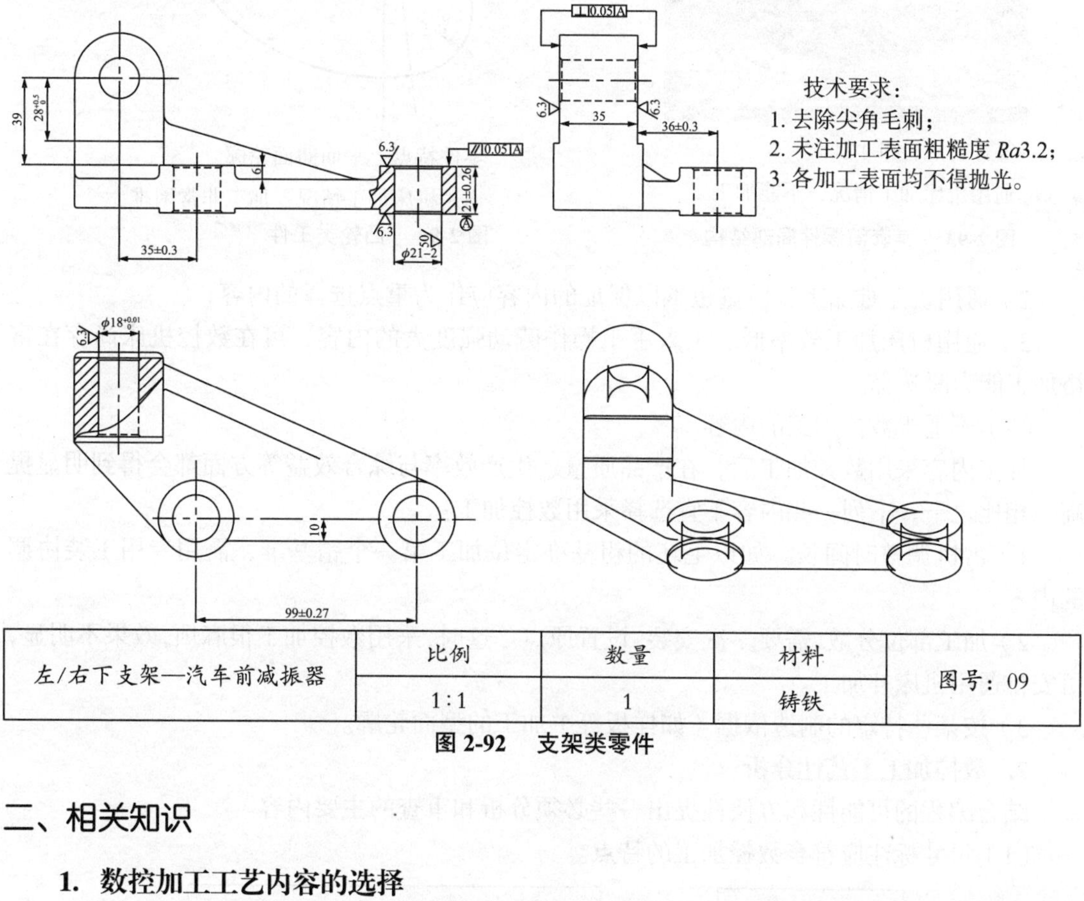

左/右下支架—汽车前减振器	比例	数量	材料	图号：09
	1:1	1	铸铁	

图 2-92　支架类零件

二、相关知识

1. 数控加工工艺内容的选择

对于一个零件来说，并非全部加工工艺过程都适合在数控机床上完成，这就需要仔细地对零件图样进行工艺分析，选择那些最适合、最需要进行数控加工的内容和工序。那么需要选择零件的哪些内容呢？仔细观察下列数控加工零件有什么特点？如图 2-93 和图 2-94 所示。

（1）适于数控加工的内容。

在选择数控加工内容时，一般可按下列顺序考虑：

1）通用机床无法加工的内容应作为优先选择的内容；

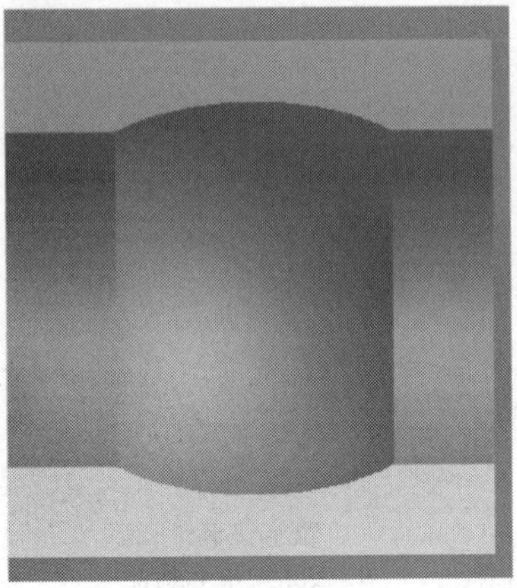

零件特点：口小肚大

通用机床加工情况：不能加工

图 2-93　某套筒零件局部结构

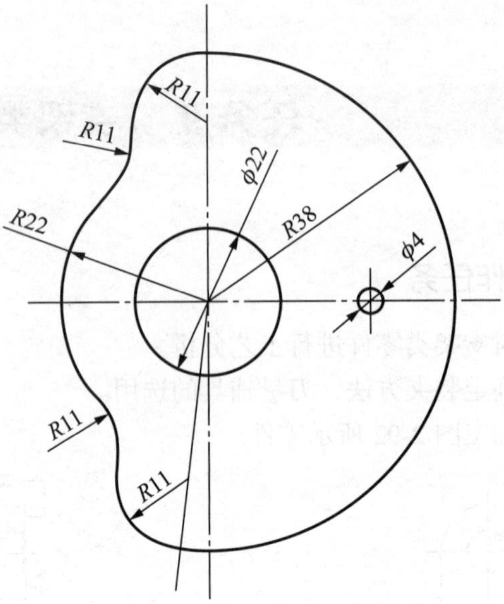

零件特点：平面曲面轮廓

通用机床加工情况：加工非常困难

图 2-94　凸轮类工件

2）通用机床难加工，质量也难以保证的内容应作为重点选择的内容；

3）通用机床加工效率低、工人手工操作劳动强度大的内容，可在数控机床尚存在富裕加工能力时选择。

（2）不适于数控加工的内容。

加工内容采用数控加工后，在产品质量、生产效率与综合效益等方面都会得到明显提高。相比之下，下列一些内容不宜选择采用数控加工：

1）占机调整时间长。如以毛坯的粗基准定位加工第一个精基准，需用专用工装协调的内容。

2）加工部位分散，需要多次安装、设置原点。这时，采用数控加工很麻烦，效果不明显，可安排通用机床补加工。

3）按某些特定的制造依据（如样板等）加工的型面轮廓。

2. 数控加工工艺性分析

结合编程的可能性和方便性提出一些必须分析和审查的主要内容。

（1）尺寸标注应符合数控加工的特点。

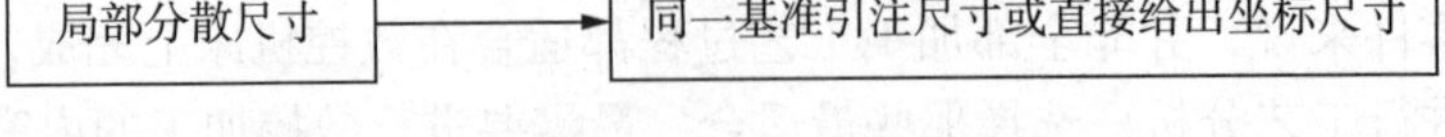

（2）几何要素的条件应完整、准确。

零件图样的构成条件要充分，必要时要用绘图软件验证，如图 2-95 和图 2-96 所示。

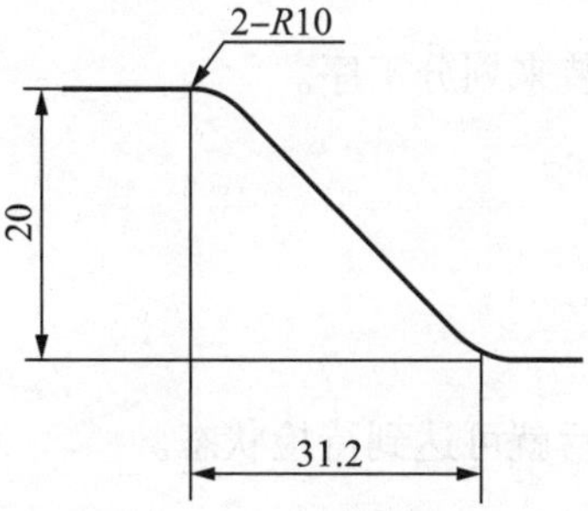

图 2-95　几何要素模糊

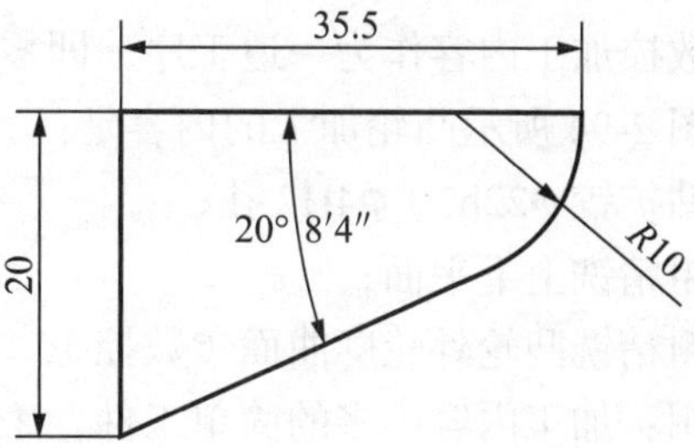

图 2-96　几何要素矛盾

（3）定位基准可靠。

在数控加工中，加工工序往往较集中，以同一基准定位十分重要。因此往往需要设置一些辅助基准，或在毛坯上增加一些工艺凸台。如图 2-97 所示的零件，为增加定位的稳定性，可在底面增加一工艺凸台。

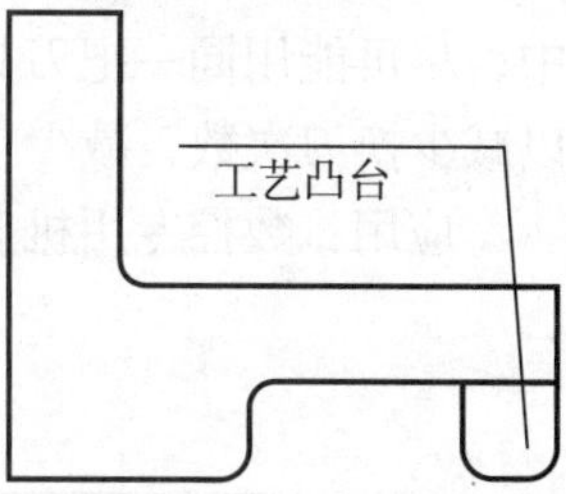

图2-97　工艺凸台

（4）统一几何类型及尺寸。

零件的外形、内腔最好采用统一的几何类型及尺寸，这样可以减少换刀次数，还可能应用控制程序或专用程序以缩短程序长度，如图 2-98 所示。

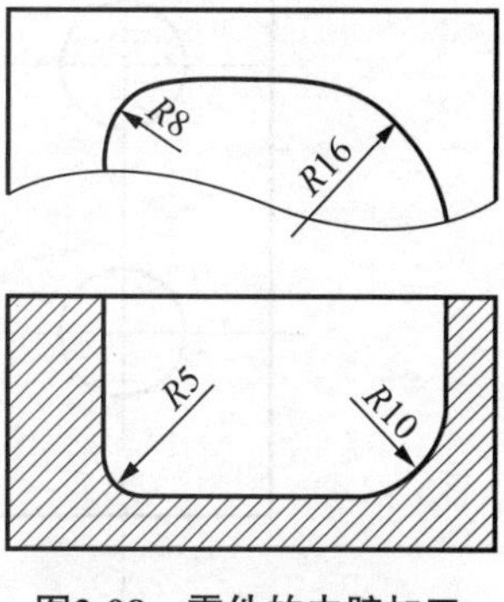

图2-98　零件的内腔加工

3. 数控加工工艺路线的设计

数控加工工艺路线的设计与通用机床加工工艺路线的设计的主要区别在于，它往往不是指从毛坯到成品的整个工艺过程，而仅是几道数控加工工序工艺过程的具体描述。因此在工艺路线设计中一定要注意到，由于数控加工工序一般都穿插于零件加工的整个工艺过程中，因而要与其他加工工艺衔接好。常见工艺流程如图 2-99 所示。

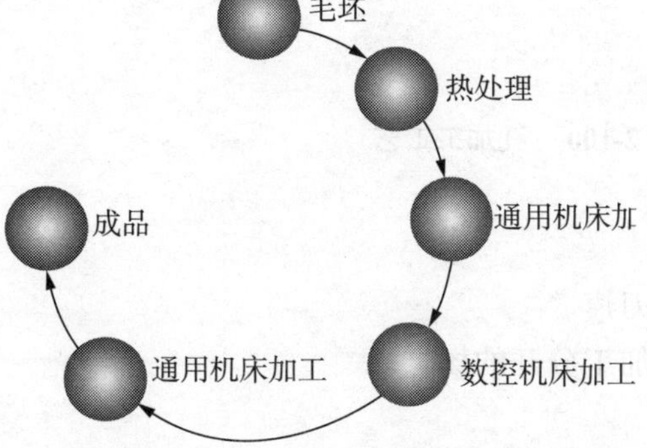

图 2-99　常见工艺流程

数控加工工艺路线设计中应注意以下几个问题：

（1）工序的划分。

根据数控加工的特点，数控加工工序的划分一般可按下列方法进行：

1）以一次安装、加工作为一道工序。

将数控加工内容作为一道工序，即零件加工以安装来划分工序。

如图 2-94 所示凸轮加工的内容是：

①钻扩铰 ϕ22h7、ϕ4H7 孔；

②粗精铣上下平面；

③粗精铣凸轮外轮廓曲面（数控）。

应用：加工内容不多的简单工件，工件加工完毕后就可达到待检状态。

2）以所用刀具划分工序。

当工件在一次安装中加工的内容较多时，如果按安装划分工序，会使机床连续工作时间较长，加工程序编制时间长，检查难度大，此时常按所用刀具划分工序，即在一次安装中，尽可能用同一把刀具加工出可以加工的所有部位，然后再换另一把刀具加工，这样可以减少换刀次数，减少空行程时间，如图 2-100 所示。

应用：数控专用机床或加工中心。

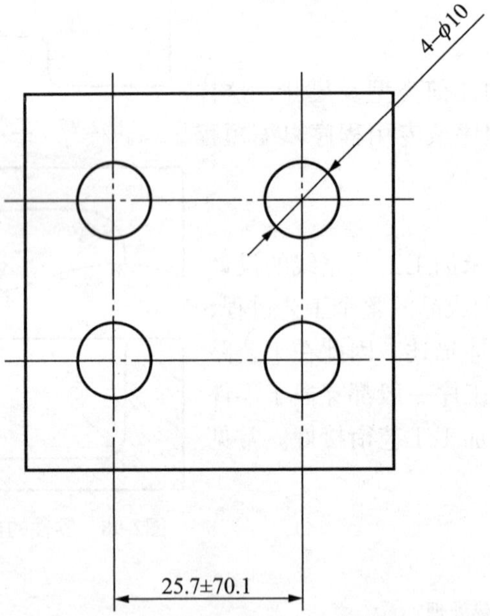

加工工艺：钻—扩—铰

按刀具划分的工序是：

①钻 4×ϕ10H7 孔为 ϕ8；

②扩 4×ϕ10H7 孔为 9.85；

③铰 4×ϕ10H7 孔至图样尺寸。

图 2-100　孔加工工艺

3）按粗精加工划分工序。

粗加工：去除大部分加工余量；

精加工：最后一刀连续走刀避免刀痕。

应用：加工后变形较大需要粗精加工分开的场合。

4）按加工部位划分工序。

当零件轮廓结构差异较大时，可按其结构特点将加工部位分成几部分分别在几道工序中进行加工，此时完成相同型面的那一部分工艺过程为一道工序。如可按内形、外形、平面、曲面来划分多道工序，如图 2-101 所示。

（2）加工顺序的安排。

加工顺序安排一般应按以下原则进行：

1）先面后孔；

2）先粗后精；

3）先内后外，内外交叉；

4）以相同定位、夹紧方式加工或用同一把刀具加工的工序，最好连续加工，以减少重复定位次数、换刀次数与挪动压板次数。

（3）数控加工工艺与普通工序的衔接。

数控加工工序前后一般都穿插有其他普通加工工序，如衔接得不好就容易产生矛盾。因此在熟悉整个加工工艺内容的同时，应相互建立状态要求，如要不要留加工余量，留多少；定位面与孔的精度要求及形位公差；对校形工序的技术要求；毛坯的热处理状态等。

图2-101　按加工部位划分工序

4. 数控加工工艺设计方法

在选择了数控加工工艺内容和确定了零件加工路线后，即可进行数控加工工序的设计。数控加工工序设计的主要任务是进一步把本工序的加工内容、切削用量、工艺装备、定位夹紧方式及刀具运动轨迹确定下来，为编制加工程序作好准备。

（1）确定走刀路线和安排加工顺序。

走刀路线就是刀具在整个加工工序中的运动轨迹，它不但包括了工步的内容，也反映出工步顺序。走刀路线是编写程序的依据之一。确定走刀路线时应注意以下几点：

1）寻求最短加工路线。

如加工图 2-102 所示零件上的孔系。中图的走刀路线为先加工完外圈孔后，再加工内圈孔。若改用右图的走刀路线，则减少了空刀时间，可节省定位时间近一倍，提高了加工效率。

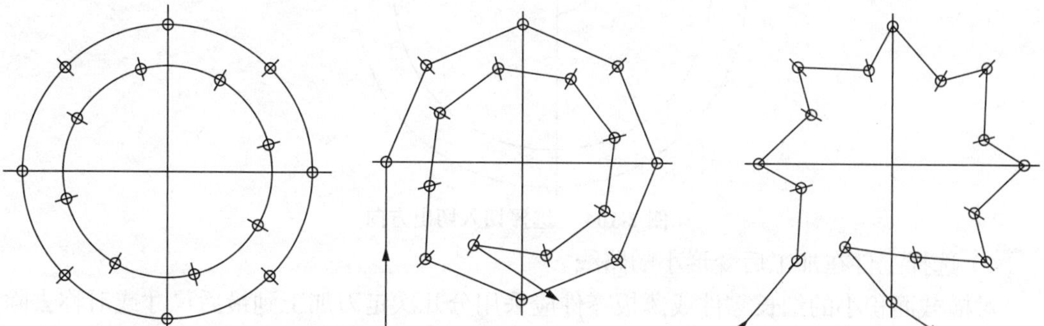

图 2-102　走刀轨迹

2）最终轮廓一次走刀完成。

为保证工件轮廓表面加工后的粗糙度要求，最终轮廓应安排在最后一次走刀中连续加工出来。

如图 2-103 所示为用行切方式加工内腔的走刀路线，这种走刀能切除内腔中的全部余量，不留死角，不伤轮廓。但行切法将在两次走刀的起点和终点间留下残留高度，而达不到要求的表面粗糙度。所以如采用右图的走刀路线，先用行切法，最后沿周向环切一刀，光整轮廓表面，能获得较好的效果。中图也是一种较好的走刀路线方式。

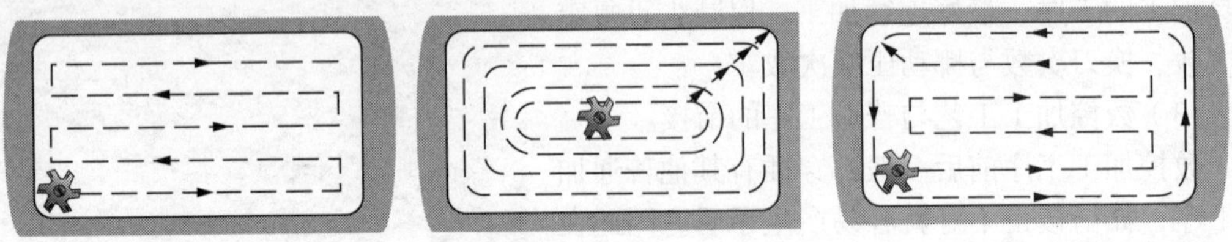

图 2-103　走刀轨迹

3）选择切入切出方向。

考虑刀具的进、退刀（切入、切出）路线时，刀具的切出或切入点应在沿零件轮廓的切线上，以保证工件轮廓光滑；应避免在工件轮廓面上垂直上、下刀而划伤工件表面；尽量减少在轮廓加工切削过程中的暂停（切削力突然变化造成弹性变形），以免留下刀痕，如图 2-104 所示。

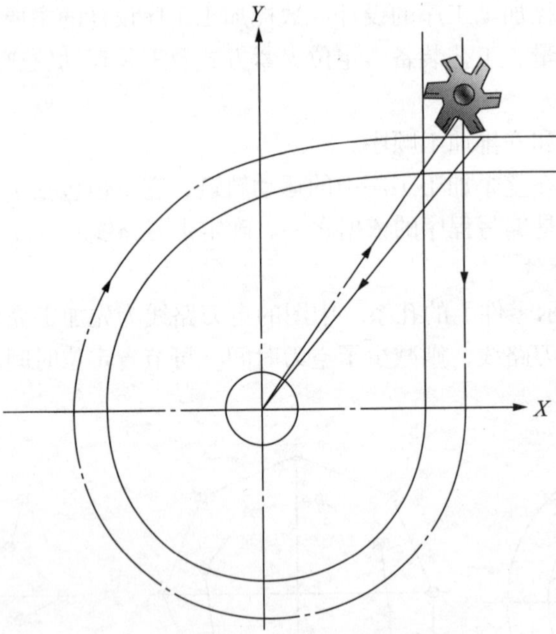

图 2-104　选择切入切出方向

4）选择工件在加工后变形小的路线。

对横截面积小的细长零件或薄板零件应采用分几次走刀加工到最后尺寸或对称去除余量法安排走刀路线。安排工步时，应先安排对工件刚性破坏较小的工步。

5. 确定定位和夹紧方案

在确定定位和夹紧方案时应注意以下几个问题：

（1）尽可能做到设计基准、工艺基准与编程计算基准的统一；

（2）尽量将工序集中，减少装夹次数，尽可能在一次装夹后加工出全部待加工表面；

（3）避免采用占机人工调整时间长的装夹方案；

（4）夹紧力的作用点应落在工件刚性较好的部位。

如图2-105（a）所示薄壁套的轴向刚性比径向刚性好，用卡爪径向夹紧时工件变形大，若沿轴向施加夹紧力，变形会小得多。在夹紧图2-105（b）所示的薄壁箱体时，夹紧力不应作用在箱体的顶面，而应作用在刚性较好的凸边上，或改为在顶面上三点夹紧，改变着力点位置，以减小夹紧变形，如图2-105（c）所示。

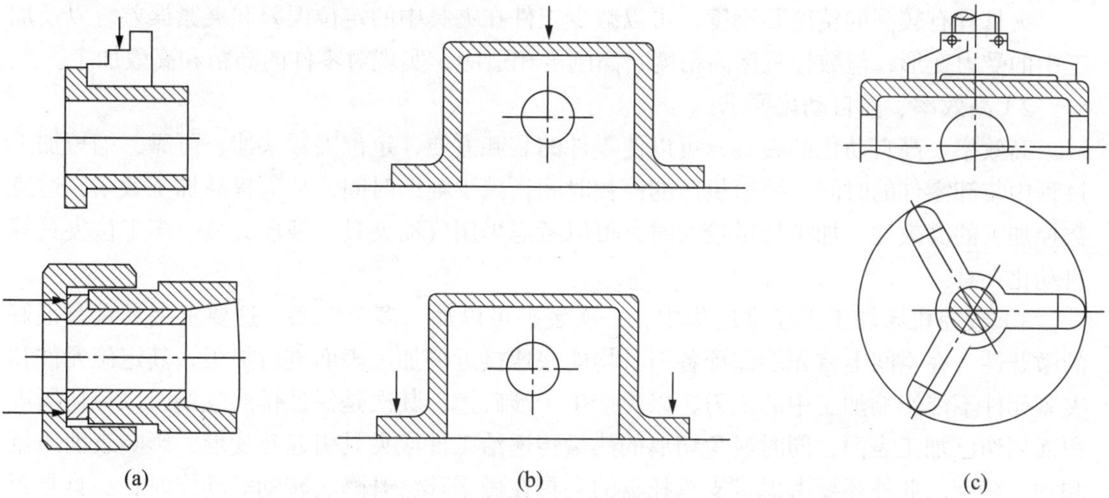

图2-105　工件的夹紧

6. 确定刀具与工件的相对位置

对于数控机床来说，在加工开始时，确定刀具与工件的相对位置是很重要的，这一相对位置是通过确认对刀点来实现的。对刀点是指通过对刀确定刀具与工件相对位置的基准点。对刀点可以设置在被加工零件上，也可以设置在夹具上与零件定位基准有一定尺寸联系的某一位置，对刀点往往就选择在零件的加工原点。对刀点的选择原则如下：

（1）所选的对刀点应使程序编制简单；

（2）对刀点应选择在容易找正、便于确定零件加工原点的位置；

（3）对刀点应选在加工时检验方便、可靠的位置；

（4）对刀点的选择应有利于提高加工精度。

例如，加工图2-106所示零件，当按照图示路线来编制数控加工程序时，选择夹具定位元件圆柱销的中心线与定位平面A的交点作为加工的对刀点。显然，这里的对刀点也恰好是加工原点。

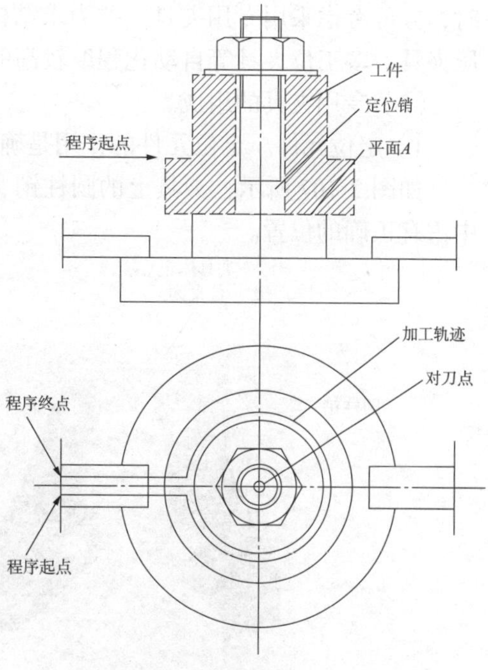

图2-106　确定刀具与工件的相对位置

7. 夹具

（1）夹具的选择。

数控加工的特点对夹具提出了两个基本要求：一是保证夹具的坐标方向与机床的坐标方向相对固定，从而协调零件与机床坐标系的关系。二是要求夹具具有高精度、高效率等特点。具体考虑以下几点：

1）高精度、高刚度要求。

夹具具有较高的精度和刚度，可以减少工件在夹具中的定位误差和夹紧误差，以及加工中的受力变形，与数控机床高精度、高刚度相适应，实现对零件的高精和高效加工。

2）高效率、高自动化要求。

高效率、高自动化的夹具，可以使零件的装卸方便，定位夹紧快速、可靠，缩短加工过程中装卸零件的时间，缩短机床的停顿时间，减少辅助时间，从而提高加工效率，适应数控加工的高效性。加工批量较大时，可以考虑采用气动夹具、液压夹具、多工位夹具等自动化夹具。

3）数控机床加工工序高度集中，一次装夹可以加工多个表面，这要求夹具具有很好的敞开性，在空间上首先能保证各刀具均能快速接近待加工表面进行加工，其定位元件和夹紧元件不能影响加工中的走刀，以免产生干涉碰撞。其次是保证排屑顺畅，以免切屑堆积而划伤已加工表面，同时避免切屑的热量传递给工件或夹具引起热变形，影响表面质量和加工精度。此外还要考虑带支承托盘的夹具在做平移、升降、转动等动作时，夹具是否会与机床其他部位发生干涉碰撞。

在考虑以上几点要求的同时，还要综合考虑技术经济性。单件小批生产时，优先选用组合夹具、可调夹具和其他通用夹具，以缩短生产准备时间和降低生产成本；在成批生产时，方可考虑采用专用夹具，并力求结构简单；当批量较大时，应考虑采用气动夹具、液压夹具、多工位夹具等自动化程度较高的夹具，以便更好地提高数控加工的效率。

（2）专用夹具的组成。

1）定位元件。定位元件的作用是确定工件在夹具中的正确位置。

如图 2-107 所示，夹具上的圆柱销、菱形销等都是定位元件，通过它们使工件在夹具中占有正确的位置。

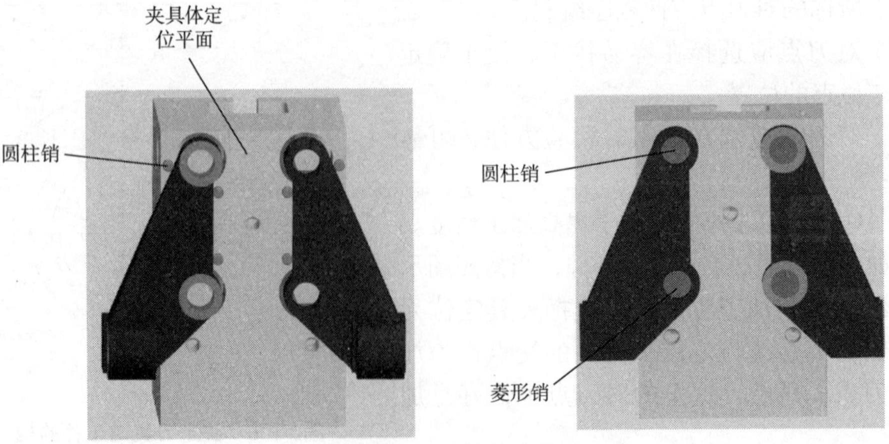

图 2-107　工件的定位

2）夹紧装置。夹紧装置的作用是将工件夹紧夹牢，保证工件在加工过程中正确位置不变。夹紧装置包括夹紧元件或其组合以及动力源。如图 2-108 所示，压板、螺栓等组成了夹紧装置。

3）夹具体。夹具体是机床夹具的基础件，如图 2-108 所示，通过它将夹具的所有部分连接成一个整体。

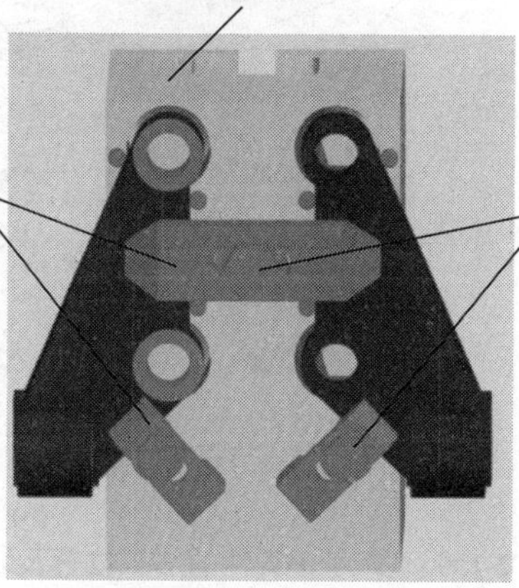

图2-108　工件的装夹

三、零件加工工艺方案制定与实施

（1）看懂工件图样，了解图样上各加工部位的尺寸标注、精度要求等。具体内容如下:

1）铣凸台的两平面，保证尺寸 21.26~20.74 及尺寸 6，表面粗糙度 $Ra \leqslant 6.3\mu m$。

2）钻、扩两个 $\phi 21$ 的孔，保证尺寸 99.27~98.73 及尺寸 10。

3）铣两平面，厚为 35，保证内平面到中心孔连线的距离为 36.3~35.7，并同时保证尺寸 28~28.5，表面粗糙度为 $Ra \leqslant 6.3\mu m$;

4）钻孔 17.4，铰孔 $\phi 18$~$\phi 18.1$，保证尺寸 36 及 35.3~34.7。

（2）检测毛坯，确定工件的加工余量。该支架的材料为铸铁，毛坯为铸件。该工件结构较复杂，精度要求较高，各加工面之间有较严格的平行度和垂直度等要求，毛坯有较大的加工余量，零件的工艺刚性较差。

（3）工件的装夹：根据工件的特点，我们以一次安装，作为一道工序。

工序一：为了保证尺寸 21.26~20.74 及尺寸 6，要铣凸台的两侧面，但是在数控机床上，要想同时铣两侧面有一定的难度，我们只能先装夹一次，铣削凸台一面，保证尺寸 6，表面粗糙度 $Ra \leqslant 6.3\mu m$，钻、扩两个 $\phi 21$ 的孔，保证尺寸 99.27~98.73 及尺寸 10，同时还铣削厚为 35 的两平面，保证内平面到中心孔连线的距离为 36.3~35.7，并同时保证尺寸 28~28.5，表面粗糙度为 $Ra \leqslant 6.3\mu m$。然后再重新装夹，铣削另一面。如图 2-109（a）所示为加工位置示意图。

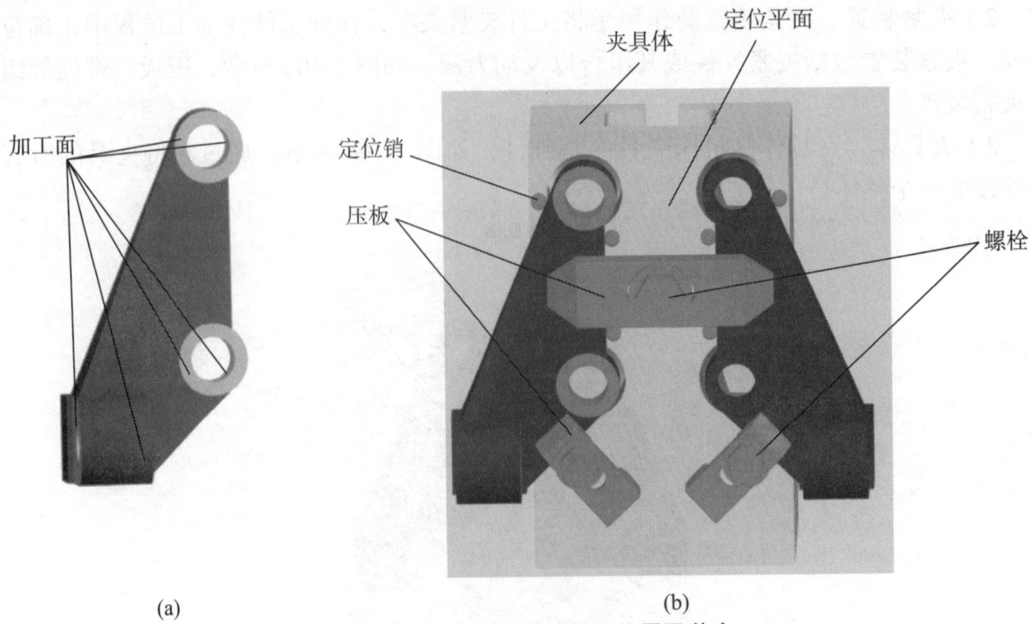

图 2-109　工序一工件的加工位置及装夹

根据加工位置，设计零件的装夹方案。零件开始加工时，所有的面均未加工，只能选毛坯面为定位基准，即首先要选择一个粗基准，根据粗基准的选择原则，即为了保证零件上加工面与不加工面的相对位置要求，应选不加工面为粗基准。再者，为了提高加工效率，将左右两支架一起装夹，一次加工。如图 2-109（b）所示。

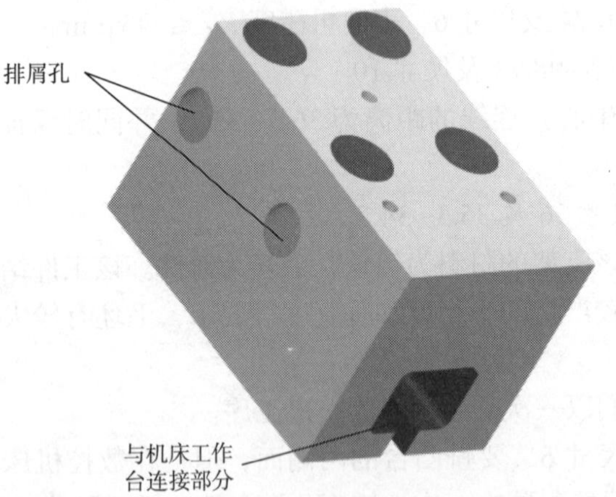

图2-110　夹具体

夹具设计中，由于需要加工的有平面和孔，且孔之间有位置要求，所以我们采用完全定位的方式，如图 2-109（b）所示，采用夹具体上的一个平面限制工件的三个自由度，附有三个挡销限制另外三个自由度。夹紧元件采用的是压板，设计时压板的大小要适中，既要保证将工件压紧压牢，保持正确的位置及刚性，同时还要考虑在加工过程中不能与刀具发生干涉。

此外在夹具设计中还要考虑与机床的连接及排屑。如图 2-110 所示，夹具体上设有放置 T 形螺栓的槽，通过 T 形螺栓使夹具体与机床牢固地连接在一起；夹具体上还设有利于排屑的斜孔，保证排屑顺畅，以免切屑堆积而划伤已加工表面，同时避免切屑的热量传递给工件或夹具体引起热变形，影响表面质量和加工精度。

工序二：为了保证尺寸 21.26~20.74，第二次安装，铣削凸台另一个平面，如图 2-111 所示为加工位置示意图。

装夹方案如图 2-112 所示，由于一侧平面及孔已加工完毕，所以可以把它们作为精基准，即采用一面两削的定位方案。为了避免过定位，其中一个采用圆柱销，一个采用的是削边销。夹紧采用压板，注意压板夹紧时的作用点应落在工件刚性较好的部位。由于加工时完全是敞开式的，所以夹具体上不需留排屑孔。

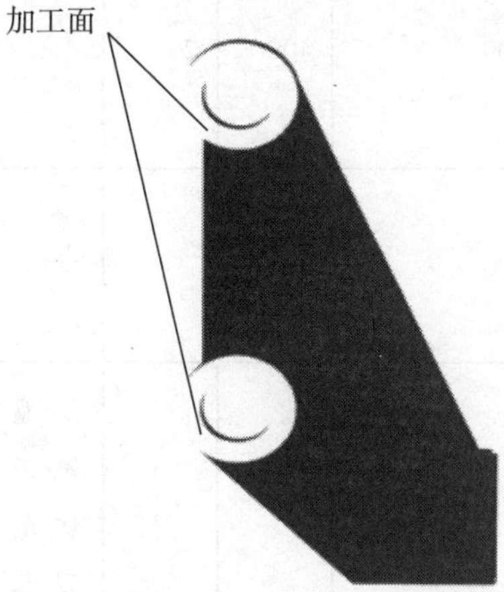

图 2-111 工序二加工位置

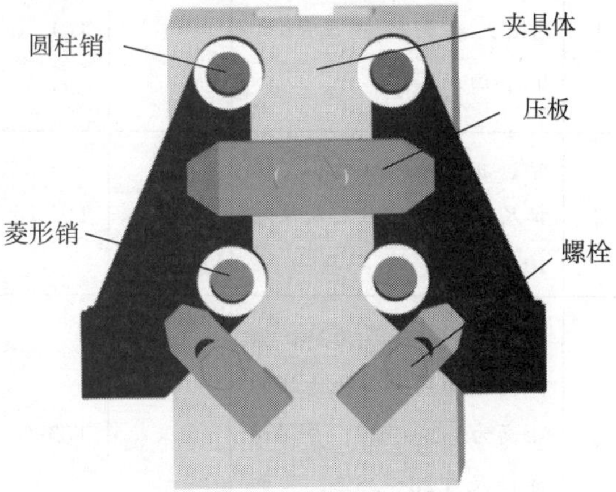

图 2-112 工序二工件的装夹

工序三：钻孔 17.4，铰孔 $\phi18\sim\phi18.1$，保证尺寸 36 及 35.3~34.7。

在前两次装夹中，无法加工 $\phi18$ 的孔，所以需要第三次装夹。如图 2-113 所示，依然采用一面两销定位，采用压板夹紧。

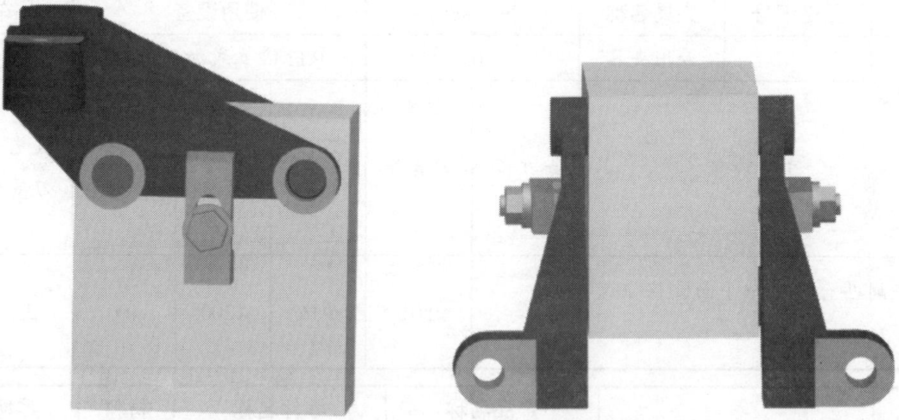

图 2-113 工序三工件的装夹

（4）编写数控加工工序卡片。

<table>
<tr><td colspan="2" rowspan="2">工厂</td><td colspan="2" rowspan="2">数控加工程序卡片</td><td colspan="2">产品名称</td><td colspan="2">零件名称</td><td colspan="2">材料</td><td colspan="2">零件图号</td></tr>
<tr><td colspan="2">汽车前减振器</td><td colspan="2">左/右下支架</td><td colspan="2">铸铁</td><td colspan="2">09</td></tr>
<tr><td colspan="2">工序号</td><td>程序编号</td><td>夹具名称</td><td colspan="2">夹具编号</td><td colspan="4">使用设备</td><td colspan="2">车间</td></tr>
<tr><td colspan="2">1</td><td></td><td>专用夹具</td><td colspan="2">01</td><td colspan="4">RFMV立式加工中心</td><td colspan="2"></td></tr>
<tr><td>工步号</td><td colspan="3">工步内容</td><td>加工面</td><td>刀具号</td><td>刀具规格</td><td colspan="2">主轴转速</td><td>进给速度</td><td>被吃刀量</td><td>备注</td></tr>
</table>

续前表

1	铣削凸台一面，保证尺寸6，表面粗糙度$Ra\leqslant 6.3\mu m$		T01	ϕ16高速钢立铣刀	1200	400	2	
2	钻、扩两个ϕ21的孔，保证尺寸99.27~98.73及尺寸10		T02	ϕ21麻花钻	1000	300		
3	铣两平面，厚度为35，保证内平面到中心孔连线的距离为36.3~35.7，并同时保证尺寸28~28.5，表面粗糙度为$Ra\leqslant 6.3\mu m$;		T03	ϕ16高速钢立铣刀				注意铣刀切削刃长度

工厂	数控加工程序卡片		产品名称		零件名称		材料	零件图号
			汽车前减振器		左/右下支架		铸铁	09
工序号	程序编号	夹具名称	夹具编号		使用设备			车间
2		专用夹具	02		RFMV立式加工中心			
工步号	工步内容		加工面	刀具号	刀具规格	主轴转速	进给速度	被吃刀量	备注
1	铣削凸台另一个平面，保证尺寸21.26~20.74			T01	ϕ16	1200	400	2	

工厂	数控加工程序卡片		产品名称		零件名称		材料	零件图号
			汽车前减振器		左/右下支架		铸铁	09
工序号	程序编号	夹具名称	夹具编号		使用设备			车间
3		专用夹具	03		RFMV立式加工中心			
工步号	工步内容	加工面	刀具号	刀具规格	主轴转速	进给速度	被吃刀量	备注
1	钻孔17.4		T04	ϕ17.4麻花钻	1000	400		
	铰孔ϕ18~ϕ18.1，保证尺寸36及35.3~34.7。		T05	ϕ18铰刀				

项目三 综合零件制作

任务 1　凸缘—差速器的试制

一、工作任务

根据技术要求和所使用机床的具体情况，编写图 3-1 所示凸缘—差速器的加工程序并完成试制。图 3-2 所示为其三维图。

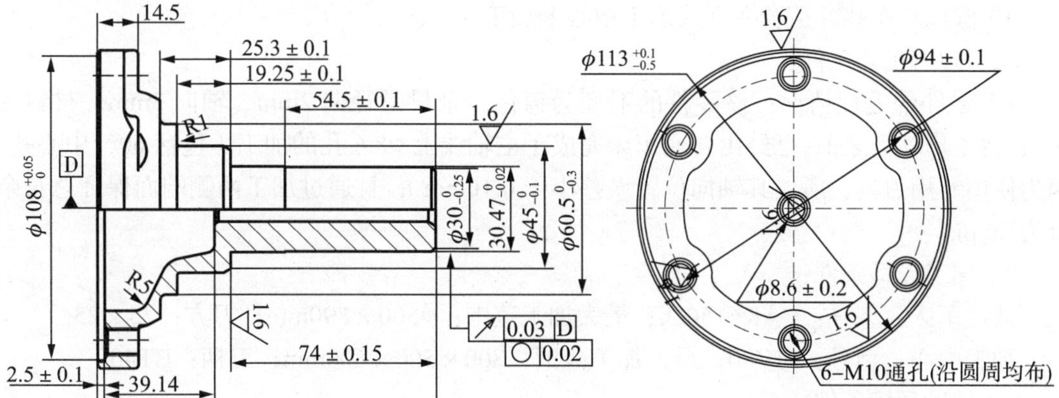

技术要求

(1)未注倒角均1.5×45°；

(2)未注铸造圆角*R*3.5；

(3)未注表面粗糙度为*Ra*3.2。

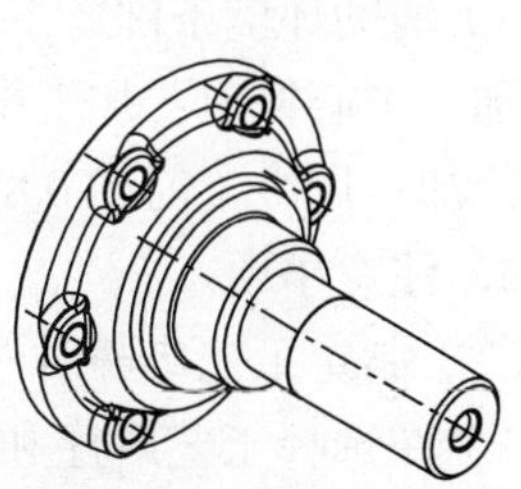

设计		凸缘—差速器	材料	40Cr	热处理
校对			比例	1:1	
标准化		长春汽车工业高等专科学校	数量：1		
审核					

图 3-1　凸缘—差速器

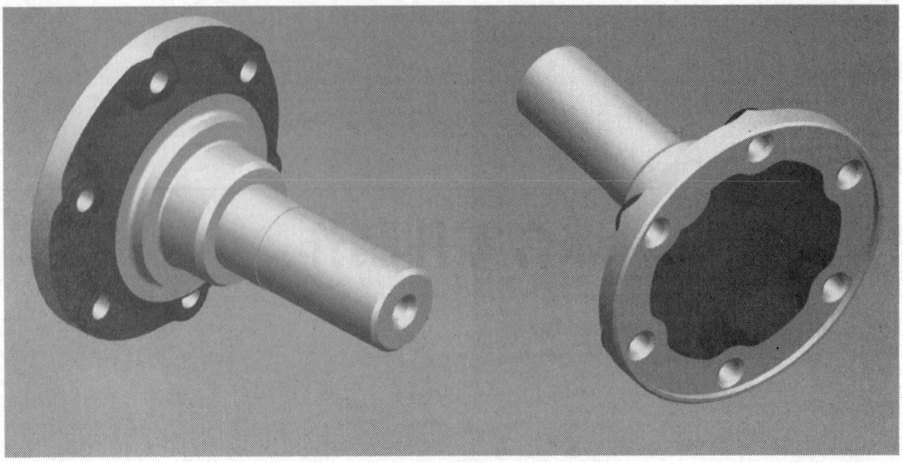

图 3-2　凸缘—加速器三维图

二、相关知识

1. 工作任务的相关情况简介

（1）零件的技术要求情况：

1）本工作任务只需完成目标零件的热前冷加工部分，其中部分铸造表面不需加工（如图 3-2 所示）。

2）与任务相关的零件结构，主要包括：回转体和圆周均布孔。

3）回转体部分，应采用数控车床来加工。

4）圆周均布孔，适合在立式加工中心上加工。

（2）现有工艺条件：

1）零件的毛坯情况：该零件的毛坯为铸件，余量是径向 2mm、轴向 3mm，材料为 40Cr，本工作任务之前，已经由普通车床完成了主轴线上 ϕ8.6 孔的加工（包括 60° 中心孔，因为使用专用刀具，所以其轴向位置误差小于 0.10mm），且通过加工两侧端面保证总长余量为 1mm。

2）加工设备条件：

数控车床：型号：CAK6150Di；最大加工范围：ϕ500 × 890mm；刀方：25 × 25。

加工中心：型号：MV80；最大加工范围：800 × 500 × 600mm；刀柄：BT40。

3）辅助环境条件：

加工中心换刀：加工中心锁刀座、0.8MPa 的气源。

冷却：风冷（前述 0.8MPa 的气源）、乳化液。

2. 注意事项

（1）制定工艺步骤时注意：

1）在选择工艺顺序和装夹方案时，首先应考虑零件的形位精度的要求和可以利用的安装基准（如图 3-3 所示）。

2）需对毛坯的尺寸和形状误差进行实际的测量，并根据结果分配各序余量（如图 3-3 所示）。

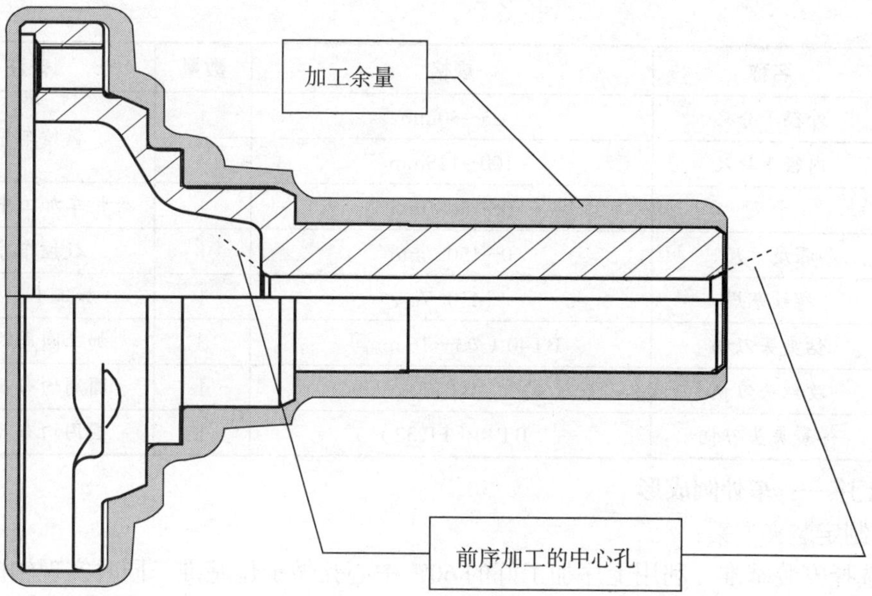

图 3-3　安装基准

（2）编程时注意：

1）在选择刀具路径的方向和顺序时，应考虑到刀具的受力情况（见图 3-3）。

2）计算坐标点时，应同时考虑基本尺寸和公差对实际坐标值的影响。

（3）调试、试切时注意：

1）首次试切的程序，需要控制快移速度，避免撞车。

2）二次试切时，应考虑效率和成本因素。

三、零件加工工艺方案与实施

1. 工具清单（见表 3–1）

表 3-1　工具清单

种类	名称	规格	数量	备注
刀具	外圆粗车刀	刀方：25×25，80° 菱形刀片	1	数控车序使用
	外圆精车刀	刀方：25×25，35° 菱形刀片	1	
	内圆粗车刀	刀杆：ϕ32，80° 菱形刀片	1	
	内圆精车刀	刀杆：ϕ32，60° 三角形刀片	1	
	中心钻	A 3.15	1	加工中心序使用
	钻头	ϕ8mm	1	
	扩孔钻	ϕ8.5mm	1	
	倒角钻	ϕ16 mm	1	
	机用丝锥	M10	1	
夹具	车序一专用夹具		1	结构见图3–4
	三爪卡盘	ϕ250	2	数控车、加工中心序

续前表

种类	名称	规格	数量	备注
量具	外径千分尺	25~50mm	1	数控车序用
	内径千分尺	100~125mm	1	
	卡尺	0~150 mm	1	数控车加工中心序用
	深度卡尺	0~150 mm	1	数控车序用
	螺纹塞规	M10−7g	1	加工中心序用
附具	钻夹头刀柄	BT40（ϕ3—16 mm）	3	加工圆周均布孔
	攻丝头刀柄	BT40	1	圆周均布孔攻丝
	弹簧夹头刀柄	BT40（ER32）	1	圆周均布孔倒角

2. 工序一：车外圆成形

（1）制定装夹方案：

1）选择安装基准：利用上序加工好的 60° 中心孔做定位基准，同时实现轴向和径向定位。

2）选择夹紧方式：使用如图 3-4 所示的两端顶尖加拨杆的方式，装拆速度快，定位精度高。

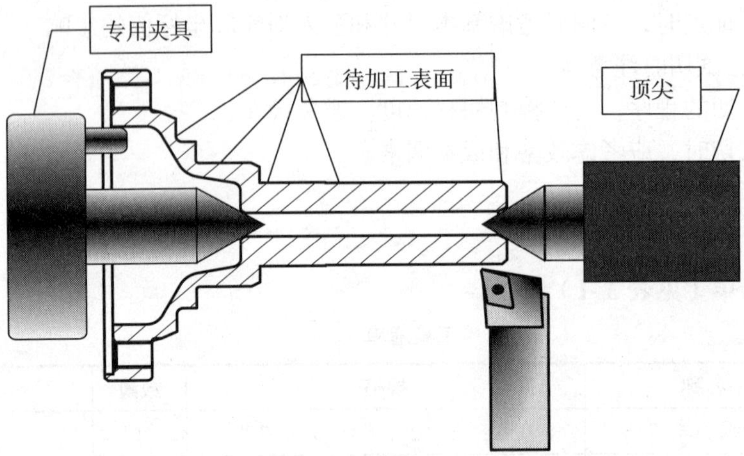

图 3-4　零件夹紧方式

（2）分配加工余量，绘制刀具轨迹：由于毛坯为铸件，为避免加工时切深变化过于急剧导致刀具损坏，因此粗车时应先去除轴向余量，再进行轮廓加工。

1）分配加工余量：精加工轴向余量选 0.15mm，径向余量选 0.35mm，粗车时单刀余量轴向余量不大于 1.5mm/ 层，径向余量不大于 2mm/ 层。

2）绘制刀具轨迹：根据余量分配的情况、刀具情况和工序图的技术要求绘制刀具轨迹图（如图 3-5 所示端面加工，图 3-6 所示轮廓粗加工，图 3-7 所示轮廓精加工）。

（3）计算坐标、编制加工程序：认真分析工序图，根据基本尺寸和公差来计算坐标。

参考程序如下（以 FANUC-0i mate-TC 为例）：

```
O2601;              程序号
G50 S1800;          与 G96 指令配合使用，限定主轴最高转速
```

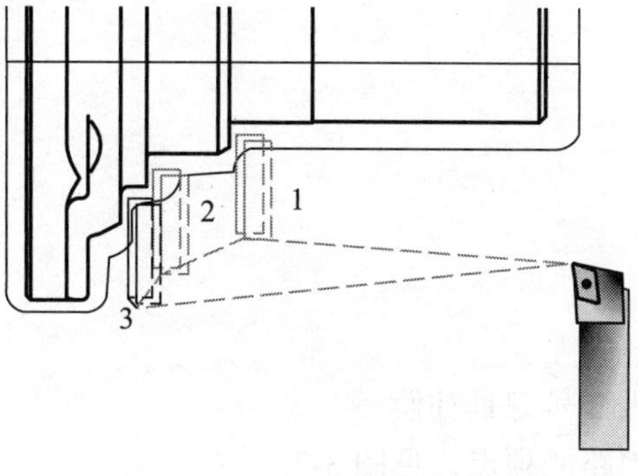

图 3-5 端面加工

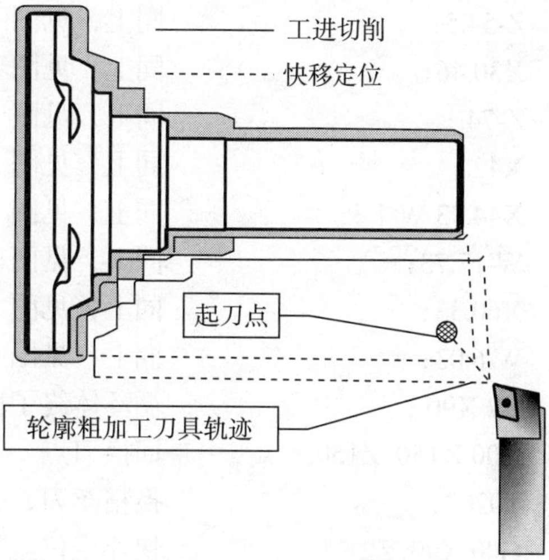

图 3-6 轮廓粗加工

G54 G99 G97 G00 X150. Z150.；选用预置坐标系（端面处为 Z0），并设定加工环境

M42 T0101； 主轴换挡（挡位 2），换粗车刀并引用一号刀补

S600 M03； 主轴以 600rpm 正转启动。

X54. Z-71.； 快速定位在 $\phi45$ 的圆柱面的前面（对应长度 74）

G94 X36.5 Z-72.5 F0.2； 使用端面粗车循环指令去除轴向余量，见图 3-5

Z-73.6； 同上，见图 3-5

G00 X68. ； 定位在 $\phi60$ 的圆柱面的前面，对应长度 19.25

Z-89.； 同上，见图 3-5

G94 X52. Z-92. F0.2 S550；使用端面粗车循环指令去除轴向余量，见图 3-5

Z-93.； 同上，见图 3-5

G00 X92. ； 定位在 $\phi88$ 的圆柱面的前面，对应长度 25.3

Z-95.； 同上，见图 3-5

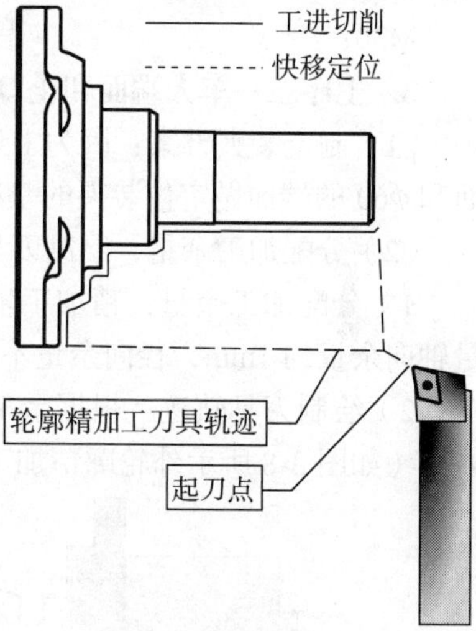

图3-7 轮廓精加工

G94 X66.5. Z-98. F0.2 S480；使用端面粗车循环指令去除轴向余量（见图 3-5）

Z-99.； 同上，见图 3-5

G00 X90. Z2.； 快速定位在轮廓循环的起刀点处，见图 3-6

S500 G96； 启用主轴恒线速度功能，并设定初始转速

G73 U4. W0.5 R2； 设定粗加工循环的参数

G73 P1 Q2 U0.35 W0.15 F0.2；设定粗加工的循环体位置和精加工余量

N1 G00 X26. Z0.5； 进行轮廓加工（见图 3-6）

G01 X29.885 Z-1.5 F0.08； 同上，见图 3-6

Z-54.5；	同上，见图 3-6
X30.46；	同上，见图 3-6
Z-74.；	同上，见图 3-6
X42.；	同上，见图 3-6
X44.93 W-1.3；	同上，见图 3-6
W-17.73；	同上，见图 3-6
X60.33；	同上，见图 3-6
W-6.03；	同上，见图 3-6
N2 X90.；	循环体终了段
G00 X150. Z150.；	回换刀点
T0202；	换精车刀，并引入 2 号刀具补偿
G00 X90. Z2.；	快速定位至轮廓刀路的顶点，见图 3-7
G70 P1Q Q2；	进行轮廓精车，见图 3-7
G97 G00 X150. Z150.；	取消恒线速度状态，返回换刀点
T0200；	取消刀具补偿
M05；	主轴制动
M30；	程序结束

3. 工序二：车大端面和止口

（1）制定装夹方案：因为上道工序已将小端轮廓加工完毕，因此本工序使用 $\phi45$ 圆柱面和 $\phi60$ 的端面做定位装夹的基准，直接以三爪卡盘（软爪）夹持这个表面即可。

（2）分配加工余量，绘制刀具轨迹：

1）分配加工余量：精加工轴向余量选 0.15mm，径向余量选 0.35mm，粗车时单刀余量轴向余量约 1mm，径向余量不大于 2mm/ 层。

2）绘制刀具轨迹：根据余量分配的情况、刀具情况和工序图的技术要求绘制刀具轨迹图（如图 3-8 所示外轮廓精加工，图 3-9 所示内轮廓粗精加工）。

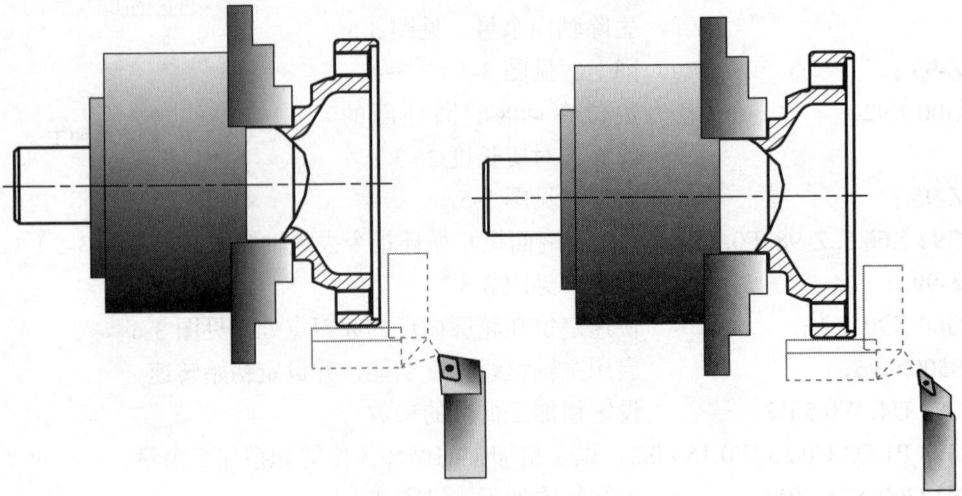

图 3-8　外轮廓精加工

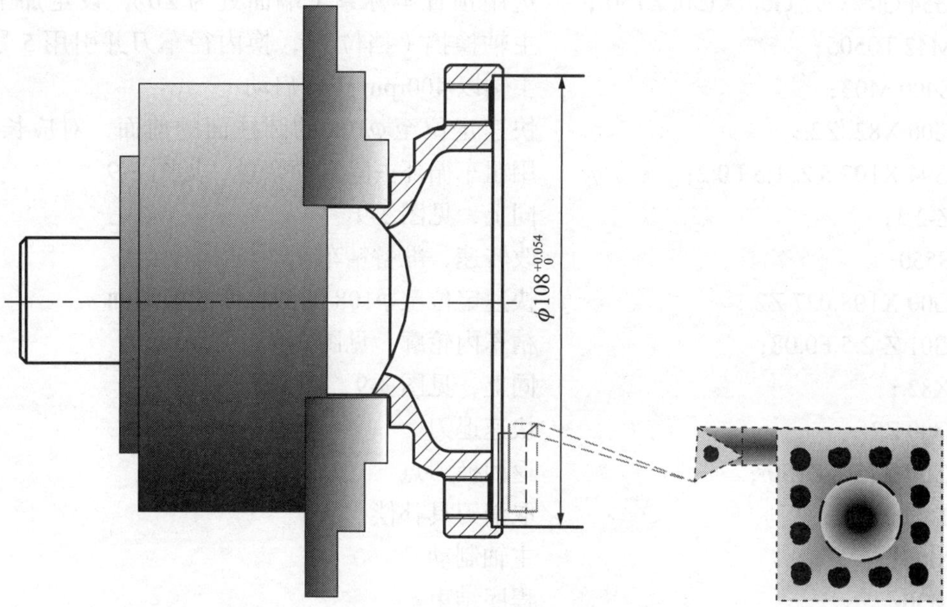

图 3-9 内轮廓粗精加工

（3）计算坐标、编制加工程序：认真分析工序图根据基本尺寸和公差来计算坐标。

参考程序如下（以 FANUC-0i mate-TC 为例）：

O2602；	外轮廓加工程序，见图 3-8
G54 G99 G97 G00 X150. Z150.；	选用预置坐标系，端面处为 Z0，设定加工环境
M42 T0101；	主轴换挡，换外径粗车刀，引用 1 号刀补
S400 M03；	主轴以 400rpm 正转启动
G00 X122. Z5.；	快速定位至 ϕ113 的圆柱面的前面，对应 Z5
G94 X85. Z1. F0.2；	用粗车循环去除端面余量，见图 3-8
Z0.15；	同上，见图 3-8
G00 X122. Z2.；	快速定位至 ϕ122 的圆柱面的前端面
G90 X116. Z-12.5 F0.2；	用粗车循环去除外圆余量，见图 3-8
X113.7；	同上，见图 3-8
G00 X150. Z150.；	返回换刀点
T0202；	换外径精车刀，并引用 2 号刀具补偿
G00 X122. Z2. S600；	快速定位至 ϕ113 的圆柱面的前面（对应 Z2）
G94 X85. Z0. F0.08；	加工右端面至尺寸，见图 3-8
G90 X113. Z-12. F0.08；	加工 ϕ113 至尺寸，见图 3-8
G00 X150. Z150.；	返回换刀点
T0200；	取消刀具补偿
M05；	主轴制动
M30；	程序结束
O2603；	内孔加工程序，见图 3-9，名称为 2603

G54 G99 G97 G00 X150. Z150.;	选用预置坐标系（端面处为 Z0），设定加工环境
M42 T0505;	主轴换挡（挡位 2），换内径车刀并引用 5 号刀补
S400 M03;	主轴以 400rpm 正转启动
G00 X82. Z2.;	快速定位至 ϕ108 的圆柱面的前面，对应长度 2.5
G94 X107.5 Z-1.5 F0.2;	用粗车循环去除端面余量，见图 3-9
Z-2.3;	同上，见图 3-9
S550;	改转速，准备精车
G00 X108.027 Z2.;	快速定位至 ϕ108 的圆柱面的前端面
G01 Z-2.5 F0.08;	精车内轮廓，见图 3-9
X82.;	同上，见图 3-9
G00 Z2.;	快速退刀
G00 X150. Z150.;	返回换刀点
T0500;	取消刀具补偿
M05;	主轴制动
M30;	程序结束

4. 工序三：圆周均布孔的加工

（1）制定装夹方案：前面的工序已加工好 ϕ45 圆柱面（见零件图 3-1），可以用它作为径向定位基准，以 ϕ60.5 直径的端面作为轴向定位基准，用三爪卡盘装夹。

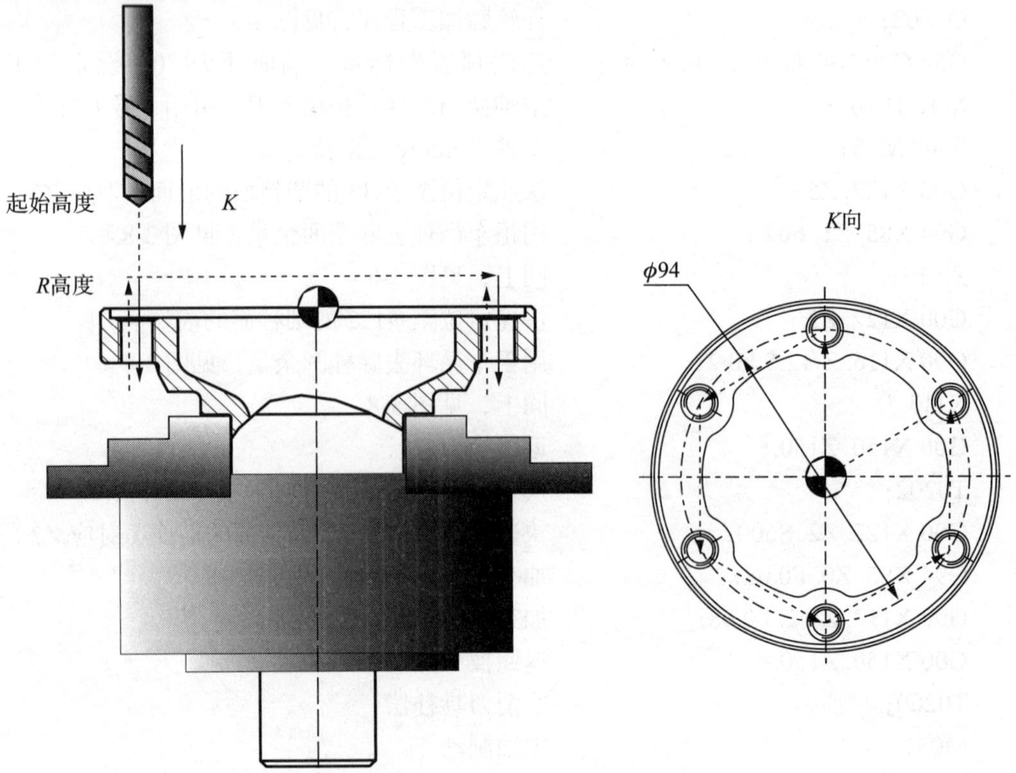

图 3-10　圆周均布孔的加工程序

（2）分配加工余量，绘制刀具轨迹：

1）分配加工余量：先用 $\phi8$ 麻花钻加工底孔至 $\phi8.15 \sim \phi8.35$，再以 $\phi8.5$ 的扩孔钻将孔加工至 $\phi8.5 \sim \phi8.6$，然后攻M10 的螺纹，最后以 $\phi16$ 的倒角钻完成倒角工作。

2）绘制刀具轨迹：由于是进行孔的加工所以不同刀具的刀具轨迹是基本相同的（如图 3-10 所示）。

（3）计算坐标、编制加工程序：认真分析工序图，根据基本尺寸和公差来计算坐标。

1）因为孔为圆周均布，因此若采用极坐标方式编程，可以很容易计算出各个点的坐标值，按如图 3-10 所示的顺序依次为：X47. Y90.；X47. Y150.；X47. Y210.；X47. Y270.；X47. Y330.（其中 X47 为极径，而 Y 坐标表示极角）。

2）参考程序如下（以 FANUC-0i MC 为例）：

O2604；	主程序的程序名
T01 M06；	换上中心钻，准备加工中心孔
G90 G54 G80 G40 G49 G21 G00 X0 Y0；	设定工作环境，定位至中心点，见图 3-10
S1200 M03；	以 1200rpm 启动主轴
G00 G43 Z50. H11；	引入 11 号长度补偿
G16 ；	设定极坐标方式，以 X0Y0 为极点
G99 G82 X47. Y90. R2. Z-6.5 F80；	钻首个中心孔
M98 P2641 L5；	钻其他 5 个中心孔，见图 3-10
G90 G00 G49 Z150.；	取消长度补偿，抬刀
M05；	主轴停止
T02 M06；	换上 $\phi8$ 麻花钻，准备加工底孔
G00 X0 Y0 S1000 M03；	（快速定位于中心点，主轴以 1000rpm 启动
G00 G43 Z50. H12；	引入 12 号长度补偿
G99 G81 X47. Y90. R2. Z-18. F100；	钻首个底孔
M98 P2641 L5；	钻其他 5 个底孔，见图 3-10
G90 G00 G49 Z150.；	取消长度补偿，抬刀
M05；	主轴停止
T03 M06；	换上 $\phi8.6$ 扩孔钻，准备扩孔
G00 X0 Y0 S600 M03；	快速定位于中心点，主轴以 600rpm 启动
G00 G43 Z50. H13；	引入 13 号长度补偿
G99 G81 X47. Y90. R2. Z-18. F100；	扩首个底孔
M98 P2641 L5；	扩其他 5 个底孔，见图 3-10
G90 G00 G49 Z150.；	取消长度补偿，抬刀
M05；	主轴停止
T04 M06；	换上 M10 丝锥，准备攻丝
G00 X0 Y0 S800 M03；	快速定位于中心点，主轴以 800rpm 启动
G00 G43 Z50. H14；	引入 14 号长度补偿
G99 G84 X47. Y90. R2. Z-18. F1200；	攻第一个螺纹孔
M98 P2641 L5；	攻其他 5 个螺纹孔，见图 3-10

```
G90 G00 G49 Z150.;              取消长度补偿，抬刀
M05;                            主轴停止
T05 M06;                        换上φ16倒角钻，准备倒角
G00 X0 Y0 S750 M03;             快速定位于中心点，主轴以750rpm启动
G00 G43 Z50. H15;               引入15号长度补偿
G99 G81 X47. Y90. R2. Z-6. F100;  对第一个螺纹孔倒角
M98 P2641 L5;                   对其他5个螺纹孔，见图3-10
G90 G00 G49 Z150.;              取消长度补偿，抬刀
Y200.;                          工作台退出
G15;                            取消极坐标方式
M05;                            主轴停止
M30;                            主程序完毕
O 2641;                         子程序的程序名
G91 Y60.;                       极角增量位移
M99;                            子程序结束
```

任务 2　差速器壳的试制

一、工作任务

根据技术要求和所使用机床的具体情况，编写差速器壳体（见图 3-11）的加工程序并完成试制。

二、相关知识

1. 工作任务的相关情况简介

（1）零件的技术要求情况：

1）本工作任务只需完成目标零件的切削加工部分，部分铸造表面不需加工（如图 3-12 所示）。

2）与任务相关的零件结构，主要包括：回转体、径向槽和圆周均布孔。

3）部分工艺内容，在专用或普通机床上完成，其中主要包括：$\phi159$ 的圆柱面、箱体的内腔、$\phi18$ 侧向轴孔等。

4）根据零件结构，回转体部分，拟采用数控车床来加工。

5）径向槽和圆周均布孔，适合在立式加工中心上加工。

（2）现有工艺条件：

1）零件的毛坯情况：该零件的毛坯为铸件，材料为 QT300，本工作任务之前，由普通车床对铸件毛坯进行了粗加工，保留径向余量 1.5mm、轴向余量 0.5mm（$\phi159$ 外圆已

加工至尺寸）。

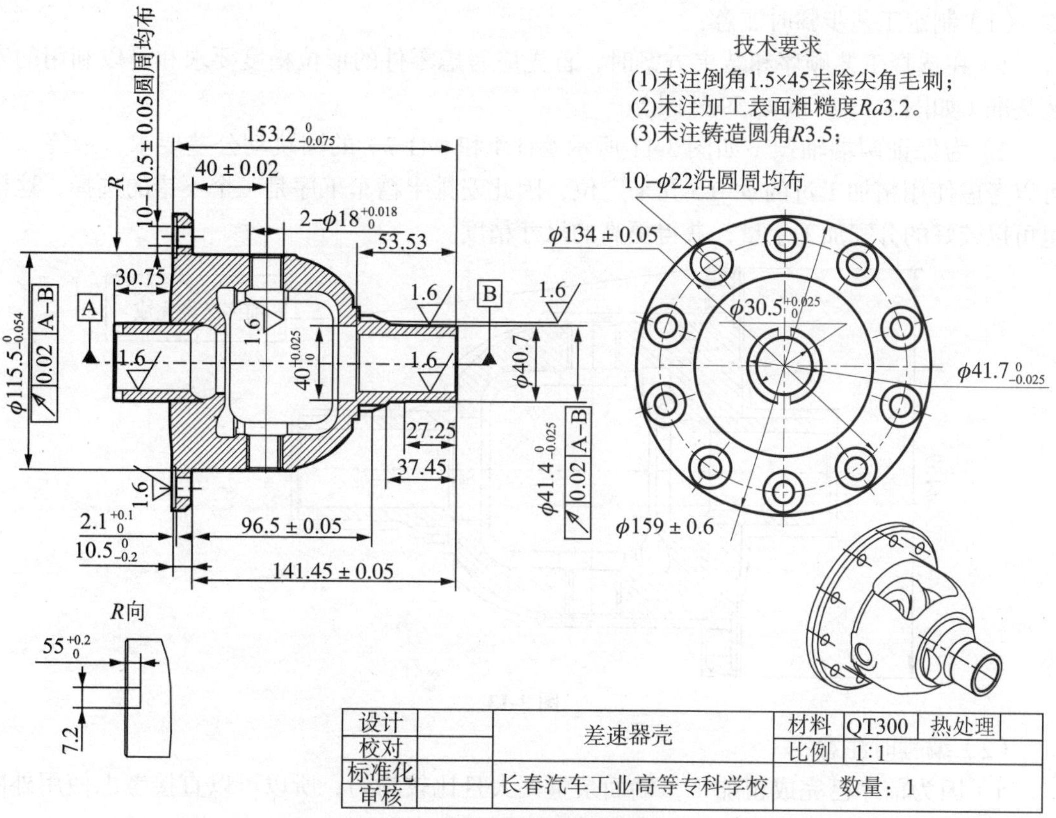

图 3-11　差速器壳零件图

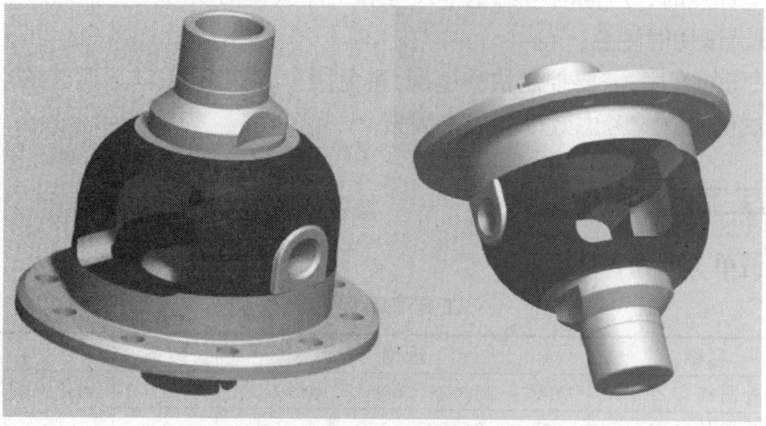

图 3-12　差速器壳表面

2）加工设备情况：

数控车床型号：CAK6150Di；最大加工范围：$\phi500\times890$mm；刀方：25×25。

加工中心型号：MV80；最大加工范围：$800\times500\times600$mm；刀柄：BT40。

3）辅助环境情况：

加工中心换刀：加工中心锁刀座、0.8MPa 的气源。

冷却：风冷（前述 0.8MPa 的气源）、乳化液。

2. 注意事项

（1）制定工艺步骤时注意：

1）在选择工艺顺序和装夹方案时，首先应考虑零件的形位精度要求和可以利用的安装基准（如图 3-13 所示 ϕ159 外圆）。

2）为保证两端轴颈（如图 3-11 所示 ϕ41.4 和 ϕ41.7）的圆跳动公差要求，最终工序可以考虑使用精加工过的 ϕ30.5 孔来定位，因此安排半精车工序是一个不错的选择，这样也可以较好的分配加工余量，获得更高的尺寸精度。

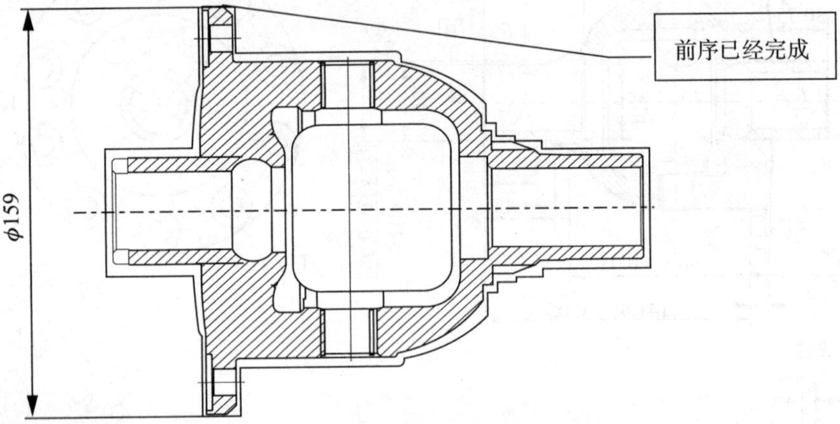

图 3-13

（2）编程时注意：

1）因为前序已完成粗加工，端面余量不大且比较均匀，所以可以直接考虑使用外圆粗加工循环 G90 进行本序的粗加工（见图 3-13）。

2）计算坐标点时，应同时考虑基本尺寸和工序公差对实际坐标值的影响。

（3）调试、试切时注意：

1）首次试切的程序，需要控制快移速度，避免撞车，注意镗刀向后避让的空间是否充足。

2）二次试切时，应考虑效率和成本因素。

三、零件加工工艺方案与实施

1. 工具清单（见表 3–2）

表 3-2　工具清单

种类	名称	规格	数量	备注
刀具	外圆粗车刀	刀方：25×25，60° 三角形刀片	1	数控车序使用
	外圆精车刀	刀方：25×25，35° 菱形刀片	1	
	内圆粗车刀	刀杆：ϕ25，80° 菱形刀片	1	
	内圆精车刀	刀杆：ϕ25，60° 三角形刀片	1	
	中心钻	A3.15	1	加工中心序使用
	钻头	ϕ10mm	1	
	扩孔钻	ϕ10.5mm	1	
	锪钻	ϕ22mm	1	
	立铣刀	ϕ6　整体合金四刃	1	

续前表

夹具	液压三爪卡盘	ϕ250	2	数控车序使用
	三爪卡盘	ϕ250	1	加工中心序使用
	车序四专用夹具		1	结构见图3-17
量具	外径千分尺	25～50mm	2	数控车加工中心序用
	外径千分尺	100～125mm	1	数控车序用
	内径百分表	6～18mm	1	加工中心序用
	内径百分表	18～35mm	1	数控车序用
	卡尺	0～200 mm	1	数控车加工中心序用
	深度卡尺	0～150 mm	1	数控车序用
附具	钻夹头刀柄	BT40（ϕ—316mm）	3	加工圆周均布孔
	弹簧夹头刀柄	BT40（ER32）	2	径向槽、均布孔倒角

2. 工序一：车右端外轮廓及孔

（1）制定装夹方案。

1）选择安装基准：利用上序加工好的ϕ159 外圆柱面作径向定位基准，以左端面作轴向定位基准。

2）选择夹紧方式：用液压三爪卡盘装夹。

（2）分配加工余量。

1）分配加工余量：精加工轴向余量选 0.1mm，径向余量选 0.1mm，粗车时单刀余量轴向余量不大于 1.5mm/ 层，径向余量不大于 2mm/ 层。

2）绘制刀具轨迹：根据余量分配的情况、刀具情况和工序图的技术要求绘制刀具轨迹图（图 3-14 所示为外轮廓粗加工和内孔粗加工，图 3-15 所示为外轮廓和内孔精加工）。

3）计算坐标、编制加工程序：认真分析工序图根据基本尺寸和公差来计算坐标。

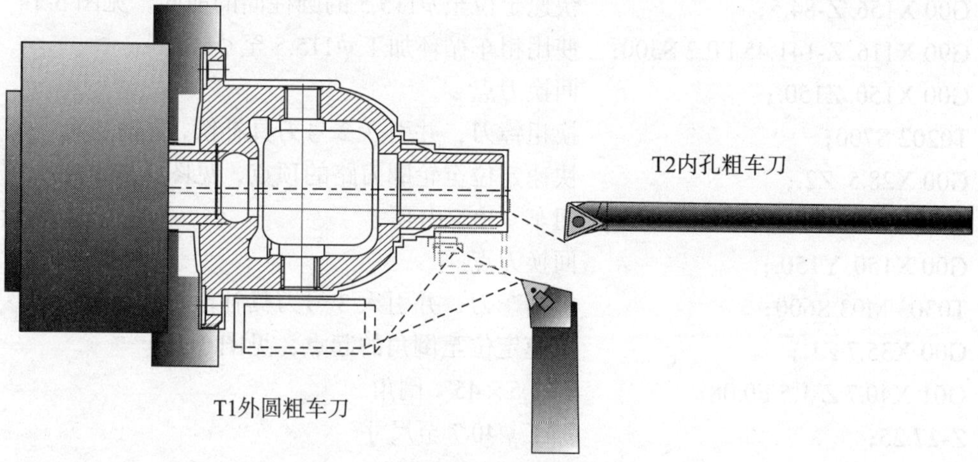

图 3-14 外轮廓粗加工和内孔粗加工

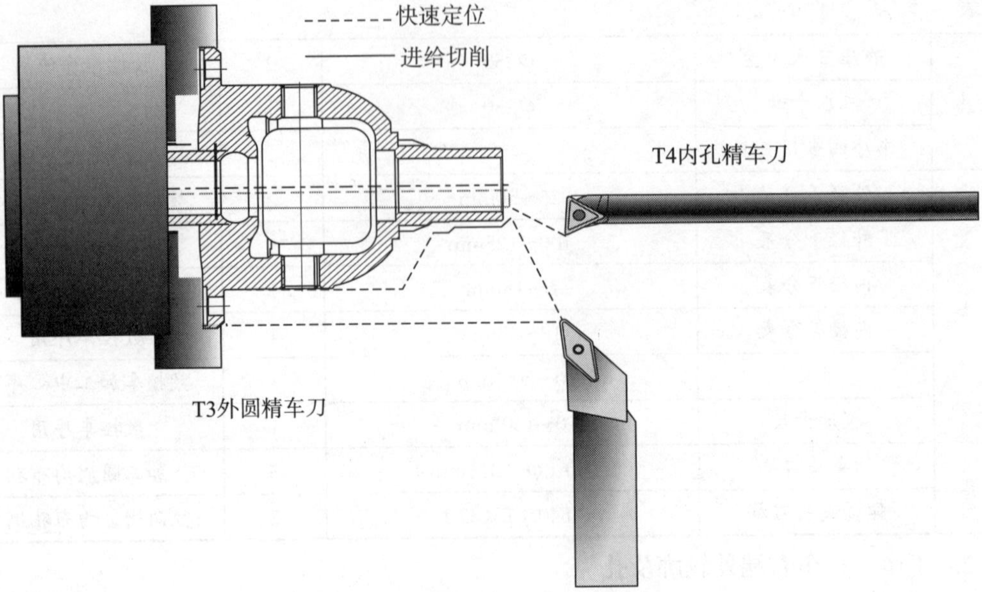

图 3-15　外轮廓精加工和内孔精加工

参考程序如下（以 FANUC-0i mate-TC 为例）:

O2701;	加工程序号
G54 G99 G97 G00 X150. Z150.;	选用预置坐标系（端面处为 Z0），并设定加工环境
M42 T0101;	主轴换挡，换粗车刀并引用 1 号刀补
S550 M03;	主轴以 550rpm 正转启动
X45. Z2.;	快速定位在 ϕ40.7 的圆柱面的前面，见图 3-14
G90 X40.7 Z-27.25 F0.2;	使用粗车循环加工 ϕ40.7 至 ϕ41
G00 Z-25.25;	快速定位至 ϕ41.4 的圆柱面的前面，见图 3-14
G90 X41.9 Z-37.45 F0.2 S500;	使用粗车循环加工 ϕ41.4 至 ϕ41.9
G00 X156. Z-84.5;	快速定位至 ϕ115.5 的圆柱面的前面，见图 3-14
G90 X116. Z-141.45 F0.2 S300;	使用粗车循环加工 ϕ115.5 至 ϕ116
G00 X150. Z150.;	回换刀点
T0202 S700;	换粗镗刀，并引入 2 号刀具补偿，主轴变速
G00 X28.5. Z2.;	快速定位至轮廓刀路的顶点，见图 3-14
G94 X30. Z-186. F0.2;	粗车 ϕ30.5 内孔
G00 X150. Y150.;	回换刀点
T0303 M03 S600;	换精车刀，并引入 3 号刀具补偿，主轴变速
G00 X35.7 Z1.;	快速定位至倒角的起点，见图 3-15
G01 X40.7 Z-1.5 F0.08;	车 1.5 × 45° 倒角
Z-27.25;	加工 ϕ40.7 至尺寸
X41.6 W-0.7;	车 0.7 × 45° 倒角
Z-37.45;	加工 ϕ41.4 至 ϕ41.6，留精车余量 0.2
G00 X115.7 Z-84.5;	快速定位至 ϕ115.5 圆柱面的起点，见图 3-15

G01 Z-141.3;	加工 ϕ115.5 至 ϕ115.7，留精车余量 0.2
X156.;	车长度尺寸 141.45 至 141.3
G00 Z2.;	退刀
G00 X150. Z150.;	返回换刀点
T0404 M03 S750;	换精镗刀，并引入 4 号刀具补偿，主轴变速
G00 X35.5 Z1.;	快速定位至 ϕ30.5 孔的前面，见图 3-15
G01 X30.5 Z-1.5 F0.08;	车孔端 1.5×45° 倒角
Z-182.5;	精车内孔至尺寸，见图 3-15
X35.5 Z-185.;	车孔端 1.5×45° 倒角
G00 X28.5;	*X* 向退刀
Z2.;	*Z* 向退刀
G00 X150. Z150.;	回换刀点
T0400;	取消刀具补偿
M05;	主轴制动
M30;	程序结束

3. 工序二：车左端外轮廓

（1）制定装夹方案：因为上道工序已将小端轮廓加工完毕，因此本序使用 ϕ115.7 圆柱面和端面做定位装夹的基准，直接以三爪卡盘（软爪）夹持这个表面即可。

（2）分配加工余量，绘制刀具轨迹：

1）分配加工余量：精加工轴向余量选 0.1mm，径向余量选 0.1mm，粗车时单刀余量轴向余量约 1mm，径向余量不大于 2mm/ 层。

2）绘制刀具轨迹：根据余量分配的情况、刀具情况和工序图的技术要求绘制刀具轨迹图（如图 3-16 所示外轮廓的粗、精加工）。

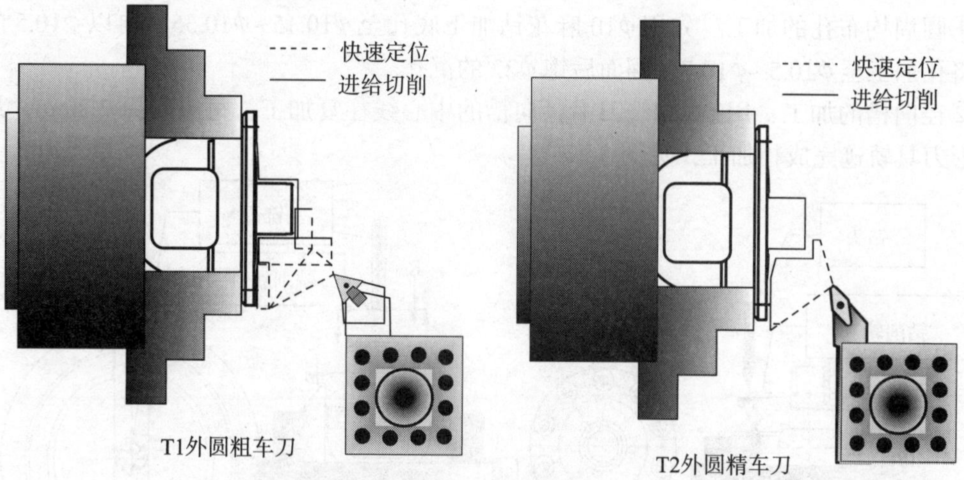

图 3-16 外轮廓的粗精加工

（3）计算坐标、编制加工程序：认真分析工序图，根据基本尺寸和公差来计算坐标。

参考程序如下（以 FANUC-0i mate-TC 为例）：

O2702;	二序加工程序名

G54 G99 G97 G00 X150. Z150;	选用预置坐标系，端面处为 Z0，并设定加工环境
M42 T0101;	主轴换挡，换外径粗车刀，引用 1 号刀补
S400 M03;	主轴以 400rpm 正转启动
G00 X85. Z-25.;	快速定位至 ϕ159 的圆柱面的前面，对应 Z30.75
G94 X45. Z-30.35 F0.2;	用粗车循环去除端面余量，见图 3-16
G00 Z2.;	快速定位至 ϕ41.7 的圆柱面的前端面
G94 X29. Z0 F0.2;	用粗车循环去除 ϕ41.7 端面余量，见图 3-16
G90 X42.2. Z-30.55 F0.2;	用粗车循环去除外圆余量，见图 3-16
G00 X150. Z150.;	返回换刀点
T0202;	换外径精车刀，并引用 2 号刀具补偿
G00 X36.9 Z1. S650;	快速定位至倒角位置，主轴变速
G01 X41.9 Z-1.5 F0.08;	倒角 1.5×45°
Z-30.55. F0.08;	加工 ϕ41.7 至 ϕ41.9，留 0.2 精车余量，见图 3-16
X88.;	*X* 向退刀
G00 X150. Z150.;	返回换刀点
T0200;	取消刀具补偿
M05;	主轴制动
M30;	程序结束

4. 工序三：圆周均布孔和径向槽的加工

（1）制定装夹方案：前面的工序已加工好 ϕ45 圆柱面（见零件图 3-11），可以用它作为径向定位基准，以 ϕ115.7 直径的端面作为轴向定位基准，用三爪卡盘装夹。

（2）分配加工余量，绘制刀具轨迹：

1）分配加工余量：

①圆周均布孔的加工：先用 ϕ10 麻花钻加工底孔至 ϕ10.15~ϕ10.35，再以 ϕ10.5 的扩孔钻将孔加工至 ϕ10.5~ϕ10.7，翻面后锪 ϕ22 的沉孔。

②径向槽的加工：用 ϕ6 的铣刀沿径向槽的中心线往复加工，每层切深 2.3mm，最后沿矩形刀具轨迹完成精加工（见图 3-17）。

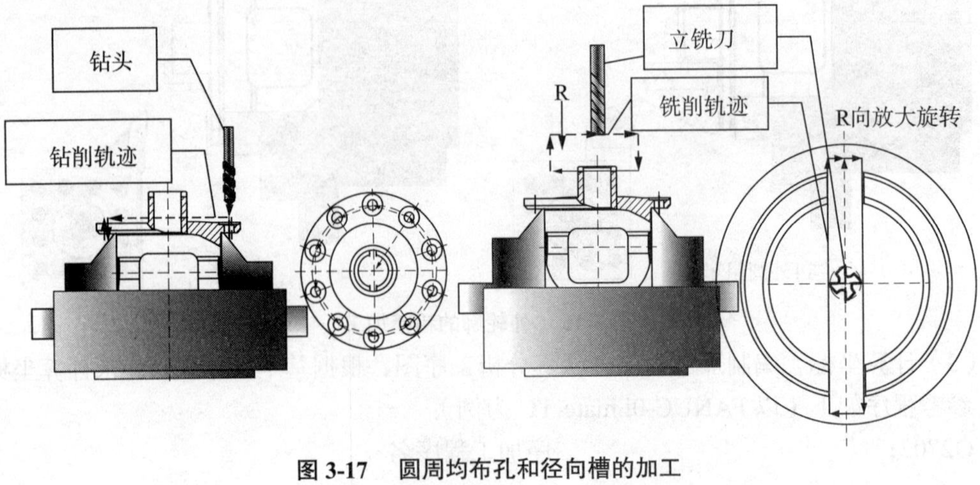

图 3-17 圆周均布孔和径向槽的加工

2）绘制刀具轨迹：由于是进行孔的加工，所以不同刀具的刀具轨迹基本是相同的，而铣削轨迹分粗、精加工并以不同的轨迹形式完成（见图 3-17 所示）。

（3）计算坐标、编制加工程序：认真分析工序图，根据基本尺寸和公差来计算坐标。

1）因为孔为圆周均布，因此若采用极坐标方式编程，可以很容易计算出各个点的坐标值，按如图 3-17 所示的顺序依次为：X67. Y90.；X67. Y126.；X67. Y162.；X67. Y198…（其中 X67 为极径，而 Y 坐标表示极角）。

2）参考程序如下（以 FANUC-0i MC 为例）：

O2603；	程序名
T01 M06；	换上中心钻，准备加工中心孔
G90 G54 G80 G40 G49 G21 G00 X0 Y0；	设定工作环境，定位至中心点（见图 3-17）
S1200 M03；	以 1200rpm 启动主轴
G00 G43 Z50. H11；	引入 11 号长度补偿
G16；	设定极坐标方式，以 X0Y0 为极点
G99 G82 X67. Y90. R-28. Z—35. F80；	钻首个中心孔
M98 P2731 L9；	钻其他 9 个中心孔（见图 3-17）
G90 G00 G49 Z150.；	取消长度补偿，抬刀
M05；	主轴停止
T02 M06；	换上 ϕ10 麻花钻，准备加工底孔
G00 X0 Y0 S1000 M03；	快速定位于中心点，主轴以 1000rpm 启动
G00 G43 Z50. H12；	引入 12 号长度补偿
G99 G81 X67. Y90. R-28. Z-42. F100；	钻首个底孔
M98 P2731 L9；	钻其他 9 个底孔（见图 3-17）
G90 G00 G49 Z150.；	取消长度补偿，抬刀
M05；	主轴停止
T03 M06；	换上 ϕ10.5 扩孔钻，准备扩孔
G00 X0 Y0 S600 M03；	快速定位于中心点，主轴以 600rpm 启动
G00 G43 Z50. H13；	引入 13 号长度补偿
G99 G81 X67. Y90. R-28. Z-42. F100；	扩首个底孔
M98 P2731 L9；	扩其他 9 个底孔（见图 3-17）
G90 G00 G49 Z150.；	取消长度补偿，抬刀
M05；	主轴停止
T04 M06；	换上 ϕ22 的锪钻，准备锪沉孔
G00 X0 Y0 S500 M03；	快速定位于中心点，主轴以 500rpm 启动
G00 G43 Z50. H14；	引入 14 号长度补偿
G99 G82 X67. Y90. R-28. Z-32.85. F60；	锪第一个沉孔
M98 P2731 L9；	攻其他 5 个螺纹孔（见图 3-17）

```
G90 G00 G49 Z150.;          取消长度补偿，抬刀
G15;                        取消极坐标方式
M05;                        主轴停止
T05 M06;                    换上φ6的四刃立铣刀
G00 X25. Y0 S2000 M03;      快速定位于中心点，主轴以2000rpm启动
G00 G43 Z50. H15;           引入15号长度补偿
M98 P2732 L3;               调用径向槽粗加工程序（见图3-17）
G90 G00 Z-7.2;              保证径向槽深度7.2mm
M98 P2733;                  调用径向槽精加工程序（见图3-17）
G90 G49 G00 Z150.;          取消长度补偿，抬刀
Y200.;                      工作台退出
M05;                        主轴停止
M30;                        主程序完毕
O2731;                      圆周均布孔子程序的程序名
G91 Y36.;                   极角增量位移
M99;                        子程序结束

O2732;                      径向槽粗加工子程序的程序名
G91 G01 Z-1. F200;          Z向下切
G90 X-25.;                  横向切削
G91 Z-1;                    Z向下切
G90 X25.;                   横向切削
M99;                        子程序结束

O2733;                      径向槽精加工子程序的程序名
G90 G41 G01 Y3.6 D01 F120;  引入半径补偿
X-25.;                      沿矩形轮廓进给
Y-36.;                      沿矩形轮廓进给
X25.;                       沿矩形轮廓进给
G40 Y0.;                    取消半径补偿
M99;                        子程序结束
```

5. 工序四：精车外轮廓

（1）制定装夹方案：利用工序一精加工的内孔（见图3-18）作径向基准，以左端面作轴向定位基准，并使用如图3-18所示的专用夹具装夹。

（2）绘制刀具轨迹：为了对左右两边的轴颈进行精加工，分别采用左偏精车刀和右偏精车刀进行加工（如图3-18所示）。

（3）计算坐标、编制加工程序：认真分析工序图根据基本尺寸和公差来计算坐标。参考程序如下（以 FANUC-0i mate-TC 为例）：

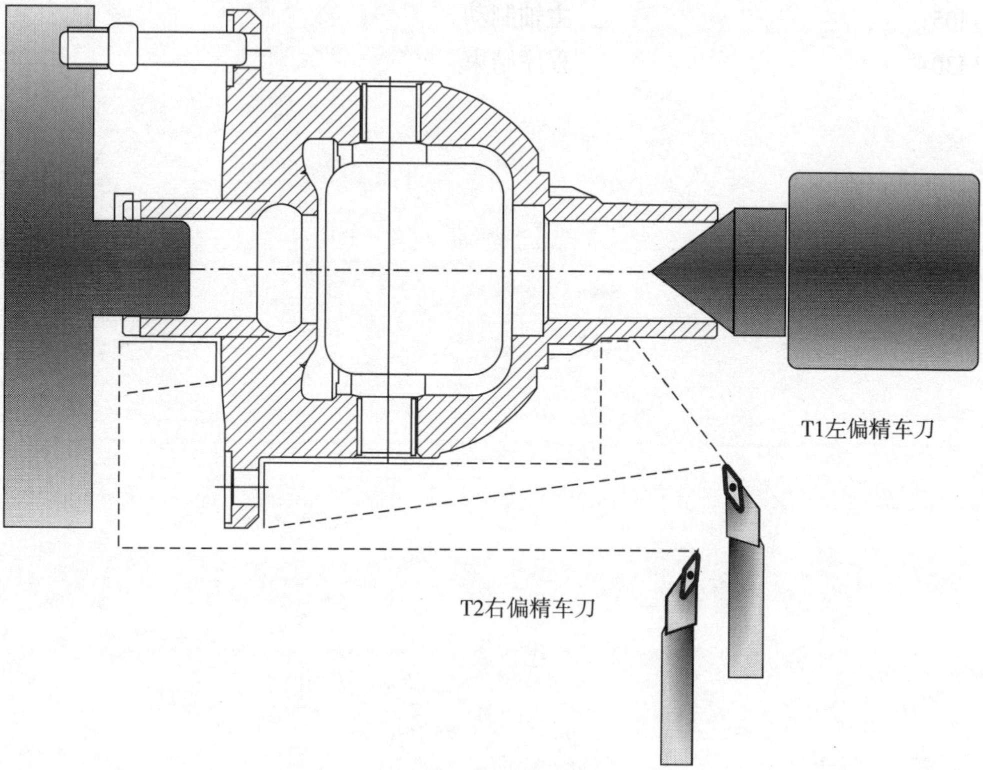

图 3-18　精车外轮廓

O2704；	
G54 G99 G97 G00 X150. Z150.；	选用预置坐标系（端面处为 Z0），并设定加工环境
T0101；	换左偏精车刀，引用 1 号刀补
S800 M03；	主轴以 800rpm 正转启动
G00 X43. Z-25.；	快速定位至 ϕ41.4 的圆柱面的前面（对应 Z27.25）
G01 X41.385 F0.2；	精车尺寸 ϕ41.4（见图 3-18）
Z-37.45 F0.05；	同上
G00 X115.47 S500；	快速定位至 ϕ115.5 的圆柱面的前面，主轴变速
G01 Z-141.45；	精车尺寸 ϕ115.5（见图 3-18）
X155. F0.15；	X 向退刀
G00 X150. Y150.；	返回换刀点
T0202；	换右偏精车刀，并引用 2 号刀具补偿
G00 Z-186. S800；	快速定位至 Z 位置，主轴变速
X41.685；	快速定位至 X 位置
G01 Z-153.17 F0.08；	精车尺寸 ϕ41.7（见图 3-18）
X88.；	X 向退刀

G00 X150. Z150.;	返回换刀点
T0200;	取消刀具补偿
M05;	主轴制动
M30;	程序结束

项目四

特种加工

任务 1　电火花成形加工应用举例

一、特种加工介绍

特种加工（Non-Traditional Machining，NTM），也被称为非传统加工技术，其加工原理是将电、热、光、声、化学等能量或其组合施加到工件被加工的部位上，从而实现材料去除。

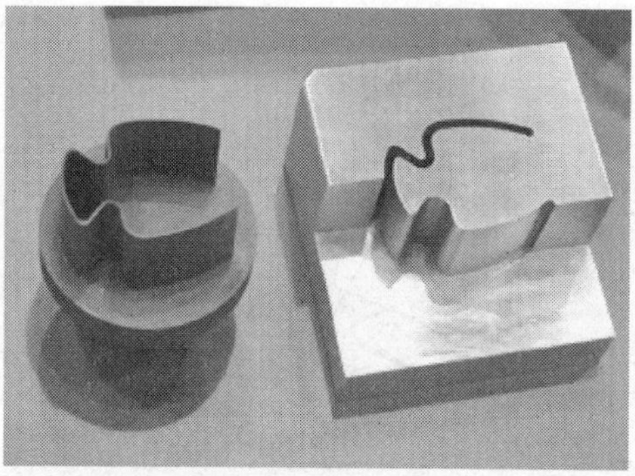

图 4-1　窄缝深槽加工

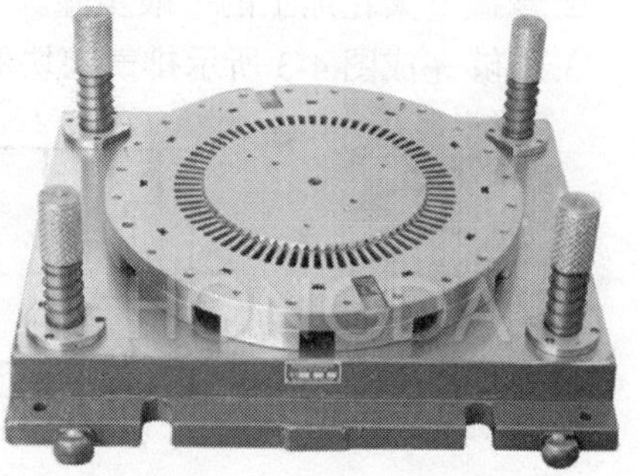

图 4-2　冷冲模穿孔加工

特种加工技术的特点：

（1）不受材料强度和硬度的限制，可以以柔克刚。

（2）可以获得良好的表面质量，加工精度高。

（3）可同时实现粗、精加工。

（4）用简单运动加工复杂形面。

二、特种加工的分类

特种加工的分类目前还没有明确的规定，一般按能量来源和作用原理可分为表 4-1 所示的形式。

表 4-1　　常用特种加工方法

主要能量形式	加工方法	符号
电能、热能	电火花加工	EDM
	电火花线切割加工	WEDM
电能、机械能	离子束加工	IBM
电化学能	电解加工	ECM
	涂镀	EPM
声能、机械能	超声加工	USM
光能、化学能	光刻	PCM

任务 2　注塑模排气镶块的电火花加工

一、工作任务

1. 掌握电火花加工原理。
2. 掌握电火花加工的一般步骤。
3. 能够完成图 4-3 所示排气镶块的电火花加工。

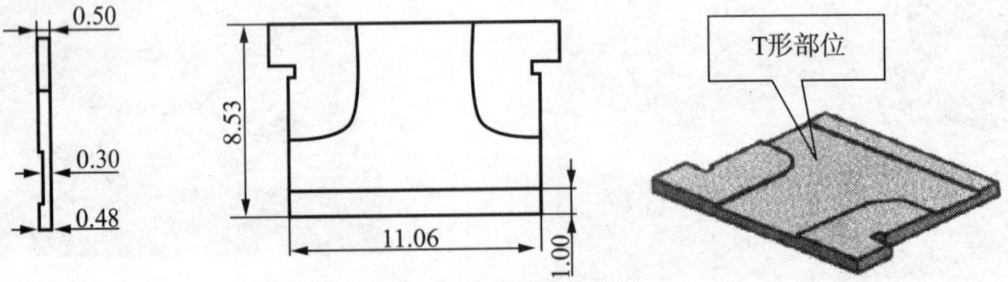

图 4-3　单件排气镶块

二、相关知识

1. 电火花加工原理

电火花加工是利用浸在工作液中的两极间脉冲放电时产生的电蚀作用蚀除导电材料的特种加工方法，又称放电加工或电蚀加工，英文简称 EDM。

加工时，工具电极和工件分别接脉冲电源的两极，并浸入工作液中，或将工作液充入放电间隙。通过间隙自动控制系统控制工具电极向工件进给，当两电极间的间隙达到一定距离时，两电极上施加的脉冲电压将工作液击穿，产生火花放电。

在放电的微细通道中瞬时集中大量的热能，温度可高达一万摄氏度以上，压力也有急剧变化，从而使该点工作表面的金属材料立刻熔化、气化，并爆炸式地飞溅到工作液中，迅速冷凝，形成固体的金属微粒，被工作液带走。这时在工件表面上便留下一个微小的凹坑痕迹，放电短暂停歇，两电极间工作液恢复绝缘状态。

紧接着，下一个脉冲电压又在两电极相对接近的另一点处击穿，产生火花放电，重复上述过程。这样，虽然每个脉冲放电蚀除的金属量极少，但因每秒有成千上万次脉冲放电作用，就能蚀除较多的金属，具有一定的生产率。

在保持工具电极与工件之间恒定放电间隙的条件下，一边蚀除工件金属，一边使工具电极不断地向工件进给，最后便加工出与工具电极形状相对应的形状来。因此，只要改变工具电极的形状和工具电极与工件之间的相对运动方式，就能加工出各种复杂的型面。原理图如图 4-4 所示。

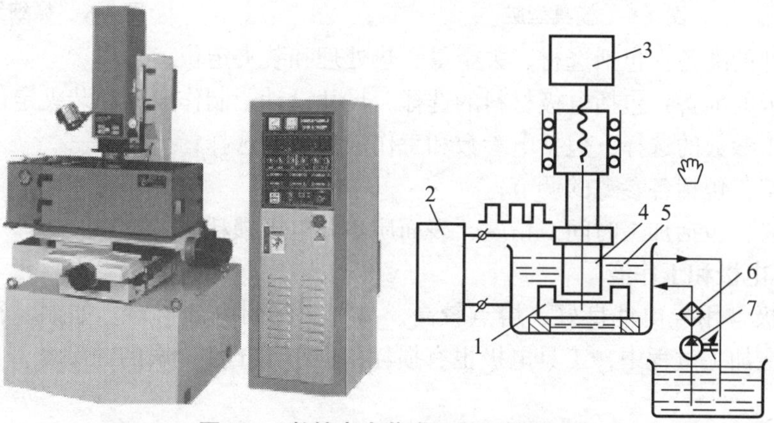

图 4-4　数控电火花成形加工原理图

1- 工件；2- 脉冲电源；3- 自动进给装置；4- 工具电极；5- 工作液；6- 过滤器；7- 泵

2. 电火花加工的特点

（1）可以以柔克刚；

（2）可以加工形状复杂、工艺性差的零件；

（3）加工精度和质量好；

（4）脉冲参数调节方便；

（5）便于实现自动化。

3. 电火花加工的应用

电火花加工能加工普通切削加工方法难以切削的材料和复杂形状工件；加工时无切削力；不产生毛刺和刀痕沟纹等缺陷；工具电极材料无须比工件材料硬；直接使用电能加工，便于实现自动化；加工后表面产生变质层，在某些应用中须进一步去除；工作液的净化和加工中产生的烟雾污染处理比较麻烦。

电火花加工主要用于加工具有复杂形状的型孔和型腔的模具和零件；加工各种硬、脆材料，如硬质合金和淬火钢等；加工深细孔、异形孔、深槽、窄缝和切割薄片等；加工各种成形刀具、样板和螺纹环规等工具和量具。如图 4-5、图 4-6 所示。

4. 电火花成形加工的一般步骤

电火花加工的一般步骤：

（1）分析图纸，结合工件的特点确定使用电火花加工；

图 4-5　模具型腔

图 4-6　微细结构零件

（2）工件的准备：包括选材、去余量、热处理和装夹定位；

（3）电极的准备：包括电极材料的选择、尺寸设计、制作成形和装夹定位；

（4）加工参数的选择：包括电参数和工作液参数的选择；

（5）加工：包括各参数的调节；

（6）检验：包括加工时间、精度、表面质量和电极损耗。

5. 工具电极和工作液

工具电极常用导电性良好、熔点较高、易加工的耐电蚀材料，如铜、石墨、铜钨合金和钼等。在加工过程中，工具电极也有损耗，但小于工件金属的蚀除量，甚至接近于无损耗。

工作液作为放电介质，在加工过程中还起着冷却、排屑等作用。常用的工作液是黏度较低、闪点较高、性能稳定的介质，如煤油、去离子水和乳化液等。

6. 电火花成形加工设备

（1）机床本体。

机床本体主要由床身、立柱、主轴头及附件、工作台等部分组成，是用以实现工件和工具电极装夹固定和运动的机械系统。

（2）脉冲电源。

在电火花加工过程中，脉冲电源的作用是把工频正弦交流电流转变成频率较高的单向脉冲电流，向工件和工具电极间的加工间隙提供所需要的放电能量以蚀除金属。

（3）自动进给调节系统。

电火花成形加工的自动进给调节系统，主要包含伺服进给系统和参数控制系统。伺服进给系统主要用于控制放电间隙的大小，而参数控制系统主要用于控制电火花成形加工中的各种参数（如放电电流、脉冲宽度、脉冲间隔等），以便能够获得最佳的加工工艺指标。

7. 电火花成形加工的编程

数控电火花加工编程的方法有自动编程和手工编程。绝大部分电火花数控机床采用国际上通用的 ISO 代码进行编程，大部分代码与数控铣床、车床的代码相同，具体见表 4-2。

表 4-2 编程代码及指令格式

代码	功能	指令格式
G00	快速定位	G00 X_ Y_ Z_
G01	直线插补	G01 X_ Y_ Z_
G02	圆弧插补（顺圆）	G17 G02 X_ Y_ I_ J_
		G18 G02 X_ Y_ I_ K_
		G19 G02 X_ Y_ J_ K_
G03	圆弧插补（逆圆）	G17 G03 X_ Y_ I_ J_
G04	延时	G04 D_
G11	跳读ON	
G12	跳读OFF	
G17	*X*–*Y*平面选择	
G18	*X*–*Z*平面选择	
G19	*Y*–*Z*平面选择	
G20	英制	
G21	米制	
G40	取消补偿	
G41	带补偿左偏	G41 D1000
G42	带补偿右偏	G42 D1000
G54	工作坐标系1	
G55	工作坐标系2	
G56	工作坐标系3	
G57	工作坐标系4	
G58	工作坐标系5	
G59	工作坐标系6	
G80	接触感知	G80 Z_
G81	回机床“零”	G81 Y_
G82	半程移动	
G90	绝对坐标系	
G91	增量坐标系	
G92	赋坐标值	
M00	程序暂停	
M02	程序结束	
M05	忽略接触感知	
M08	旋转头开	
M09	旋转头关	
M98	子程序调用	
M99	子程序调用结束	

三、零件加工工艺方案制定与实施

按照前面电火花成形加工的步骤，加工注塑模排气镶块。

1. 确定使用电火花加工的部位

分析图 4-3 可知注塑模排气镶块 T 形部位用电火花加工，深度为 0.2mm，因为此部位是为了使模具有良好的排气特性，所以尺寸精度没有做出要求。

2. 工件的准备

（1）选材。使用 4Cr5MoV1Si 热作模具钢制作工件。

（2）去除余量。使用铣床粗铣外形，单侧留余量 0.2mm。

（3）热处理。

（4）线切割加工。将外形体分割成多片镶块。

（5）装夹与定位。选一长钢条作为标尺放在永磁吸盘台面上，并使其与机床轴移动的方向平行，校正平行度后用少许 502 胶水粘牢；然后将排气镶块安装于永磁吸盘台面上，贴平长钢条连续紧靠排成一行。注意要轻放以防碰动校正的钢条，同时要注意镶块的方向，T 形部分倒置地贴在钢条上，这样电极延长部分不会和钢条干涉，如图 4-7 所示。

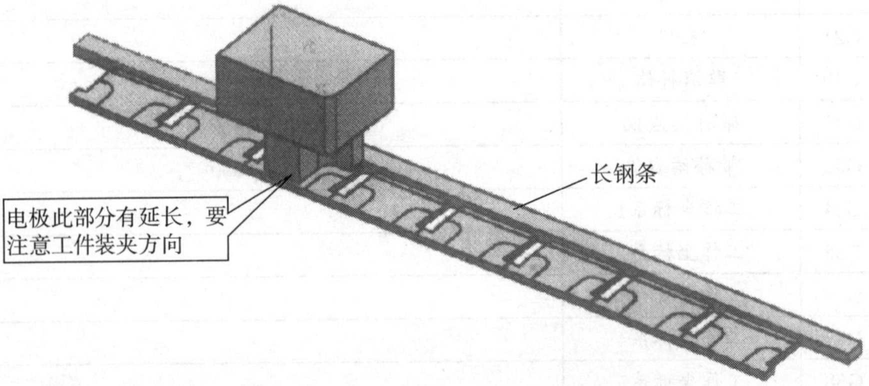

图 4-7　排气镶块加工示意图

3. 电极的准备

（1）选材。使用纯铜制作电极。

（2）设计制作。工作电极应适当延长；有装夹和校正的基准台。电极单侧缩放量取 0.07mm，做一个电极即可，用加工中心来制造完成，结构如图 4-8 所示。

（3）电极的装夹与校正。用通用的夹具来装夹电极，使用千分表校正电极的基准台，使基准台底面的 *X*、*Y* 轴方向水平，再校正基准台横截面的平行度。

（4）电极与工件的定位。

Y 轴方向的加工位置，使排气镶块的排气入口端等于 1.00mm（见图 4-3），可以通过电极与长钢条进行接触感知设零来完成定位。

X 轴方向的定位可以通过目测来完成，使电极尽可能处于工件的中心位置。

Z 轴方向的定位以电极底面与排气镶块上表面进行接触感知来完成。

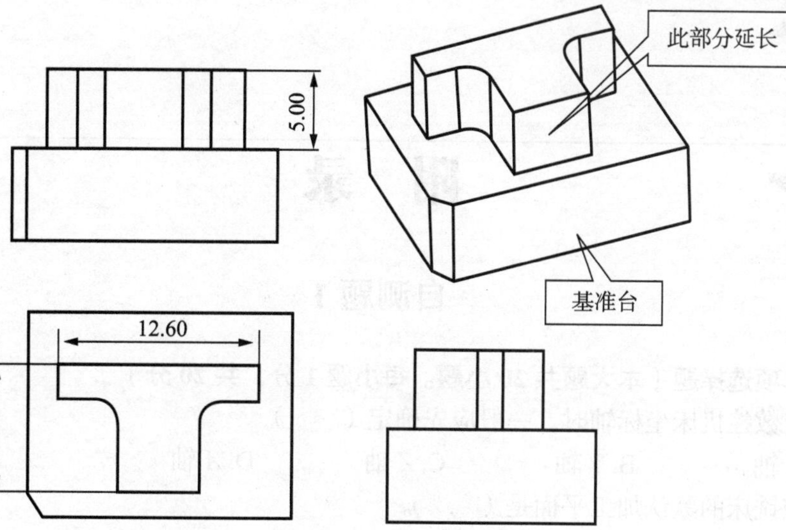

图 4-8 电极结构图

4. 电火花加工规准

（1）使用设备。北京阿奇夏米尔 SPI 系列数控电火花加工机床。

（2）加工规准。采用单电极加工工艺，同时工件数量多，应选用低损耗加工条件。加工规准见表 4-3。

表 4-3 排气镶块加工规准

条件号	设定深度/mm	脉冲宽度	脉冲间隙	管数	高压管	电容	伺服基准	伺服速度	极性	模式	损耗类型
C107	−0.14	16	12	7	0	0	75	12	+	8	0
C106	−0.17	14	10	6	0	0	75	10	+	8	0

5. 加工成形

（1）根据加工要求，输入合理的加工参数。

（2）按下手柄上的“油泵”按钮，调整油管位置和液面高度。

（3）按下手柄上的“自动放电”按钮，正式加工。

（4）加工完毕，关闭机床。

6. 检验

（1）每件排气镶块的加工时间约为 8min。

（2）电极损耗小于 0.3%。

（3）加工表面粗糙度值为 *Ra*3μm。

（4）检查工件完全满足加工要求。

附 录

自测题 1

一、单项选择题（本大题共 20 小题。每小题 1 分，共 20 分）

1. 确定数控机床坐标轴时，一般应先确定（　　）。

A. *X* 轴　　B. *Y* 轴　　C. *Z* 轴　　D. *A* 轴

2. 数控铣床的默认加工平面是（　　）。

A. *XY* 平面　　B. *XZ* 平面　　C. *YZ* 平面　　D. 任一平面

3. 开环控制系统用于下列哪种数控机床上（　　）。

A. 经济型　　B. 中、高档　　C. 精密　　D. 超精密

4. 加工中心与数控铣床的主要区别是（　　）。

A. 数控系统复杂程度不同　　B. 机床精度不同

C. 有无自动换刀系统　　D. 加工范围不同

5. 采用数控机床加工的零件应该是（　　）。

A. 单一零件　　B. 中小批量、形状复杂、型号多变

C. 大批量　　D. 简单零件

6. G02 X20 Y20 R-10 F100；所加工的是（　　）。

A. 整圆　　B. 夹角 <=180° 的圆弧

C. 180° < 夹角 <360° 的圆弧　　D. 半圆

7. 数控机床加工零件时是由下列哪一项来控制的（　　）。

A. 数控系统　　B. 操作者　　C. 伺服系统　　D. 刀具

8. 用于机床刀具编号的指令代码是（　　）。

A. F 代码　　B. T 代码　　C. M 代码　　D. G 代码

9. 数控升降台铣床的升降台上下运动的坐标轴是（　　）。

A. *X* 轴　　B. *Y* 轴　　C. *Z* 轴　　D. *A* 轴

10. 辅助功能中表示无条件程序暂停的指令是（　　）。

A.M00　　B. M01　　C. M02　　D. M30

11. 数控机床是在哪国诞生的（　　）。

A. 日本　　B. 美国　　C. 英国　　D. 德国

12. “CAM”的含义是（　　）。

A. 数字控制　　B. 计算机数字控制

C. 网络控制　　D. 计算机辅助制造

13. 设 G01 X30 Z6 执行 G91 G01 Z15 后，正方向实际移动量为（　　）。

A. 9mm B. 21mm C. 15mm D. 30mm

14. 数控机床的标准坐标系是以下列哪一个坐标系来确定的（ ）。

A. 右手直角笛卡尔坐标系 B. 绝对坐标系

C. 相对坐标系 D. 工件坐标系

15. 在数控铣床上铣一个正方形零件（外轮廓），如果使用的铣刀直径比原来小 1mm，则计算加工后的正方形尺寸差（ ）。

A. 小 1mm B. 小 0.5mm C. 大 1mm D. 大 0.5mm

16. 若车刀的主偏角为 75°，副偏角为 6°，其刀尖角为（ ）。

A. 99° B. 9° C. 84° D. 15°

17. 数控车床中的 G41 / G42 是对下列哪一项进行的补偿（ ）。

A. 刀具的几何长度 B. 刀具的刀尖圆弧半径

C. 刀具的半径 D. 刀具的角度

18. 在 *XY* 坐标平面内进行加工的坐标指令（ ）。

A. G 17 B. G 18 C. G 19 D. G 20

19. 下面哪种是程序段号的正确表达方式（ ）。

A. N0001 B. O0001 C. P0001 D.X0001

20. 以下辅助机能代码中常用于作为主程序结束的代码是（ ）。

A. M30 B. M98 C. M07 D. M05

二、多项选择题（本大题共 5 小题。每小题 2 分，共 10 分）

21. 法剖面参考系包括（ ）。

A. 基面 B. 切削平面 C. 主剖面 D. 法剖面 E. 进给剖面

22. 通常把切削过程中的塑性变形划分为三个变形区，其中第二变形区的特点是（ ）。

A. 挤压 B. 摩擦 C. 变形 D. 剪切滑移 E. 形成滞留层

23. 机夹可转位车刀刀片的型号是（ ）。

A. W 型 B. S 型 C. Q 型 D. P 型 E. C 型

24. 数控铣床夹具的机械夹紧机构包括（ ）。

A. 斜楔夹紧机构 B. 螺旋夹紧机构 C. 偏心夹紧机构

D. 凸轮夹紧机构 E. 气动夹紧机构

25. 在基面内测量的刀具角度是（ ）。

A. 前角 B. 刀尖角 C. 副偏角 D. 主偏角 E. 刃倾角

三、填空题（本大题共 10 小题。每小题 1 分，共 10 分）

26. 伺服系统包括驱动装置和（ ）两大部分。

27. 数控机床的镜像功能适用于（ ）和加工中心。

28. 在数控机床上加工零件，应尽量选用组合夹具和通用夹具装夹工件，避免采用（ ）。

29. 数控机床加工过程中可以根据需要改变主轴速度和（ ）。

30. 外圆粗车循环方式适合于加工棒料毛坯除去（ ）余量的切削。

31. 固定形状粗车循环方式适合于加工（ ）的工件。

32. 刀具补偿功能包括刀补的建立、刀补的执行和（ ）三个阶段。

33. 切削用量中，影响刀具耐用度最大的因素是（　　）。
34. 任何加工方法都必须有一个主运动，但可以（　）个进给运动。
35. 高速钢刀具具有良好的淬透性，较高的（　　）、韧性和耐磨性。

四、名词解释（本大题共 5 小题。每小题 2 分，共 10 分）

36. 程序嵌套：
37. 半闭环进给伺服系统：
38. 进给速度 F 指令：
39. 切削平面：
40. 后角：

五、简答题（本大题共 5 小题。每小题 6 分，共 30 分）

41. 简述辅助功能 M00 与 M01 的区别。
42. 简述运行一个数控加工程序的过程。
43. 数控加工在选择切削速度时应注意的问题有哪些？
44. 简述数控系统的六种工作方式（针对 FANUC 0 系列）。
45. 粗、精加工时切削用量的选择原则是什么？

六、综合应用题（本大题共 1 小题。共 20 分）

46. 以 FANUC 0i/TC 为例编制如图所示零件图加工程序，设毛坯是 $\phi40\times110$ 的棒料，材料为 45 钢，车床为后置刀架，分析零件加工要求，完成下列任务。

（1）写出加工工艺方案；（5 分）

（2）写出零件的装夹方法；（2 分）

（3）选择刀具；（2 分）

（4）确定切削用量；（2 分）

（5）画出工件坐标系；（2 分）

（6）使用 FANUC 数控系统，编写零件的粗、精加工程序。（7 分）

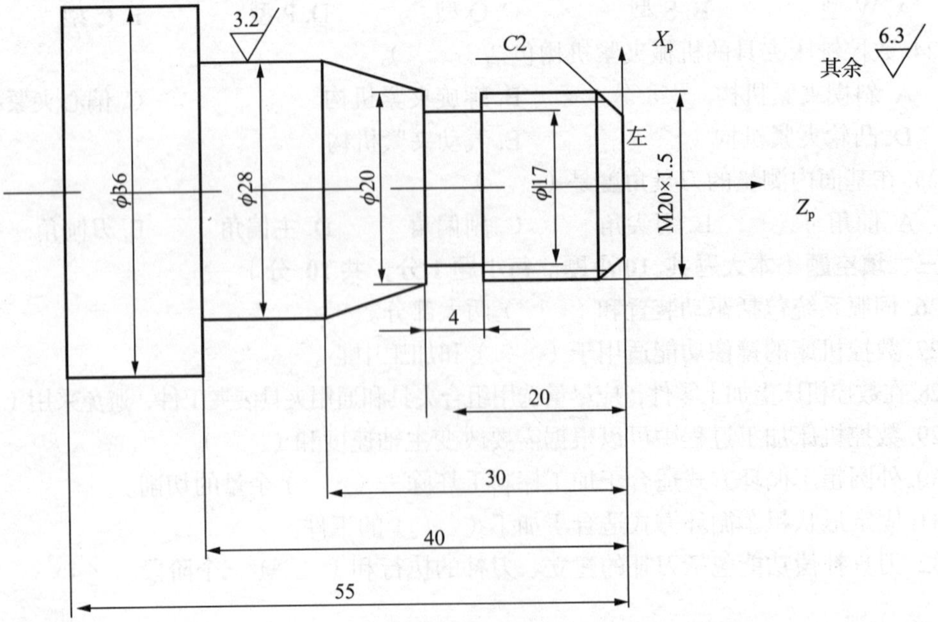

参考答案

一、单项选择题（本大题共 20 小题。每小题 1 分，共 20 分）

1. C 2. A 3. A 4. C 5. B 6. C 7. A 8. B 9. C 10. A 11. B 12. D 13. C 14. A 15. C 16. A 17. B 18. A 19. A 20. A

二、多项选择题（本大题共 5 小题。每小题 2 分，共 10 分）

21. A、B、D 22. A、B、C、E 23. A、B、D、E 24. A、B、C 25. B、C、D

三、填空题（本大题共 10 小题。每小题 1 分，共 10 分）

26. 执行机构 27. 数控铣床 28. 专用夹具 29. 进给速度 30. 较大 31. 已基本铸造或锻造成形 32. 刀补的取消 33. 切削速度 34. 有一个或几 35. 强度

四、名词解释（本大题共 5 小题。每小题 2 分，共 10 分）

36. 子程序可以被主程序所调用。被调用的子程序还可以调用其他子程序。程序嵌套就是一个程序调用另外一个程序的过程，主程序调用子程序称为一重嵌套，子程序再调用其他子程序称为双重嵌套。

37. 将检测元件安装在进给伺服系统传动链中的某一个环节上，间接测量执行部件的实际位移来进行反馈的进给系统。

38. 表示工件被加工时刀具相对于工件的合成进给速度。

39. 通过切削刃选定点，包含切削速度方向，切于工件加工表面的平面。

40. 在各剖面测量的，后刀面与切削平面的夹角。

五、简答题（本大题共 5 小题。每小题 6 分，共 30 分）

41. M00 是无条件程序暂停指令，也就是只要执行到此程序就暂停；（2 分）

M01 是有条件程序暂停指令，只有当车床上“M01 有效”开关接通时程序才会暂停；（2 分）

若开关未接通，程序执行了 M01 指令后就直接运行后面的程序，不暂停。（2 分）

42.（1）分析零件图；（1 分）

（2）数控机床的选择，工件的装夹方法；（1 分）

（3）加工工艺的确定；（1 分）

（4）刀具的选择；（1 分）

（5）程序的编制；（1 分）

（6）程序的试运行，加工操作。（1 分）

43.（1）尽量避开积屑瘤产生的区域。

（2）断续切削时，为减小冲击和热应力，要适当降低切削速度。

（3）在易发生振动的情况下，切削速度应避开自激振动的临界速度。

（4）加工大件、细长件和薄壁工件时，应选用较低的切削速度。

（5）加工带外皮的工件时，应适当降低切削速度。

44. 答：数控系统的六种工作方式分别为：

（1）回参考点方式（REN）：在回参考点方式下可实现手动返回参考点，建立机床坐标系。（1分）

（2）自动方式（AUTO）：自动方式是数控机床完成自动零件加工的工作方式。（1分）

（3）手动方式（JOG）：手动方式主要用于完成机床加工零件前的辅助工作，在此方式下可实现坐标轴的连续和快速进给、加工零件的夹紧等功能。（1分）

（4）手动输入方式（MDI）：手动输入方式主要用于完成数据的输入操作，在此方式下可实现加工程序、刀具偏置量和系统参数等的输入。（1分）

（5）手轮方式（HANDLE）：在手轮方式下，用机床操作面板上的手摇脉冲发生器可实现机床各轴的微量进给。（1分）

（6）编辑方式（EDIT）：在编辑方式下，可以输入、修改及删除程序。（1分）

45.（1）粗加工时，首先尽可能大地选取被吃刀量，其次要根据机床动力和刚性等限制条件，尽可能大地选取进给量，最后根据刀具耐用度确定最佳的切削速度。

（2）精加工时，首先根据粗加工后的余量确定被吃刀量，其次根据已加工表面的表面粗糙度要求，选取较小的进给量，最后在保证刀具耐用度的前提下，尽可能选取较高的切削速度。

六、综合应用题（本大题共1小题。共20分）

46.

（1）确定工艺方案：

• 从右至左粗加工各面；

• 从右至左精加工各面；

• 车退刀槽；

• 车螺纹；

• 切断。

（2）装夹方法：

使用三爪卡盘，以工件的外圆为定位基面。

（3）选择刀具：

• 外圆车刀 T0101，用于粗加工；

• 外圆车刀 T0202，用于精加工；

• 切断刀 T0303，宽 4mm，车槽及切断；

• 螺纹刀 T0404，车螺纹。

（4）确定切削用量：

• 粗车外圆 *S*500r/min、*F*0.15mm/r；

• 精车外圆 *S*1000r/min、*F*0.08mm/r；

• 车退刀槽 *S*500r/min、*F*0.05mm/r；

• 车螺纹 *S*600r/min；

• 切断 *S*300r/min、*F*0.05mm/r。

（5）工件坐标系：

以工件右端面中心点为坐标原点。

（6）编程：

程序	说明
O5554;	程序名
T0101;	
S500 M03;	
G00 X45 Z2;	
G71 U2 R1 ;	外圆粗车循环
G71 P10 Q90 U0.2 W0 F0.15;	精车路线为N10～N90指定
N10 G00 G42X 14Z1;	
N20 G01 X19.9 W−2 F0.08;	
N30 Z−20;	
N40 X20;	
N50 X28 Z−30;	
N60 W−10;	
N70 X36;	
N80 W−20;	
N90 G00 G40;	
G00 X150;	
Z150;	
S1000 M03 T0202;	
G00 X45 Z2;	
G70 P10 Q90;	精车
G00 X150;	
Z150;	
S500 M03 T0303;	
G00 X24 Z−20;	
G01 X17 F0.05;	车退刀槽
G00 X250;	
Z150;	
S6000 M03 T0404;	
G00 X20 Z2;	
G92 X19.2 Z−18 F1.5;	第一次车螺纹
X18.6;	第二次车螺纹
X18.2;	第三次车螺纹
X18.04;	第四次车螺纹
G00 X150;	
S500 M03 T0303;	
G00 X40 Z−59;	
G01 X2 F0.05;	切断
G00 X150;	
Z150;	
M05;	
M30;	程序结束

自测题 2

一、单项选择题（本大题共 20 小题。每小题 1 分，共 20 分）

1. 数控升降台铣床的拖板前后运动的坐标轴是（　　）。
   A. *X* 轴　　B. *Y* 轴　　C. *Z* 轴

2. 执行下列程序后，镗孔深度是（　　）。
   G90 G01 G44 Z-50 H02 F100；（H02 补偿值 2.00mm）
   A. 48mm　　B.52mm　　C.50mm　　D.54mm

3. G00 的指令移动速度值是（　　）。
   A. 机床参数指定　　B. 数控程序指定
   C. 操作面板指定　　D. 操作者指定

4. 数控机床每次接通电源后在运行前首先应做的是（　　）。
   A. 给机床各部分加润滑油　　B. 检查刀具安装是否正确
   C. 机床各坐标轴回参考点　　D. 工件是否安装正确

5. 在 CRT/MDI 面板的功能键中，显示机床现在位置的键是（　　）。
   A. POS　　B. PROG　　C. OFFSET　　D. SYSTEM

6. 数控程序编制功能中常用的插入键是（　　）。
   A. INSRT　　B. ALTER　　C. DELET　　D. PROG

7. 刀具磨钝标准通常按照下列哪一项的磨损值制定标准（　　）。
   A. 前刀面　　B. 后刀面　　C. 前角　　D. 后角

8. 数控机床工作时，当发生任何异常现象需要紧急处理时应启动（　　）。
   A. 程序停止功能　　B. 暂停功能
   C. 急停功能　　D. 复位功能

9. 数控机床主轴以 1200 转 / 分转速正转时，其指令应是（　　）。
   A. M03 S1200　　B. M04 S1200　　C. M05 S1200　　D. M30 S1200

10. 编制复杂程度中等以下，计算量不大的零件的加工程序时多采用（　　）。
    A. 手工编程　　B. 自动编程　　C. CAD/CAM　　D. 以上方法都不用

11. 在数控加工中，通过操作面板按钮控制可不执行的程序指令（　　）。
    A. M00　　B. M02　　C. M01　　D. M30

12. 全功能数控车床一般采用实现切削控制的电机是（　　）。
    A. 步进电机　　B. 普通电机　　C. 伺服电机　　D. 任一种类电机

13. 主切削刃与下列哪一项重合时，刃倾角为零度（　　）。
    A. 切削平面　　B. 基面　　C. 正交平面　　D. 辅助平面

14. 冷却液中，冷却效果最好的是（　　）。
    A. 切削油　　B. 水溶液　　C. 乳化液　　D. 压缩空气

15. FANUC 0 系列数控系统操作面板上用来显示图形的功能键为（　　）。
    A. PROG　　B. OPR/ALARM
    C. AUX/GRAPH　　D. OFFSET

16. 车普通螺纹时，车刀的刀尖角应等于（　　）。

A. 30°　　B. 55°　　C. 60°　　D. 75°

17. 加工铸铁等脆性材料，应选用下列哪类硬质合金车刀（　　）。

A. P 类　　B. K 类　　C. M 类　　D. F 类

18. 主切削刃在基面上的投影与进给方向的夹角是（　　）。

A. 主偏角　　B. 副偏角　　C. 刀尖角　　D. 刃倾角

19. G02 指令功能一般表示（　　）。

A. 循环指令　　B. 直线插补指令　　C. 圆弧插补指令　　D. 快速点定位

20. 数控车床的两轴通常是（　　）。

A. X、Z　　B. X、Y　　C. Y、Z　　D. 任意相互垂直的两坐标轴

二、多项选择题（本大题共 5 小题。每小题 2 分，共 10 分）

21. 与刀具长度补偿相关的指令是（　　）。

A. G49　　B. G41　　C. G42　　D. G43　　E. G44

22. 车削刚性较差的工件外圆时，车刀主偏角 K_r 宜选（　　）。

A. 30°　　B. 45°　　C. 75°　　D. 90°　　E. 15°

23. 选择工件坐标系（零点偏移）的指令是（　　）。

A. G59　　B. G57　　C. G56　　D. G49　　E. G54

24. 切削热的传出方式有（　　）。

A. 刀具　　B. 切屑　　C. 工件　　D. 切削液　　E. 空气

25. 与圆弧插补相关的指令是（　　）。

A. G01　　B. G02　　C. G03　　D.G04　　E.G10

三、填空题（本大题共 10 小题。每小题 1 分，共 10 分）

26. 数控车床刀具的刀尖有（　　）种假想刀尖位置。

27. 数控车床传动系统的进给运动有纵向进给运动和（　　）。

28. 当数控机床失去对机床参考点的记忆时，必须进行（　　）的操作。

29. 输入程序过程中出现报警，须按（　　）消除。

30. 在数控车床上加工工件时，对毛坯的尺寸变化也有一定的要求，对于变化较大的毛坯必须在（　　）上进行粗车。

31. 在数控车床加工中，若刀具需移动一个准确的尺寸，则这个尺寸的正确性是依靠进给（　　）来保证的。

32. 工艺系统刚性低时，硬质合金车刀的主偏角应（　　）一些。

33. 在数控加工中，刀具刀位点相对于工件运动的轨迹称为（　　）。

34. 内圆弧切削时，刀具半径一定要（　　）图形圆弧半径。

35. 数控车床中，刀具补偿功能包括（　　）和刀具位置补偿 。

四、名词解释（本大题共 5 小题。每小题 2 分，共 10 分）

36. 模态 G 功能：

37. 基面：

38. M 指令：

39. 伺服系统：
40. 前角：

五、简答题（本大题共 5 小题。每小题 6 分，共 30 分）

41. 简述运行一个数控加工程序的步骤。
42. 加工中心的主要加工对象是什么？
43. 简述数控车削加工工艺的基本特点。
44. 什么是数控加工进给路线图，它的作用是什么？
45. 在数控加工中，一般固定循环由哪 6 个顺序动作构成？

六、综合应用题（本大题共 1 小题，共 20 分）

46. 作图题：（根据下面的零件加工程序，画出所加工零件的图纸，并标注尺寸。）

```
O0001;
N1;
G00 G40 G97 G99 S400 T11 M03 F0.2;
X67.0 Z2.0;
G71 U2.0 R0.5;
G71 P10 Q11 U0.4 W0.03;
N10 G00 G42 X14.0;
G01 Z0;
X55.0 C2.0;
Z-8.0;
X58.0 C2.0;
Z-22.0;
X62.0 Z-34.0;
N11 Z-42.0;
G28 U0 W0 M05;
N2;
G00 G40 G97 G99 S300 T22 M03 F0.15;
X14.0 Z2.0;
G71 U1.5 R0.5;
G71 P12 Q13 U-0.4 W0.02;
N12 G00 G41 X44.0;
G01 Z1.0;
X42.0 Z-0.5;
Z-20.0 R3.0;
X34.0;
G03 X24.0 W-5.0 R5.0;
G01 X16.0 C2.0;
N13 Z-42.0;
```

```
G28 U0 W0 M05;
N3;
G00 G40 G97 G99 S500 T11 M03 F0.1;
X67.0 Z2.0;
G70 P10 Q11;
G28 U0 W0 M05;
N4;
G00 G40 G97 G99 S400 T22 M03 F0.08;
X14.0 Z2.0;
G70 P12 Q13;
G28 U0 W0 M05;
N5;
G00 G40 G97 G99 S300 T33 M03;
X58.0 Z2.0;
G92 X57.0 Z-17.0 F1.5;
X56.5;
X56.2;
X56.05;
G28 U0 W0 M05;
M30;
```

参考答案

一、单项选择题（本大题共 20 小题。每小题 1 分，共 20 分）

1. B　2. B　3. A　4. C　5. A　6. A　7. B　8. C　9. A　10. A　11. C　12. C　13.B
14. B　15. C　16. C　17. B　18. A　19. C　20. A

二、多项选择题（本大题共 5 小题。每小题 2 分，共 10 分）

21. A、D、E　22. C、D　23. A、B、C、E　24. A、B、C、D、E　25. B、C

三、填空题（本大题共 10 小题。每小题 1 分，共 10 分）

26. 9　27. 横向进给运动　28. 返回参考点　29. 复位键　30. 普通车床
31. 伺服系统　32. 大　33. 加工路线　34. 小于或等于　35. 刀尖半径补偿

四、名词解释（本大题共 5 小题。每小题 2 分，共 10 分）

36. 一组可相互注销的 G 功能，这些功能一旦被执行，则一直有效，直到被同一组的 G 功能注销为止。

37. 过切削刃某一选定点，垂直于切削速度方向的平面，称为基面。

38. M 指令是控制机床开、关功能的指令，M 功能也叫辅助功能，主要用于完成加工操作时的辅助动作。

39. 由伺服驱动电路和伺服驱动装置组成，并与机床上的执行部件和机械传动部件组成数控机床的进给系统。

40. 在各剖面内测量的前刀面与基面之间的夹角。

五、简答题（本大题共 5 小题。每小题 6 分，共 30 分）

41.（1）开机，机床回参考点，建立机床坐标系；（1 分）
（2）将加工程序输入存储器中；（1 分）
（3）对加工程序中所用到的刀具进行对刀，并输入刀具补偿值；（1 分）
（4）将零件毛坯装夹到机床上；（1 分）
（5）确定工件坐标系；（1 分）
（6）在自动方式下进行零件加工。（1 分）

42.（1）既有平面又有孔系的零件：箱体、盘、套、板类零件；（1 分）
（2）复杂曲面类零件：凸轮类、整体叶轮类、模具类；（1 分）
（3）外形不规则类零件；（1 分）
（4）周期性投产的零件；（1 分）
（5）加工精度要求较高的中小批量零件；（1 分）
（6）新产品试制中的零件。（1 分）

43. 数控加工程序是数控车床的指令性文件，数控车床受控于程序指令，加工的全过程都是按程序指令自动控制的。数控车床程序指令不仅要包括零件的工艺过程，还要包括切削质量、进给路线、刀具尺寸及数控机床的运动过程。因此，要求编程人员对数控车床的性能、特点、运动方式、刀具系统、切削规范及工件的装夹方法等都要非常熟悉。

44.（1）概念：一般用数控加工进给路线图来反映刀具的进给路线，该图应准确描述刀具从起刀点开始，直到加工结束返回终点的轨迹。

（2）作用：它不仅是程序编制的基本依据，同时也便于操作者了解刀具运动路线，计划好夹紧位置及控制夹紧元件的高度，以避免发生碰撞事故。

45. 由以下 6 个顺序动作组成：

（1）*X*、*Y* 轴定位；（1 分）

（2）快速运动到 R 点（参考点）；（1 分）

（3）孔加工；（1 分）

（4）在孔底的动作；（1 分）

（5）退回到 *R* 点；（1 分）

（6）快速返回到初始点。（1 分）

六、综合应用题（本大题共 1 小题，共 20 分）

46.

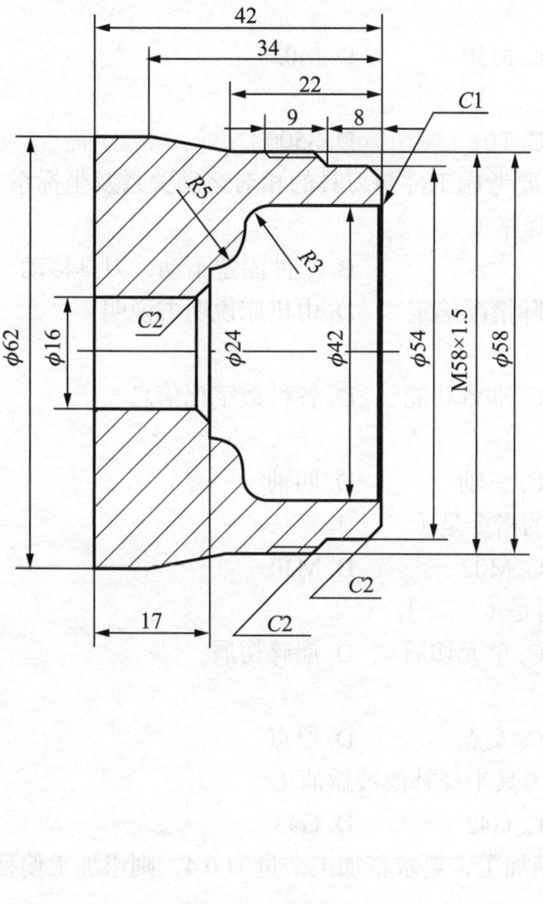

自测题 3

一、单项选择题（本大题共 20 小题。每小题 1 分，共 20 分）

1. YG8 硬质合金，其中数字 8 表示下列哪种物质含量的百分数（　　）。

A. 碳化钛　B. 钨　C. 碳化钴　D. 钴

2. 主切削刃正在切削着的表面称为（　　）。

A. 已加工表面　B. 待加工表面　C. 过渡表面　D. 切削深度

3. 数控车床中的 G41 / G42 是对下列哪一项进行补偿的（　　）。

A. 刀具的几何长度　B. 刀具的刀尖圆弧半径

C. 刀具的半径　D. 刀具的角度

4. 在 FANUC 系统程序加工完成后，程序复位，光标能自动回到起始位置的指令是（　　）。

A. M00　B. M01　C. M30　D. M02

5. 下列指令属于准备功能字的是（　　）。

A. G01　B. M08　C. T01　D. S500

6. 数控机床有不同的运动形式，需要考虑工件与刀具的相对运动关系及坐标系方向，编写程序时，采用下列哪一项原则编写程序（　　）。

A. 刀具固定不动，工件移动　B. 工件固定不动，刀具移动

C. 分析机床运动关系后再根据实际情况确定　D. 由机床说明书说明

7. 数控机床加工依赖于（　　）。

A. 位置数据　B. 模拟量信息　C. 准备功能　D. 各种数字化信息

8. 数控铣床的基本控制轴数是（　　）。

A. 一轴　B. 二轴　C. 三轴　D. 四轴

9. 辅助功能中表示无条件程序暂停的指令是（　　）。

A. M00　B. M01　C. M02　D. M30

10. 数控车床加工钢件时希望的切屑是（　　）。

A. 带状切屑　B. 挤裂切屑　C. 单元切屑　D. 崩碎切屑

11. 各几何元素间的联结点称为（　　）。

A. 基点　B. 节点　C. 交点　D. 原点

12. 程序中指定了哪一个指令时，刀具半径补偿被撤消（　　）。

A. G40　B. G41　C. G42　D. G43

13. 用 $\phi12$ 的刀具进行轮廓的粗、精加工，要求精加工余量为 0.4，则粗加工偏移量为（　　）。

A. 12.4　B. 11.6　C. 6.4　D. 5.6

14. 执行下列程序后，钻孔深度是（　　）。

G90 G01 G43 Z-50 H01 F100（H01 补偿值 –2.00mm）

A. 48mm　B. 52mm　C. 50mm　D. G43

15. F200 表示（ ）。

A．主轴转速为 200r/min　B. 主轴转速为 200mm/min

C．进给转速为 200r/min　D. 进给转速为 200mm/min

16. 数控加工中心的固定循环功能适用于（ ）。

A. 曲面形状加工　B. 平面形状加工

C. 孔系加工　D. 回转体零件加工

17. 全闭环伺服系统与半闭环伺服系统的区别取决于运动部件上的（ ）。

A. 执行机构　B. 反馈信号　C. 检测元件　D. 机床本体

18. 数控程序编制功能中常用的删除键是（ ）。

A. INSRT　B. ALTER　C. DELETE　D. Backspace

19. 内外圆表面、螺纹、端面切削单一循环包括几个步骤（ ）。

A. 2　B. 3　C. 4　D. 5

20. 暂停指令 G04 用下列哪一项地址指示的暂停时间单位为 ms（ ）。

A. X　B. U　C. P　D. Q

二、多项选择题（本大题共 5 小题。每小题 2 分，共 10 分）

21. 切削液的作用是（ ）。

A. 冷却　B. 润滑　C. 清洗　D. 保护刀具　E. 防锈

22. 切削用量的大小对下列哪些项目有显著影响（ ）。

A. 切削力　B. 切削功率　C. 刀具结构　D. 刀具角度　E. 刀具磨损

23. 切削层参数是（ ）。

A. 切削厚度　B. 切削宽度　C. 切削面积　D. 切削速度　E. 进给量

24. 辅助功能指令中表示程序结束的是（ ）。

A. M02　B. M03　C. M30　D. M05　E. M04

25. 刀具的实体角度是（ ）。

A. 楔角　B. 主偏角　C. 前角　D. 刀尖角　E. 后角

三、填空题（本大题共 10 小题。每小题 1 分，共 10 分）

26. 由主运动和进给运动合成的运动称为（ ）。

27. 在切削过程中，为切除工件毛坯的多余金属使之成为切屑，刀具必须克服金属的各种变形抗力和（ ）。

28. 零件的结构工艺性是指（ ），即所设计的零件结构应便于加工成形。

29. 数控车床加工工序划分的原则是保持精度原则和（ ）原则。

30. 刀具切入工件时，应避免沿零件外轮廓的法向切入，而应沿外廓曲线延长线的（ ）切入，以避免在切入处产生刀具的刻痕而影响表面质量。

31. 加工中心通常按（ ）原则划分加工工序，主要从精度和效率两方面进行考虑。

32. 当刀具材料的抗弯强度和冲击韧性较低时，应取（ ）前角。

33. 轮廓粗车加工时，切削进给路线最短，可有效（ ）生产效率，降低刀具磨损。

34. 切削层金属的弹、塑性变形及刀具与切屑、工件之间的摩擦所消耗的功，均可转变为（ ）。

35. 铣削加工时，被吃刀量 a_p 为（　　）铣刀轴线测量的切削层尺寸。

四、名词解释（本大题共 5 小题。每小题 2 分，共 10 分）

36. 数控机床的控制轴数：

37. 硬质合金：

38. 背吃刀量：

39. 加工中心（MC）：

40. 刀具寿命：

五、简答题（本大题共 5 小题。每小题 6 分，共 30 分）

41. 刀具后角有何功用？合理后角的选择原则是什么？

42. 何谓工件零点？数控铣削加工中选择工件零点位置时应遵循哪些原则？

43. 简述数控车床的组成及功能？

44. 数控机床上加工零件的切削用量包括哪几个参数？合理选择切削用量的原则是什么？

45. 何谓机床坐标系？何谓工件坐标系？以卧式加工中心为例，说明 X、Y、Z 坐标轴及其正方向的确定方法。

六、综合应用题（本大题共 1 小题。共 20 分）

46. 毛坯 ϕ40mm × 150 的棒料，材料为铝合金。车床为前置刀架，如图所示，未注倒角 C2，分析零件加工要求，完成下列任务。

（1）写出加工工艺方案（4 分）

（2）写出零件的装夹方法；（2 分）

（3）写出所使用刀具名称及编号（3 分）

（4）画出工件坐标系。（2 分）

（5）使用 FANUC 数控系统，编写零件的粗、精加工程序。（9 分）

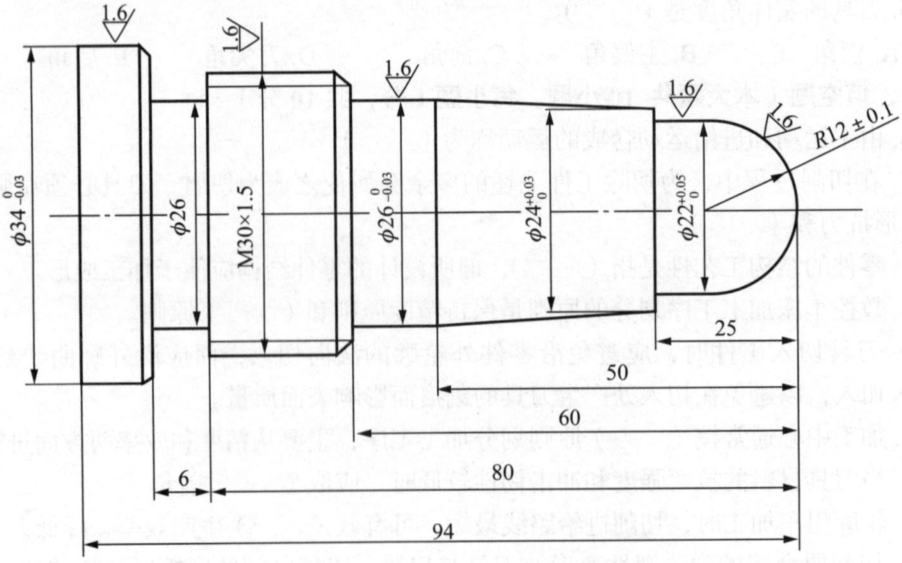

参考答案

一、单项选择题（本大题共 20 小题。每小题 1 分，共 20 分）

1. D 2. C 3. B 4. C 5. A 6. B 7. D 8. C 9. A 10. C 11. A 12. A 13. C 14. B 15. D 16. C 17. C 18. C 19. C 20. C

二、多项选择题（本大题共 5 小题。每小题 2 分，共 10 分）

21. A、B、C、E 22. A、B、E 23. A、B、C 24. A、C 25. A、D

三、填空题（本大题共 10 小题。每小题 1 分，共 10 分）

26. 合成切削运动 27. 摩擦阻力 28. 零件对加工方法的适应性 29. 提高生产效率 30. 切向 31. 工序集中 32. 较小 33. 提高 34. 切削热 35. 平行于

四、名词解释（本大题共 5 小题。每小题 2 分，共 10 分）

36. 通常是指机床数控装置能够控制的进给轴数；

37. 用高硬度、难熔的金属化合物（WC、TiC 等）微米数量级的粉末与 Co、Mo、Ni 等金属黏结剂烧结而成的粉末冶金制品。

38. 已加工表面与被加工表面间的垂直距离。

39. 带有自动换刀装置的数控机床。

40. 刀具从刃磨后开始切削，一直到磨损量达到磨钝标准为止所经过的总切削时间 T，称为刀具寿命。

五、简答题（本大题共 5 小题。每小题 6 分，共 30 分）

41.（1）后角的功用：主要是减小刀具后刀面与过渡表面和已加工表面之间的摩擦。

（2）合理后角的选择原则：

1）粗加工时，为保证刀具强度，应选较小的后角；精加工时为保证加工表面质量，应取较大的后角。（1 分）

2）工件材料的强度、硬度较高时，宜取较小的后角；工件材料硬度较低、塑性较大时，取较大的后角；加工脆性材料时宜取较小的后角（1 分）

3）对于尺寸精度要求较高的精加工刀具，为减少重磨后刀具尺寸的变化，应取较小的后角。（1 分）

4）工艺系统刚性差、容易产生振动时，应取较小的后角以增强刀具对振动的阻尼作用（1 分）

42. 工件零点即工件坐标系的原点。（1 分）

（1）工件零点应选在零件图的设计基准上。（1 分）

（2）工件零点应尽量选在精度较高的表面。（1 分）

（3）对于几何元素对称的零件，工件零点应设在对称中心上。（1 分）

（4）对于一般零件，工件零点设在工件外轮廓的某一个角上。（1 分）

（5）Z 轴方向上的零件一般设在工件的上表面或下表面。（1 分）

43. 数控车床由主机、数控装置、驱动装置和辅助装置组成。（2 分）

主机是数控车床的主要机械部件，包括底座、主轴箱、进给机构、刀架和尾座。数控装置是数控车床的控制核心，现在一般由一台专用计算机构成。驱动装置是数控车床执行机构的驱动部件，包括主轴电动机、进给伺服电动机等。辅助装置是数控车床的一些配套部件，如自动排屑部件、自动对刀部件。（4分）

44. 数控机床加工零件的切削用量包括主轴转速、背吃刀量和进给量三个参数。（3分）

合理选择切削用量的原则是：

（1）粗加工时一般以提高生产率为主，同时也考虑经济性和加工成本；（1分）

（2）半精加工和精加工时，应在保证加工质量的前提下，兼顾切削效率、经济性和加工成本；（1分）

（3）切削用量的具体数值应根据机床说明书、切削用量手册并依经验而定。（1分）

45.（1）机床坐标系是机床固有的坐标系，一般出厂时已设定。（2分）

（2）工件坐标系是编程人员为编程方便在工件上设定的坐标系。（2分）

（3）卧式加工中心的坐标轴：首先确定 Z 轴，水平方向并平行于主轴轴线，刀具退离工件的方向为 Z 轴的正方向。再确定 X 轴，从主轴向工件方向看时，X 坐标的正方向指向右边。而 Y 轴可按右手定则确定，即卧式加工中心的 Y 轴正向朝上。（2分）

六、综合应用题（本大题共 1 小题。共 20 分）

46.

（1）确定工艺方案：

• 从右至左粗加工各面；

• 从右至左精加工各面；

• 车退刀槽；

• 车螺纹。

（2）装夹方法：

使用三爪卡盘，以工件的外圆为定位基面。

（3）选择刀具：

• 外圆车刀 T0101，用于粗加工；

• 切断刀 T0202，宽 6mm，车槽及切断；

• 螺纹刀 T0303，车螺纹。

（4）工件坐标系：以工件右端面中心点为坐标原点。

（5）编程：

```
O0001;
G54;
T0101;
M03S1200;
G00X41Z2;
G71U2R1;
G71P10Q20U0.2W0.1F0.2;
N10G01X0F0.1;
Z0;
```

```
G03X22Z-11R11F0.1;
G01Z-25.;
X24;
X26Z-50;
Z-60;
X29.85Z-62.;
Z-86;
X32.;
X34Z-87.;
Z-94.
N20X41;
G70P10Q20;
G00X100.Z50;
T0202;
G00X36.Z-80.;
G01X26.F0.05;
G04X2.;
G01X38.;
G00X100.Z50.;
T0303;
G00X32Z-55.;
G92X29.2Z-93.F1.5;
X28.6Z-93.F1.5;
X28.2Z-93F1.5;
X28.04Z-93.F1.5;
G00X100Z50;
M05;
M30;
```

自测题 4

一、单项选择题（本大题共 20 小题。每小题 1 分，共 20 分）

1. 下列哪一个指令是螺纹切削多次循环指令（　　）。

A. G33　B. G92　C. G75　D. G76

2. 程序段号为 G98 G01 W-100 F30，则刀具移动时的进速为（　　）。

A. 30mm/r　B. 30mm/min　C. 30m/r　D. 30m/min

3. M09 表示（　　）。

A. 冷却液开　B. 冷却液关　C. 夹紧　D. 松开

4. 开机时默认的主轴控制指令为（　　）。

A. G50　B. G96　C. G97　D. G90

5. 机床重复定位精度高，则加工的（　　）。

A. 零件尺寸精度高　B. 零件尺寸精度低

C. 一批零件尺寸精度高　D. 一批零件尺寸精度低

6. 数控机床的“回零”操作是指回到（　　）。

A. 对刀点　B. 换刀点　C. 机床的零点　D. 编程原点

7. 在 G43 G01 Z15.0 H15 语句中 H15 表示（　　）。

A. *Z* 轴的位置是 15　B. 刀具表的地址是 15

C. 长度补偿值是 15　D. 半径补偿值是 15

8. 用立铣刀顺时针加工圆孔时，刀具半径补偿应采用（　　）。

A. G40　B. G41　C. G42　D. G43

9. 若程序中某个坐标值省略不写，则这个方向上（　　）。

A. 不移动　B. 反向移动　C. 正向移动　D. 以上情况都有可能

10. 程序起点是指开始执行程序时刀具的初始位置，也称（　　）。

A. 工件原点　B. 起刀点　C. 机械零点　D. 编程零点

11. 世界上第一台数控机床是哪一年研制出来的（　　）。

A. 1930　B. 1947　C. 1952　D. 1958

12. 当刀具磨损后，势必造成加工误差，通常用什么方法来解决（　　）。

A. 刀具位置补偿　B. 刀尖圆弧半径补偿

C. G41 指令　D. G42 指令

13. 循环功能是为了（　　）。

A. 提高效率　B. 减少编程工作量

C. 提高加工质量　D. 提高精度

14. 车削等距螺纹时，主轴旋转一周，其进给运动方向必须严格位移一个（　　）。

A. 螺距　B. 导程　C. 进给量　D. 背吃刀量

15. 代表刀具的基准点为（　　）。

A. 刀具参考点　B. 刀位点　C. 刀尖点　D. 刀心点

16. 数控车床规定刀具与工件什么方向为 Z 轴正向（　　）。

A. 远离　　B. 靠近　　C. 垂直　　D. 平行

17. 设 G04 的目的是（　　）。

A. 光整外圆　　B. 清除切屑　　C. 测量尺寸　　D. 便于加工

18. 机床回零的目的是（　　）。

A. 建立工件坐标系　　B. 建立机床坐标系

C. 建立机床原点与工件原点的关系　　D. 确定编程零点

19. 以下指令中哪一个是辅助功能指令（　　）。

A. M30　　B. G01　　C. F1.5　　D. S1000

20. 数控标准规定：向垂直于运动平面的坐标轴的什么方向看，圆弧为顺时针时，则用 G02 指令插补（　　）。

A. 正　　B. 负　　C. 左　　D. 右

二、多项选择题（本大题共 5 小题。每小题 2 分，共 10 分）

21. G00 指令与下列哪些指令是同一组的（　　）。

A. G01　　B. G02　　C. G03　　D. G04　　E.G11

22. 下列 G 指令中哪些指令是模态指令（　　）。

A. G00　　B. G01　　C. G04　　D. G02　　E. G90

23. 孔加工固定循环指令是（　　）。

A. G01　　B. G73　　C. G81　　D. G82　　E. G83

24. 下列哪些选项是数控铣床的功能（　　）。

A. 固定循环　　B. 镜像加工　　C. 粗车循环　　D. 连续轮廓控制　　E. 缩放功能

25. 辅助功能中与主轴有关的 M 指令是（　　）。

A. M04　　B. M03　　C. M08　　D. M05　　E. M09

三、填空题（本大题共 10 小题。每小题 1 分，共 10 分）

26. 使用中心架可以有效地提高细长轴的（　　），提高加工精度。

27. 顶尖是加工（　　）工件经常采用的夹具。

28. 粗加工时，应选择（　　）的背吃刀量、进给量，合理的切削速度。

29. FANUC 数控车削系统绝对值编程用 X、Z 表示，增量值编程用（　　）。

30. 螺纹循环加工程序段格式是 G92 X23.8 Z-44 F2，其中地址 F 后的数值含义是（　　）。

31. 加工中心是一种功能较全的数控机床，它集（　　）、钻削、铰削、镗削、攻螺纹和切削螺纹功能于一身。

32. 在数控铣床上加工平面主要采用（　　）和立铣刀。

33. 数控机床主要由控制介质、（　　）、伺服系统、辅助装置和机床本体组成。

34. 车削加工主轴转速应根据允许的切削速度和（　　）来确定。

35. 准备功能主要用来指令（　　）的工作方式。

四、名词解释（本大题共 5 小题。每小题 2 分，共 10 分）

36. 机械加工中的工序设计：

37. 进给功能字 F：

38. 机床坐标系：

39. 右偏刀具半径补偿：

40. G32 指令的含义：

五、简答题（本大题共 5 小题。每小题 6 分，共 30 分）

41. 数控机床各个坐标轴的空间方位是如何规定的？

42. 粗、精加工时切削用量的选择原则是什么？

43. 数控电火花线切割加工有哪些工艺特点？

44. 在数控加工中经常采用的三类刀具补偿功能是什么？其中刀具半径补偿应用时的注意事项有哪些？

45. 什么叫顺铣、逆铣？简述顺铣和逆铣的特点。

六、综合应用题（本大题共 1 小题。共 20 分）

46. 如图所示工件在 FANUC 系统数控铣床上一次安装加工，图形为铣刀中心走刀轨迹，切深 –1mm，O_1 点在机床坐标系下的坐标值为：X-300，Y-100，Z-100，G54~G57 工件坐标系原点分别设在 O_1，O_2，O_3，O_4。

（1）试确定 G55，G56，G57 的偏置值。（6 分）

（2）用绝对坐标方式编写该零件精加工程序，其中六角形部分用极坐标编程（O_3B=11.55）。（14 分）

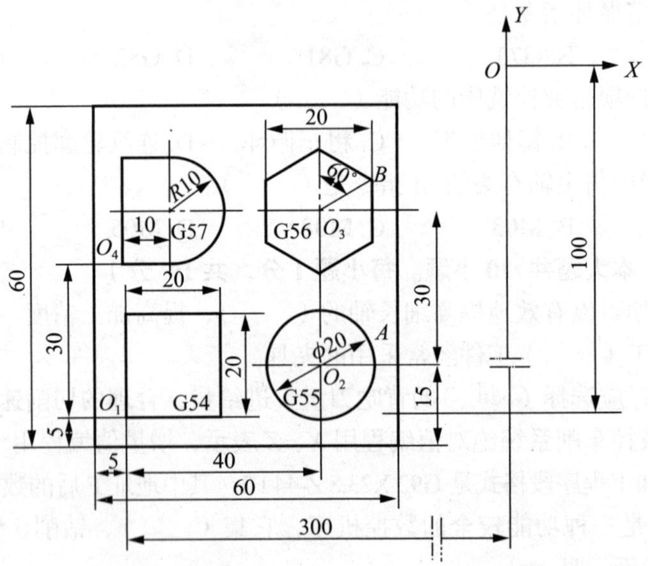

参考答案

一、单项选择题（本大题共 20 小题。每小题 1 分，共 20 分）

1. D　2. B　3. B　4. C　5. C　6. C　7. B　8. C　9. A　10. B　11. C　12. A　13. B　14. B　15. B　16. A　17. A　18. B　19. A　20. B

二、多项选择题（本大题共 5 小题。每小题 2 分，共 10 分）

21. A、B、C　22. A、B、D、E　23. B、C、D、E　24. A、B、D、E　25. A、B、D

三、填空题（本大题共 10 小题。每小题 1 分，共 10 分）

26. 支撑刚度　27. 轴类　28. 较大　29. U、W　30. 导程 2mm　31. 铣削　32. 端铣刀　33. 数控装置　34. 工件直径　35. 机床或数控系统

四、名词解释（本大题共 5 小题。每小题 2 分，共 10 分）

36. 机械加工中的工序设计是指对每一个具体的加工工序进行所有工艺参数的选择和确定。

37. 进给功能字 F 用来指定刀具相对于工件工作进给速度的指令。

38. 机床坐标系是机床固有的坐标系，机床坐标系的原点也称为机床原点或机床零点，在机床经过设计制造和调整后这个原点便被确定下来，它是固定的点。

39. 右偏刀具半径补偿是指沿着刀具运动的方向看（假设工件不动），刀具位于零件右侧的刀具半径补偿。

40. G32 指令的含义是在数控车床上单程切削等螺距螺纹。

五、简答题（本大题共 5 小题。每小题 6 分，共 30 分）

41.（1）*Z* 坐标轴：规定数控机床的 *Z* 坐标轴一般应与主轴的轴线相平行或重合。

（2）*X* 坐标轴：数控机床的 *X* 坐标轴一般具有水平性、镜像性和右向性三大特征。

（3）*Y* 坐标轴：在 *X* 轴和 *Z* 轴均已经确定的前提下，剩下的 *Y* 轴可以直接应用右手笛卡尔规则来判断。

42.（1）粗加工时，首先尽可能大地选取被吃刀量，其次要根据机床动力和刚性等限制条件，尽可能大地选取进给量，最后根据刀具耐用度确定最佳的切削速度。

（2）精加工时，首先根据粗加工后的余量确定被吃刀量，其次根据已加工表面的表面粗糙度要求，选取较小的进给量，最后在保证刀具耐用度的前提下，尽可能选取较高的切削速度。

43.（1）电火花线切割直接利用电极丝作电加工的电极，不需要制作专用电极，可以节省下复杂电极的设计和制造费用。

（2）电火花线切割采用细电极丝切割材料，因此可加工其他加工方法所不能加工的极其细微、狭窄的孔、槽结构。

（3）高速运动的电极丝的损耗极小，可以保证较高的加工精度。

（4）可以加工侧壁倾斜的异形小孔。

（5）线切割加工的工作液采用水基乳化液，成本低，不会发生火灾。

44.（1）三类刀具补偿：刀具圆弧半径补偿、刀尖位置偏移补偿、刀具长度补偿

（2）刀具半径补偿应用的注意事项：

1）注意刀补参数库号与当前刀具号相对应。

2）及时取消半径补偿功能及补偿值。

3）注意提前补偿。

4）G41/G42 指令对后两个程序段的要求。

45. 顺铣：在铣刀与工件的接触处，工件运动方向与刀具旋转方向相同时称为顺铣。

逆铣：在铣刀与工件的接触处，工件运动方向与刀具旋转方向相反时称为逆铣。

特点：

顺铣比逆铣刀具耐用度高；

顺铣比逆铣加工过程稳定；

顺铣易使工作台产生窜动；

顺铣消耗功率小。

六、综合应用题（本大题共 1 小题。共 20 分）

46.（1）G55 设置：X-260.0 Y-90.0 Z-100.0

G56 设置：X-260.0 Y-60.0 Z-100.0

G57 设置：X-300.0 Y-70.0 Z-100.0

（2）

```
O0001;
G54 M03 S1000;
G90 G00 X0.0 Y0.0  Z6.0;
G01 Z-1.0 F100;
X20.0;
Y20.0;
X0.0;
Y0.0;
G00 Z6.0;
G55 G00 X0. 0  Y0.0;
X10.0;
G01 Z-1.0 F100;
G02 I-10.0;
G00 Z6.0;
G56  G00  X0.0  Y0.0;
G16  X11.55  Y30;
G15  G01 Z-1.0  F100;
G16  X11.55  Y90;
Y150;
Y210;
Y270;
```

```
Y330;
Y30;
G15 G00 Z6.0;
G57 G00 X0.0  Y0.0;
G01 Z-1.0 F100;
X10.0;
G03 Y20 I0 J10.0;
X0.0;
Y0.0;
G00 Z6.0;
M05;
M30;
```

自测题 5

一、单项选择题（本大题共 20 小题。每小题 1 分，共 20 分）

1. 下面不是零点偏置的指令是（　　）。

A. G55　　B. G57　　C. G54　　D. G53

2. 在用圆弧插补切削圆弧面时，需要选择的平面是 *Y-Z* 平面，所选择的 G 指令应是（　　）。

A. G17　　B. G18　　C. G19　　D. 都不对

3. 取消固定循环的指令是（　　）。

A. G40　　B. G80　　C. G50　　D. G49

4. 下面哪种是程序段号的正确表达方式（　　）。

A. N0001　　B. O0001　　C. P0001　　D. X0001

5. 刀具暂停 ISO 的正确指令形式为（　　）。

A. G04 X1.0　　B. G04 P1000　　C. A.B 均正确　　D. 无正确答案

6. FANUC 系统调用子程序的指令为（　　）。

A. M99　　B. M06　　C. M98PXXXX　　D.M03

7. G32 螺纹车削中的 F 为（　　）。

A. 螺距　　B. 导程　　C. 螺纹高度　　D. 每分钟进给速度

8. 当使用恒线速度切削时，G50 S2000；2000 代表（　　）。

A. 主轴最高转速限定　　B. 最高切削速度

C. 主轴最低转速　　D. 切削速度

9. 使用恒线速度切削工件可以（　　）。

A. 提高尺寸精度　　B. 减小工件表面粗糙度值

C. 增大表面粗糙度值　　D. 提高形状精度

10. 为减少换刀时间和方便对刀，数控车床应尽可能使用（　　）。

A. 焊接车刀　　B. 回转刀具　　C. 机夹车刀　　D. 成形车刀

11. 工件安装在卡盘上，机床坐标系与工件坐标系是不重合的，为便于编程，应在数控系统中建立一个什么坐标系（　　）。

A. 工件　　B. 机械　　C. 机床　　D. 程序

12. 增量指令是用各轴的什么直接编程的方法，称为增量编程法（　　）。

A. 移动量　　B. 进给量　　C. 切削量　　D. 坐标值

13. 建立刀尖圆弧半径补偿和撤消补偿程序段一定不能是（　　）。

A. G00 程序段　　B. G01 程序段　　C. 圆弧指令程序段　　D. 循环程序段

14. 右手直角坐标系中的拇指表示什么轴（　　）。

A. *X* 轴　　B. *Y* 轴　　C. *Z* 轴　　D. *W* 轴

15. 数控机床的主轴是什么坐标轴（　　）。

A. *X* 轴　　B. *Y* 轴　　C. *Z* 轴　　D. *U* 轴

16. 增量坐标系中的 U 对应绝对坐标系中的什么值（　　）。

A. X　　B. Y　　C. Z　　D. Q

17. T0204 表示（　　）。

A. 2 号刀具 2 号刀补　　B. 2 号刀具 4 号刀补

C. 4 号刀具 2 号刀补　　D. 4 号刀具 4 号刀补

18. 数控车床的回转刀架最少能有多少把刀（　　）。

A. 5　　B. 4　　C. 3　　D. 2

19. 在同一程序段中使用 X、W 编程为（　　）。

A. 绝对值　　B. 增量值编程　　C. 混合式编程　　D. 相对值编程

20. 编辑一个新程序，当输入一个新程序的序号后，再按动什么键（　　）。

A. INPUT　　B. INSRT　　C. ALTER　　D. CAN

二、多项选择题（本大题共 5 小题。每小题 2 分，共 10 分）

21. 下列哪些指令是选择工件坐标系指令（　　）。

A. G54　　B. G49　　C. G56　　D. G55　　E. G57

22. 下列哪些参数与进给运动有关（　　）。

A. 进给量 f　　B. 每齿进给量 f_z

C. 被吃刀量 a_p　　D. 进给速度 V_f　　E. 切削速度 V_C

23. 加工沟槽用的铣刀是（　　）。

A. 圆柱铣刀　　B. 三面刃铣刀　　C. 锯片铣刀　　D. 立铣刀　　E. 键槽铣刀

24. 下列哪些是 FANUC 数控系统中螺纹加工相关的指令（　　）。

A. G40　　B. G32　　C. G92　　D. G91　　E. G90

25. 车床上，刀尖圆弧在加工下列哪些项目时才产生加工误差（　　）。

A. 端面　　B. 圆柱　　C. 圆弧　　D. 圆锥　　E. 切槽

三、填空题（本大题共 10 小题。每小题 1 分，共 10 分）

26. 使用花盘装夹工件时要特别注意装夹系统的（　　）问题。

27. 车细长轴时，由于工件的刚性很差，为防止工件在自重、离心力、切削力作用下产生（　　），需采用中心架或跟刀架。

28. 在轮廓控制中，为了保证一定的精度和编程方便，通常需要有刀具长度和（　　）补偿功能。

29. 精加工时，应选择较（　　）背吃刀量、进给量，较高的切削速度。

30. 数控车削加工编程方法一般有绝对值编程、（　　）和混合编程。

31. RS232 主要作用是用于程序的（　　）。

32. Y 坐标的圆心坐标符号一般用（　　）表示。

33. 圆弧插补用半径编程时，当圆弧所对应的圆心角大于 180º 时半径取（　　）。

34. G 代码可以分为模态 G 代码和（　　）G 代码。

35. 圆弧插补中，对于整圆，其起点和终点相重合，用 R 编程无法定义，所以只能用（　　）。

四、名词解释（本大题共5小题。每小题2分，共10分）

36. 工艺规程：

37. 刀具功能字T：

38. 逆铣：

39. 模态G功能：

40. 刀位点：

五、简答题（本大题共5小题。每小题6分，共 30 分）

41. 铣削加工有哪些特点？在铣削加工中应该注意哪些问题？

42. 刀具返回参考点的指令有几个？各在什么情况上使用？

43. 工件坐标系的设定原则是什么？

44. 数控铣削加工时，如何选择进给速度？

45. 电火花加工的特点是什么？

六、综合应用题（本大题共2小题。第1小题15分，第2小题5分。共20分）

46. 通过阅读下列程序绘制所加工零件的轮廓及走刀轨迹（要求标出工件坐标系），并注明每段程序的含义。（15分）

```
O1008;
G54;
G90 G17;
G00X-10Y-10Z50;
Z2 M03 S900;
G01 Z-3 F80;
G42 G00 X4 Y10 D01;
X30;
G03 X40 Y20 I0 J10;
G02 X30 Y30 I0 J10;
G01 X10 Y20;
Y5;
G40 X-10 Y-10;
G00 Z50 M05;
M02;
```

47. 定点钻孔指令G81采用绝对方式编程加工如图所示零件，要求写出加工程序。（5分）

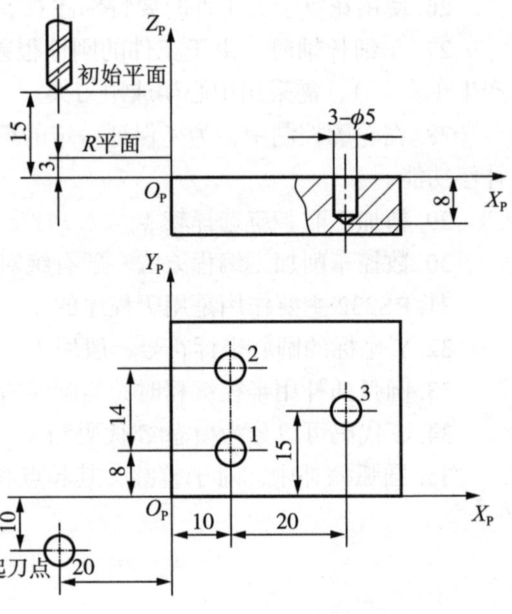

参考答案

一、单项选择题（本大题共 20 小题。每小题 1 分，共 20 分）

1. D 2. C 3. B 4. A 5. C 6. C 7. B 8. A 9. B 10. C 11. A 12. A 13. C 14. A 15. C 16. A 17. B 18. B 19. C 20. B

二、多项选择题（本大题共 5 小题。每小题 2 分，共 10 分）

21. A、C、D、E 22. A、B、D 23. B、C、D、E 24. B、C 25. C、D

三、填空题（本大题共 10 小题。每小题 1 分，共 10 分）

26. 回转平衡 27. 弯曲变形 28. 半径 29. 较小 30. 增量值编程 31. 自动输入 32. J 33. 负值 34. 非模态 35. 圆心坐标编程

四、名词解释（本大题共 5 小题。每小题 2 分，共 10 分）

36. 工艺规程是把工艺过程中的具体工艺方法和工艺参数用技术文件的形式加以规范，用以指导和组织生产的工艺文件。

37. 刀具功能字 T 指系统进行刀具选择的指令，其地址符用 T 表示，又称为 T 功能字。

38. 在铣刀与工件的接触处，工件运动方向与刀具旋转方向相反时称为逆铣。

39. 一组可相互注销的 G 功能，这些功能一旦被执行，则一直有效，直到被同一组的 G 功能注销为止。

40. 在每一把刀具中，用来代表该刀具去执行程序的选定点。

五、简答题（本大题共 5 小题。每小题 6 分，共 30 分）

41. 铣削加工的特点：（3 分）

铣削过程的断续性：铣削加工的不平稳和振动性是铣削加工的最大工艺特点；

容屑空间的封闭性：铣刀对容屑槽结构有较高的工艺和设计要求。

铣刀的每一刀齿在每一个切削工作循环中有较多的时间进行冷却而不切削，所以铣刀的工作温度较低。

在铣削加工中应该注意的问题：（3 分）

铣削加工的冲击和振动性是铣削加工的最大工艺特点，需要在安排铣削工艺时给予十分的重视，尤其在选择工件的定位和夹具的夹紧方案及确定刀具的装夹方法时，要对铣削振动给予充分的重视。

42. 答：刀具返回参考点的指令有两个。G28 指令可以使刀具从任何位置以快速定位方式经中间点返回参考点，常用于刀具自动换刀的程序段。G29 指令使刀具从参考点经由一个中间点而定位于定位终点。它通常紧跟在 G28 指令之后。用 G29 指令使所有的被指令的轴以快速进给经由以前 G28 指令定义的中间点，然后到达指定点。

43.（1）工件坐标系的位置设定以方便编程和阅读检查为目的，同时又要尽量避免工序基准与设计基准、定位基准的不重合，以免基准不重合误差的产生。

（2）工件坐标系的原点应该尽量设置在工件的安装定位基准和设计基准上。

（3）工件坐标原点的选择要兼顾测量和对刀的方便。

44.（1）粗铣时铣削力大，进给量的提高主要受刀具强度、机床、夹具等工艺系统刚性的限制，根据刀具形状、材料以及被加工工件材质的不同，在强度和刚度许可的条件下，进给量应尽量取大。

（2）精铣时限制进给量的主要因素是加工表面的粗糙度，为了减小工艺系统的弹性变形，减小已加工表面的粗糙度，一般采用较小的进给量。

45. 优点：（1）以软制硬：利用较软的电极材料来加工各种高强度、高硬度的难加工材料。

（2）无夹紧变形和切削力变形。

（3）无高速的主运动。

缺点和局限性：

（1）主要应用于加工导电材料；

（2）加工速度较慢；

（3）电极损耗会影响加工精度；

（4）加工表面具有变质层甚至微裂纹等情况。

六、综合应用题（本大题共 2 小题。第 1 小题 15 分，第 2 小题 5 分。共 20 分）

46.

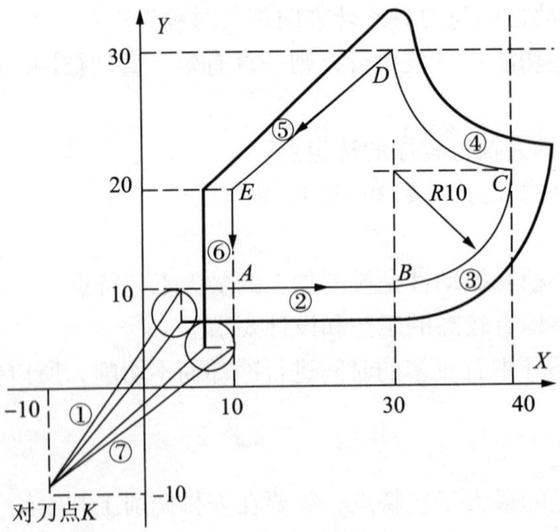

O1008;	
G54;	建立工件坐标系
G90 G17;	选择绝对方式编程，编程平面为 XY
G00X-10Y-10Z50;	快速点定位到（–10，–10，50）点
Z2 M03 S900;	设主轴转速
G01 Z-3 F80;	Z 轴切深
G42 G00 X4 Y10 D01;	建立刀具半径右补偿
X30;	直线插补
G03 X40 Y20 I0 J10;	逆圆插补
G02 X30 Y30 I0 J10;	顺圆插补
G01 X10 Y20;	直线插补

Y5；	直线插补
G40 X−10 Y−10；	刀补取消
G00 Z50 M05；	*Z* 轴抬起，主轴停转
M02；	程序结束

47.

```
O0001；
G54；
M03 S1000；
G00X-20Y-10Z15；
G90 G81 G99 X10.0 Y8.0 Z-8.0 R3.0 F80；
Y22.0；
G98 X30.0 Y15.0；
G00 X-20.0 Y-10.0；
M05；
M30；
```

参考文献

[1] 周虹 . 数控加工工艺设计与程序编制 [M]. 北京：人民邮电出版社，2009.

[2] 赵长明，刘万菊 . 数控加工工艺及设备 [M]. 北京：高等教育出版社，2003.

[3] 宋建武，曹志宏 . 数控技术基础及应用 [M]. 北京：北京大学出版社，中国林业出版社，2007.

[4] 于春生，韩旻 . 数控机床编程及应用 [M]. 北京：高等教育出版社，2001.

[5] 张伯霖 . 高速切削技术及应用 [M]. 北京：机械工业出版社，2002.

[6] 卢小平 . 数控机床加工与编程 [M]. 成都：电子科技大学出版社，1999.

[7] 汪劲松，黄田 . 并联机床——机床行业面临的机遇与挑战 [J]. 中国机械工程 . 1999（10）：1103-1107.

[8] 卓迪士 . 数控技术及应用 [M]. 北京：国防工业出版社，1997.

[9] 龚仲华 . 数控技术 [M]. 北京：机械工业出版社，2004.

[10] 韩鸿鸾，容维芝 . 数控机床结构与维修 [M]. 北京：机械工业出版社，2004.

[11] 董玉红 . 数控技术 [M]. 北京：高等教育出版社，2004.

[12] 徐宏海，谢富春 . 数控铣床 [M]. 北京：化学工业出版社，2003.

[13] 周旭光 . 特种加工技术 [M]. 西安：西安电子科技大学出版社，2004.

[14] 伍端阳 . 数控电火花加工现场应用技术精讲 [M]. 北京：机械工业出版社，2009.

图书在版编目（CIP）数据

数控加工工艺与编程/曹志宏等主编. —北京：中国人民大学出版社，2012.1
21世纪高职高专机电类规划教材
ISBN 978-7-300-14888-5

Ⅰ. ①数… Ⅱ. ①曹… Ⅲ. ①数控机床—加工工艺—高等职业教育—教材 ②数控机床—程序设计—高等职业教育—教材 Ⅳ. ①TG659

中国版本图书馆 CIP 数据核字（2011）第 253485 号

21世纪高职高专机电类规划教材
数控加工工艺与编程
主　编　曹志宏　李绍红
副主编　王晓华　王炜罡

出版发行	中国人民大学出版社		
社　址	北京中关村大街31号	邮政编码	100080
电　话	010-62511242（总编室）		010-62511770（质管部）
	010-82501766（邮购部）		010-62514148（门市部）
	010-62515195（发行公司）		010-62515275（盗版举报）
网　址	http:// www. crup. com. cn		
经　销	新华书店		
印　刷	北京昌联印刷有限公司		
规　格	185 mm × 260 mm 16开本	版　次	2012 年 5 月第 1 版
印　张	15.25	印　次	2019 年 7 月第 2 次印刷
字　数	340 000	定　价	29.80 元

教师信息反馈表

为了更好地为您服务，提高教学质量，中国人民大学出版社愿意为您提供全面的教学支持，期望与您建立更广泛的合作关系。请您填好下表后以电子邮件或信件的形式反馈给我们。

您使用过或正在使用的我社教材名称		版次	
您希望获得哪些相关教学资料			
您对本书的建议（可附页）			
您的姓名			
您所在的学校、院系			
您所讲授课程名称			
学生人数			
您的联系地址			
偊政编码		联系电话	
电子偊件（必填）			
您是否蛾人大社教研网会员	□是　会员卡号：________ □不是，现在申请		
您在相关专业是否有主编或参编教材意向	□是　　　□否 □不一定		
您所希望参编或主编的教材的基本情况（包括内容、框架訝构、特色等，可附页）			

我们的联系方式：北京市海淀区中关村大街 31 号

中国人民大学出版社教育分社

偊政编码：100080

电话：010-62515931

网址：http://www.crup.com.cn/jiaoyu/

E-mail：jyfs_2007@126.com